建设工程项目管理
考点精析

陆 彦 编著

东南大学出版社
SOUTHEAST UNIVERSITY PRESS
·南京·

内容提要

本书是在作者多年面授班讲义的基础上,根据最新版教材进一步整理和完善而成。主要分成四大部分:考点分布及解析、考点精要、典型考题、参考答案。考点分布揭示了近几年考试的分值分布,便于考生把握重点;考点精要是本书的重要部分,对考点准确把握,全面覆盖,讲解清晰易懂,重点标注突出;典型考题进行巩固练习,题目都有答案,难题还附有说明解释。最后附有2014年和2015年考试真题和两套2016年模拟试题及参考答案。总之,本书用最小的篇幅,帮助考生在最短时间内获得最好的复习效果。

图书在版编目(CIP)数据

建设工程项目管理考点精析/陆彦编著. —南京:东南大学出版社,2015.1(2016.4重印)
(全国一级建造师执业资格考试十日通)
ISBN 978-7-5641-5445-5

Ⅰ.①建… Ⅱ.①陆… Ⅲ.①基本建设项目-项目管理-建筑师-资格考试-自学参考资料 Ⅳ.①F284

中国版本图书馆 CIP 数据核字(2014)第 311660 号

书 名:建设工程项目管理考点精析	
编 著:陆 彦	
出版发行:东南大学出版社	
社 址:南京市四牌楼2号	邮 编:210096
网 址:http://www.seupress.com	
出 版 人:江建中	
印 刷:南京玉河印刷厂	
开 本:787 mm×1 092 mm 1/16	印张:13.75 字数:343千
版 次:2016年4月第2次修订印刷	
书 号:ISBN 978-7-5641-5445-5	
定 价:33.00元	
经 销:全国各地新华书店	
发行热线:025-83790519 83791830	

* 版权所有,侵权必究
* 凡购买东大版图书如有印装质量问题,请直接与营销部联系(电话或传真:025-83791830)

前　言

一级建造师考试至今已有十多个年头了,随着一级注册建造师队伍的不断壮大,考试难度也在逐年加大。《建设工程项目管理》这门课程的内容逐步趋于理论化,和实际工作的距离逐渐拉大,使得很多实践经验非常丰富的考生越来越难以通过这门课程。2014年,《建设工程项目管理》这门课程的教材和2013年相比有较大的修订,2015年和2016年在2014年版本的基础上又有少量修订。为了帮助广大考生能够最大限度地把握住考试重点,从而顺利且相对轻松地通过这门课程的考试,本书应运而生。

本书的特点如下:

1. 全面覆盖重点。本书的目标是帮助考生尽量脱离考试用书内容繁多的表述。本书总体上覆盖近80%左右的考点,有助于考生明确重点考点,把书看薄。

2. 重要考点突出。需要重点理解和记忆的地方,全部使用下划线标出,有助于考生迅速把握重要考点,有的放矢。

3. 关键考点解析。针对部分容易混淆、以及干扰项较多的考点,在考点后进行了详细解析,有助于考生快速理解,节省时间。

4. 记忆技巧总结。针对部分难记忆的考点,通过图表等方式帮助考生进行有效记忆。

5. 典型考题凝练。每个章节后都配有适量的、大部分基于历年真题的典型考题,帮助考生进一步理解和培养做题能力。此外,最后还有2套根据新版教材精心准备的2016年模拟题、1套2014年真题和1套2015年真题,供考生最后检验复习效果。有助于考生明确考试特征,准确答题。

本书结构是"考点及解析＋案例要点＋典型例题"。使用本书需要注意的事项如下:

1. 在时间允许的情况下,最好能够在通读教材1-2遍的基础上使用本书,这样能够保证知识体系的完备性,效果较好。

2. 教材中的案例普遍较长,而且大多是计算题,而在考试中计算题相对较少,因此,讲义中选择了部分案例中的要点进行了浓缩。

3. 2014年的教材做了较大的修订,2015年和2016年在修订后的教材上又略有所修改,若考生采用2014年以前的真题进行复习,一定要注意有的真题已不在新版教材的范围内,有些题目的答案根据今年的教材会有所修改。

4. 本书在"考点及解析"部分对2014年的修订情况进行了说明,并对每章的考试分值进行了统计。

5. 本课程的较多考题会是引用书上的原话，考生一定要花时间把书上的下划线部分的原话记住，其他内容至少也要有个印象，便于考试时进行选择，特别是多项选择。对于没有覆盖的考题，可以尝试采用排除法，排除错误选项，便于提高考题的正确率；或者是仔细查看题目的含义，根据题目含义进行选择，以往的真题中有些题目是可以根据题目含义选出正确答案的，特别是单选题，这样做的正确率会比较高。2015年的考题除了直接引用教材原话之外，增加了理解题的比例，这就更需要考生在考试时运用排除法等做题技巧进行答题。

因作者水平有限，错误在所难免，希望大家批评指正。此外，在本书写作过程中，参考了考试指定教材以及大量的其他参考书和网络资料，无法一一标出，再次对作者致以歉意并表示感谢。

东南大学土木工程学院　陆彦

2016.4

目　录

1Z201000 建设工程项目的组织与管理 ·· 1
　1Z201010 建设工程管理的内涵和任务 ··· 1
　1Z201020 建设工程项目管理的目标和任务 ·· 2
　1Z201030 建设工程项目的组织 ·· 6
　1Z201040 建设工程项目策划 ··· 11
　1Z201050 建设工程项目采购的模式 ·· 13
　1Z201060 建设工程项目管理规划的内容和编制方法 ································· 18
　1Z201070 施工组织设计的内容和编制方法 ··· 20
　1Z201080 建设工程项目目标的动态控制 ··· 23
　1Z201090 施工企业项目经理的工作性质、任务和责任 ······························ 25
　1Z201100 建设工程项目的风险和风险管理的工作流程 ······························ 31
　1Z201110 建设工程监理的工作性质、工作任务和工作方法 ························· 33

1Z202000 建设工程项目施工成本控制 ·· 36
　1Z202010 施工成本管理的任务与措施 ·· 36
　1Z202020 施工成本计划 ··· 39
　1Z202030 施工成本控制 ··· 44
　1Z202040 施工成本分析 ··· 47

1Z203000 建设工程项目进度控制 ··· 51
　1Z203010 建设工程项目进度控制与进度计划系统 ···································· 51
　1Z203020 建设工程项目总进度目标的论证 ··· 54
　1Z203030 建设工程项目进度计划的编制和调整方法 ································· 56
　1Z203040 建设工程项目进度控制的措施 ··· 63

1Z204000 建设工程项目质量控制 ··· 66
　1Z204010 工程项目质量控制的内涵 ··· 66

1Z204020 建设工程项目质量控制体系 ······ 71
1Z204030 建设工程项目施工质量控制 ······ 75
1Z204040 建设工程项目质量验收 ······ 81
1Z204050 施工质量不合格的处理 ······ 84
1Z204060 数理统计方法在施工质量管理中的应用 ······ 88
1Z204070 建设工程项目质量的政府监督 ······ 91

1Z205000 建设工程职业健康安全与环境管理 ······ 93

1Z205010 职业健康安全管理体系与环境管理体系 ······ 93
1Z205020 建设工程安全生产管理 ······ 98
1Z205030 建设工程生产安全事故应急预案和事故处理 ······ 104
1Z205040 建设工程施工现场职业健康安全与环境管理的要求 ······ 108

1Z206000 建设工程合同与合同管理 ······ 113

1Z206010 建设工程施工招标与投标 ······ 113
1Z206020 建设工程合同的内容 ······ 117
1Z206030 合同计价方式 ······ 130
1Z206040 建设工程施工合同风险管理、工程保险和工程担保 ······ 134
1Z206050 建设工程合同实施 ······ 138
1Z206060 建设工程索赔 ······ 143
1Z206070 国际建设工程施工承包合同 ······ 150

1Z207000 建设工程项目信息管理 ······ 153

1Z207010 建设工程项目信息管理的目标和任务 ······ 153
1Z207020 建设工程项目信息的分类、编码和处理方法 ······ 155
1Z207030 建设工程管理信息化及建设工程项目管理信息系统的功能 ······ 157

2016 年一级建造师"建设工程项目管理"科目模拟试题(一)(附参考答案) ······ 159

2016 年一级建造师"建设工程项目管理"科目模拟试题(二)(附参考答案) ······ 171

2015 年一级建造师"建设工程项目管理"科目考试真题(附参考答案) ······ 184

2014 年一级建造师"建设工程项目管理"科目考试真题(附参考答案) ······ 200

1Z201000 建设工程项目的组织与管理

☞ **考点分布及解析**

　　此章最近两年的考试分值在 25～28 分。其中相对更加重要的部分是"**1Z201010 建设工程管理的内涵和任务＋1Z201020 建设工程项目管理的目标和任务**"(3～4 分)、"**1Z201030 建设工程项目的组织**"(4～5 分)、"**1Z201050 建设工程项目采购的模式**"(3～4 分)、"**1Z201080 建设工程项目目标的动态控制**"(3～4 分)、"**1Z201090 施工企业项目经理的工作性质、任务和责任**"(4～5 分)、"**1Z201110 建设工程监理的工作性质、工作任务和工作方法**"(2～3 分)。这次教材修订后，原来的 1Z201010 分成了目前的 1Z201010 和 1Z201020 两节内容，"1Z201070 施工组织设计的内容和编制方法"和"1Z201090 施工企业项目经理的工作性质、任务和责任"有较大修改。

1Z201010 建设工程管理的内涵和任务

☞ **考点精要**

一、建设工程项目的<u>全寿命周期</u>包括项目的<u>决策阶段</u>、<u>实施阶段</u>和<u>使用阶段</u>(或称运营阶段，或称运行阶段)。

二、<u>决策阶段</u>管理工作的<u>主要任务是确定项目的定义</u>。

三、"<u>建设工程管理</u>"其内涵涉及工程项目<u>全过程</u>(工程项目<u>全寿命</u>)的管理，它包括：
　　1. <u>决策阶段</u>的管理，<u>DM(开发管理)</u>；
　　2. <u>实施阶段</u>的管理，即<u>项目管理 PM</u>；
　　3. <u>使用阶段</u>(或称运营阶段，或称运行阶段)的管理，即<u>设施管理 FM</u>。

四、建设工程管理的<u>核心任务是为工程的建设和使用增值</u>。

☞ **典型考题**

【**例 1**】项目全寿命周期管理中，决策阶段的管理被称为(　　)。

A. 决策管理　　　　　　　　　　B. 实施管理
C. 开发管理　　　　　　　　　　D. 组合管理

【例2】建设工程管理的核心任务是(　　)。
A. 目标规划　　　　　　　　　　B. 目标比选
C. 为工程的建设和使用增值　　　D. 目标控制

【例3】建设工程项目的全寿命周期包括项目的(　　)。
A. 决策阶段　　B. 设计阶段　　C. 实施阶段　　D. 使用阶段
E. 保修阶段

☞ 参考答案

1. C；2. C；3. ACD。

1Z201020 建设工程项目管理的目标和任务

☞ 考点精要

一、建设工程项目管理的内涵

1. 项目的实施阶段包括设计前的准备阶段、设计阶段、施工阶段、动用前准备阶段和保修期。

2. 建设工程项目管理的时间范畴是建设工程项目的实施阶段。

3. 建设工程项目管理的内涵是：自项目开始至项目完成，通过项目策划（Project Planning）和项目控制（Project Control），以使项目的费用目标、进度目标和质量目标得以实现。该定义的有关字段的含义如下：

(1)"自项目开始至项目完成"指的是项目的实施阶段；

(2)"项目策划"指的是目标控制前的一系列筹划和准备工作；

(3)"费用目标"对业主而言是投资目标，对施工方而言是成本目标。

4. 建设工程项目实施阶段的组成如图1-1所示。

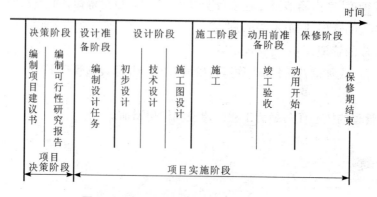

图1-1　建设工程项目的实施阶段的组成

5. 决策阶段的工作：编制项目建议书、编制可行性研究报告。

【此处，重点关注三个考点：实施阶段包括的五个子阶段名称要熟记；建设工程项目管理和上一节的建设工程管理不同，前者是实施阶段的管理，后者是全寿命周期的管理；决策阶段的工作只有两项。】

二、建设工程项目管理的类型

1. 建设工程项目管理的类型包括：业主方的项目管理，设计方的项目管理，施工方的项目管理，建设物资供货方的项目管理和建设项目总承包(建设项目工程总承包)方的项目管理。
2. 业主方的项目管理包括：投资方和开发方的项目管理，或由工程管理咨询公司提供的代表业主方利益的项目管理服务。
3. 施工方的项目管理包括：施工总承包方、施工总承包管理方和分包方的项目管理。
4. 建设物资供货方的项目管理包括：材料和设备供应方的项目管理。
5. 建设项目总承包(建设项目工程总承包)方的项目管理包括：设计和施工任务综合的承包，或设计、采购和施工任务综合的承包(简称EPC承包)的项目管理等。

【此处，重点关注一个考点：施工方和建设项目总承包方的不同，施工方只在施工阶段工作，建设项目总承包方至少在两个阶段工作。】

三、项目管理的核心任务是项目的目标控制

四、业主方、设计方、供货方、项目总承包方和施工方项目管理的目标和任务

表1-1 项目管理的目标和任务一览表

参与方 知识点	业主方	设计方	供货方	项目总承包方	施工方
利益	业主的利益	项目的整体利益和设计方本身的利益	项目的整体利益和供货方本身的利益	项目的整体利益和项目总承包方本身的利益	服务于施工方本身的利益，也必须服务于项目的整体利益
目标	1. 项目的总投资目标、进度目标和质量目标； 2. 进度目标是项目动用(交付使用)的时间目标，如办公楼可以启用的时间目标； 3. 质量目标包括施工质量、设计质量、材料质量、设备质量和影响项目运行或运营的环境质量等	设计的成本目标、设计的进度目标和设计的质量目标，以及项目的总投资目标	供货方的成本目标、供货的进度目标和供货的质量目标	1. 工程建设的安全管理目标； 2. 项目的总投资目标和项目总承包方的成本目标； 3. 项目总承包方的进度目标； 4. 项目总承包方的质量目标	施工的安全管理目标；施工的成本目标(分包方是施工企业内部自行确定的)；施工的进度目标；施工的质量目标
阶段	涉及项目实施阶段的全过程	主要工作阶段是设计阶段，涉及实施阶段全过程	主要工作阶段是施工阶段，涉及实施阶段全过程	涉及项目实施阶段的全过程	主要工作阶段是施工阶段，涉及实施阶段全过程

(续表)

参与方 知识点	业主方	设计方	供货方	项目总承包方	施工方
任务	1. 安全管理； 2. 投资控制； 3. 进度控制； 4. 质量控制； 5. 合同管理； 6. 信息管理； 7. 组织和协调； 安全管理是最重要的任务	1. 与设计工作有关的安全管理； 2. 设计成本控制和与设计工作有关的工程造价控制； 3. 设计进度控制； 4. 设计质量控制； 5. 设计合同管理； 6. 设计信息管理； 7. 与设计工作有关的组织和协调	1. 供货的安全管理； 2. 供货方的成本控制； 3. 供货的进度控制； 4. 供货的质量控制； 5. 供货合同管理； 6. 供货信息管理； 7. 与供货有关的组织与协调	1. 安全管理； 2. 项目的总投资控制和项目总承包方的成本控制； 3. 进度控制； 4. 质量控制； 5. 合同管理； 6. 信息管理； 7. 与项目总承包方有关的组织和协调等	1. 施工安全管理； 2. 施工成本控制； 3. 施工进度控制； 4. 施工质量控制； 5. 施工合同管理； 6. 施工信息管理； 7. 与施工有关的组织与协调

【此处，重点关注三个考点：一是业主方、设计方和项目总承包的项目管理目标都包括总投资目标；二是业主方、供货方、设计方、项目总承包方的项目管理工作都涉及实施阶段的全过程；三是供货方和施工方的项目管理工作主要在施工阶段。其中，业主方、供货方、施工方和项目总承包方又可以有细分选项，请参照本节第二点建设工程项目管理类型的内容。】

五、《建设项目工程总承包管理规范》中对项目总承包管理的内容
　　1. 包括项目部的项目管理活动和工程总承包企业职能部门参与的项目管理活动。
　　2. 工程总承包项目管理的主要内容应包括：
　　（1）任命项目经理，组建项目部，进行项目策划并编制项目计划；
　　（2）实施设计管理，采购管理，施工管理，试运行管理；
　　（3）进行项目范围管理，进度管理，费用管理，设备材料管理等。

六、当采用指定分包商时，不论指定分包商与施工总承包方，或与施工总承包管理方，或与业主方签订合同，由于指定分包商合同在签约前必须得到施工总承包方或施工总承包管理方的认可，因此，施工总承包方或施工总承包管理方应对合同规定的工期目标和质量目标负责

七、项目管理作为一门学科，第一代是传统的项目管理，第二代是项目集管理，第三代是项目组合管理，第四代是变更管理

☞ 典型考题

【例1】编制可行性研究报告属于建设工程项目全寿命周期的(　　)。
　　　A. 前期阶段　　　B. 决策阶段　　　C. 设计阶段　　　D. 实施阶段
【例2】以下(　　)属于项目实施阶段的工作。
　　　A. 设计变更　　　　　　　　　　　B. 确定项目定义

C. 编制可行性研究报告   D. 项目决策风险分析

【例3】施工方的项目管理除了施工总承包方的项目管理之外,还包括( )的项目管理。
A. 材料供货方   B. 设备供应商
C. 建设项目总承包方   D. 施工分包方

【例4】项目管理的核心任务是( )
A. 环境管理   B. 信息管理
C. 目标控制   D. 组织协调

【例5】工程项目管理工作是( )的工作。
A. 决策阶段   B. 设计阶段
C. 实施阶段   D. 使用阶段

【例6】材料和设备供应方的项目管理工作主要在建设工程项目的( )进行。
A. 决策阶段   B. 实施阶段
C. 设计阶段   D. 施工阶段

【例7】设计方的项目管理工作主要在( )进行。
A. 设计前准备阶段   B. 初步设计阶段
C. 施工图设计阶段   D. 设计阶段

【例8】某业主欲投资建造一座五星级宾馆,业主方项目管理的进度目标指的是( )的时间目标。
A. 宾馆可以开业   B. 项目竣工结算完成
C. 宾馆开始盈利   D. 项目通过竣工验收

【例9】项目总承包方项目管理工作涉及项目( )的全过程。
A. 设计阶段   B. 实施阶段   C. 施工阶段   D. 使用阶段

【例10】下列( )的项目管理都属于施工方的项目管理。
A. 施工总承包方   B. 设备供应方
C. 施工分包方   D. 建设项目总承包方
E. 建设项目开发方

【例11】设计方的项目管理工作主要在设计阶段进行,但它也会涉及( )。
A. 设计前准备阶段   B. 施工阶段
C. 动用前准备阶段   D. 决策阶段
E. 保修阶段

【例12】在建设工程项目管理中,管理目标中包含项目总投资目标的单位有( )。
A. 项目总承包单位   B. 业主委托的工程咨询单位
C. 业主委托的工程监理单位   D. 设计单位
E. 施工单位

【例13】项目管理作为一门学科在不断地发展,它包括( )等几代的发展。
A. 传统的项目管理   B. 现代的项目管理
C. 全过程的项目管理   D. 项目组合管理
E. 变更管理

参考答案

1. B；
2. A 【B决策阶段管理工作的主要任务是确定项目定义,选项B不对;选项C属于决策阶段的两项工作之一;选项D是决策风险分析,也属于决策阶段,因此只有选项A正确】;
3. D； 4. C； 5. C； 6. D； 7. D； 8. A； 9. B； 10. AC； 11. ABCE； 12. ABCD；
13. ADE。

1Z201030 建设工程项目的组织

考点精要

一、组织论

（1）组织是项目管理系统能否实现的<u>决定性因素</u>。控制项目目标的主要措施包括<u>组织措施</u>、管理措施、<u>经济措施</u>和技术措施,其中<u>组织措施</u>是最重要的措施。如果对一个建设工程的项目管理进行诊断,首先应分析其<u>组织方面存在的问题</u>。

（2）<u>组织论</u>是一门学科,它主要研究系统的<u>组织结构模式</u>、<u>组织分工</u>和<u>工作流程组织</u>。如图1-2所示。

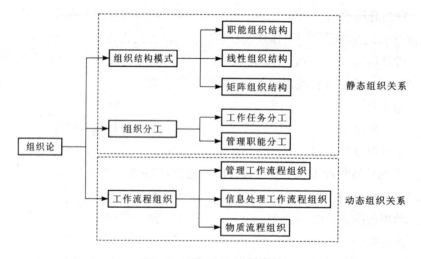

图1-2 组织论的基本内容

（3）<u>组织工具包括</u>:<u>项目结构图</u>;<u>组织结构图</u>;<u>工作任务分工表</u>;<u>管理职能分工表</u>;<u>工作流程图</u>。

（4）<u>组织结构模式</u>反映了一个组织系统中各子系统之间或各元素(各工作部门或各管理人员)之间的指令关系。(<u>组织工具是</u><u>组织结构图</u>)

（5）<u>组织分工</u>反映了一个组织系统中各子系统或各元素的<u>工作任务分工</u>和<u>管理职能分工</u>。(<u>组织工具是:</u><u>工作任务分工表</u>;<u>管理职能分工表</u>)

(6) 组织结构模式和组织分工都是一种相对静态的组织关系。

(7) 工作流程组织反映一个组织系统中各项工作之间的逻辑关系,是一种动态关系。(组织工具是工作流程图)

二、项目结构分析

(1) 项目结构图通过树状图的方式对一个项目的结构进行逐层分解,以反映组成该项目的所有工作任务。项目结构图中,矩形表示工作任务,矩形框之间的连接用连线表示,项目结构如图1-3所示。

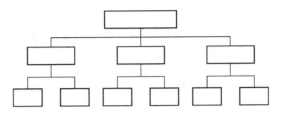

图1-3 项目结构图

(2) 项目结构的编码依据是项目结构图,项目结构图和项目结构的编码是投资控制、进度控制、质量控制、合同管理和信息管理工作编码的基础。

三、组织结构

(1) 组织结构图反映一个组织系统中各组成部门(组成元素)之间的组织关系(指令关系)。

(2) 项目结构图、组织结构图和合同结构图的区别如表1-2所示。

表1-2 项目结构图、组织结构图和合同结构图的区别

组织工具	矩形框连接的表达
项目结构图	直线
组织结构图	单向箭杆
合同结构图	双向箭杆

(3) 常用的组织结构模式包括:职能组织、线性组织和矩阵组织。

(4) 职能组织:每一个职能部门可对其直接和非直接的下属工作部门下达工作指令,每一个工作部门可能得到其直接和非直接的上级工作部门下达的工作指令,有多个矛盾指令源。职能组织结构如图1-4所示。

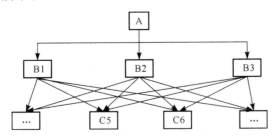

图1-4 职能组织结构

(5) 线性组织:每一个工作部门只能对其直接的下属部门下达工作指令,每一个工作部门只有一个直接的上级部门。只有唯一指令源,在特大组织中,指令路径过长。线性组织结构如图 1-5 所示。

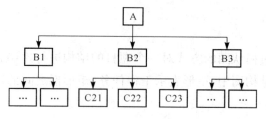

图 1-5　线性组织结构

(6) 矩阵组织:较新型的组织结构,纵向部门是计划管理、技术管理等职能部门,横向是项目部。有纵向和横向两个指令源,宜用于大的组织系统。为避免纵向和横向工作部门指令矛盾对工作的影响,可以采用以纵向为主或以横向指令为主。矩阵组织结构如图 1-6 所示。

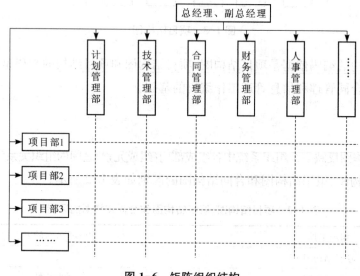

图 1-6　矩阵组织结构

四、工作任务分工

(1) 项目管理任务分工表编制的第一步是:对项目实施的各阶段的费用(投资或成本)控制、进度控制、质量控制、合同管理、信息管理和组织与协调等管理任务进行详细分解。然后定义项目经理和费用(投资或成本)控制、进度控制、质量控制、合同管理、信息管理和组织与协调等主管工作部门或主管人员的工作任务。

(2) 工作任务分工表中应明确各项工作任务由哪个工作部门(或个人)负责,由哪些工作部门(或人)配合或参与。

五、管理职能分工

1. 管理是由多个环节组成的过程,即

(1) 提出问题——进度计划和实际的比较,发现进度推迟;

(2) 筹划——对多个方案进行比较;

(3) 决策——方案选择；

(4) 执行——落实夜班施工的条件，组织夜班施工；

(5) 检查——检查夜班施工是否被执行。

2. 管理工作是不断发现问题和不断解决问题的过程。

3. 项目管理职能分工表不止一张，业主方和项目各参与方都应编制各自的项目管理职能分工表。

4. 管理职能分工表是用表的形式反映项目管理班子内部项目经理、各工作部门和各工作岗位对各项工作任务的项目管理职能分工，也可以用于企业管理。

5. 管理职能分工表比岗位责任描述书更清晰、严谨，会暴露其掩盖的矛盾。

六、工作流程组织

1. 工作流程组织包括：管理工作流程组织、信息处理工作流程组织和物质流程组织。

2. 管理工作流程组织包括：投资控制、进度控制、合同管理、付款和设计变更等流程（与管理相关的工程流程）。

3. 信息处理工作流程组织包括：与生成月度进度报告有关的数据处理流程（与计算机相关的工作流程）。

4. 物质流程组织包括：钢结构深化设计工作流程，弱电工程物资采购工作流程，外立面施工工作流程等。

5. 工作流程图反映一个组织系统中各项工作之间的逻辑关系。

6. 业主和项目各参与方都有各自的工作流程组织的任务。

7. 一个项目管理工作可能有多个工作流程图。

七、合同结构

合同结构图反映业主方和项目各参与方之间，以及项目各参与方之间的合同关系。

【重点关注：一是五种组织工具的特点，包括连线、反映怎样的关系、动态还是静态等；二是三种常用的组织结构的特点，包括指令源、组织结构图如何等。】

☞ 典型考题

【例1】对一个项目的结构进行逐层分解，以反映组成该项目的所有工作任务的是（　　）。

    A. 项目管理职能分工表

    B. 项目管理任务分工表

    C. 项目工作流程图

    D. 项目结构图

【例2】在项目管理的组织结构图中，如果两个单位之间有管理指令关系，则用（　　）联系。

    A. 单向箭杆　　　　　　　　　　B. 双向箭杆

    C. 直线　　　　　　　　　　　　D. 虚线

【例3】下图所示的是（　　）。

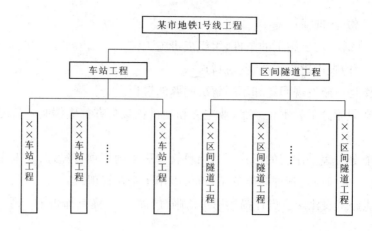

A. 项目结构图　　B. 组织结构图　　C. 合同结构图　　D. 工作流程图

【例4】在组织结构模式中,(　　)组织结构是一种较新型的组织结构。

A. 线性　　　　B. 职能　　　　C. 直线职能　　　D. 矩阵

【例5】每个部门只有唯一的上级工作部门,指令来源是唯一的,这种组织结构是(　　)组织结构。

A. 线性　　　　B. 职能　　　　C. 矩阵　　　　D. 事业部

【例6】编制项目管理任务分工表时,首先进行项目管理任务的分解,然后(　　)。

A. 确定项目管理的各项工作流程

B. 分析项目管理合同结构模式

C. 明确项目经理和各主管工作部门或主管人员的工作任务

D. 分析组织管理方面存在的问题

【例7】进度控制工作流程图反映进度控制组织系统中各项工作之间的(　　)关系。

A. 信息　　　　B. 指令　　　　C. 流程　　　　D. 逻辑

【例8】业主确定的工程项目设计变更工作流程,属于工作流程组织中的(　　)。

A. 管理工作流程　　　　　　　B. 物质流程

C. 信息处理工作流程　　　　　D. 设计工作流程

【例9】在合同结构图中,如果两个单位之间有合同关系,则用(　　)联系。

A. 单向箭杆　　B. 双向箭杆　　C. 直线　　　　D. 虚线

【例10】基本的组织工具有(　　)。

A. 责权利关系图　　　　　　　B. 组织结构图

C. 工作任务分工表　　　　　　D. 管理职能分工表

E. 工作流程图

【例11】关于组织和组织工具的说法,正确的有(　　)。

A. 组织分工一般包含工作任务分工和管理职能分工

B. 工作流程图反映一个组织系统中各项工作之间的指令关系

C. 工作流程图是一种重要的技术工具

D. 组织结构模式和组织分工是一种相对静态的组织关系

E. 在线性组织结构中,每一个工作部门的指令源是唯一的

【例12】建设项目常用的组织结构模式包括( )。
A. 职能组织结构　　　　　　　　B. 线性组织结构
C. 事业部组织结构　　　　　　　D. 矩阵组织结构
E. 项目组织结构

【例13】关于矩阵组织结构的描述正确的是( )。
A. 指令源是唯一的　　　　　　　B. 指令源有两个
C. 有多个指令源　　　　　　　　D. 适用于大的组织系统
E. 适用于小的组织系统

【例14】下列关于项目管理组织结构模式的说法中,正确的有( )。
A. 职能组织结构中每一个工作部门只有一个指令源
B. 矩阵组织结构中有两个指令源
C. 大型线性组织系统中的指令路径太长
D. 线性组织结构中可以跨越管理层级下达指令
E. 矩阵组织结构适用于大型组织系统

【例15】施工方项目管理职能分工表是以表的形式反映项目管理班子内部( )对各项工作的管理职能分工。
A. 项目经理　　　　　　　　　　B. 各工作部门
C. 各工作岗位　　　　　　　　　D. 总包与专业分包
E. 专业分包与劳务分包

☞ 参考答案

1. D;
2. A【题目中说明是指令关系,这代表了组织结构图,因此是单向箭杆】;
3. A【要点:图中的连线为直线,所以是项目结构图】;
4. D; 5. A; 6. C; 7. D; 8. A; 9. B; 10. BCDE;
11. ADE【选项B中,工作流程图反映的是逻辑关系,因此不对;选项C中,工作流程图是一种组织工具,不是技术工具】;
12. ABD; 13. BD; 14. BCE; 15. ABC。

1Z201040 建设工程项目策划

☞ 考点精要

一、建设工程项目策划的目的:为项目建设的决策和实施增值。

二、建设工程项目决策阶段策划的主要任务是定义项目开发或建设的任务和意义。

三、建设工程项目决策阶段策划的基本内容(总体方案的都属于这一阶段的内容):

1. 项目环境和条件的调查与分析;
2. 项目定义和项目目标论证;
3. 组织策划;
4. 管理策划;
5. 合同策划;
6. 经济策划;
7. 技术策划。

四、建设工程项目实施阶段策划的主要任务是确定如何组织该项目的开发或建设。

五、建设工程项目实施阶段策划的基本内容:

1. 项目实施的环境和条件的调查与分析;
2. 项目目标的分析和再论证;
3. 项目实施的组织策划;
4. 项目实施的管理策划(项目实施各阶段项目管理的工作内容,项目风险管理与工程保险方案);
5. 项目实施的合同策划;
6. 项目实施的经济策划;
7. 项目实施的技术策划;
8. 项目实施的风险策划。

典型考题

【例1】建设工程项目的实施阶段策划的主要任务是确定如何组织该项目的( )。
  A. 可行性   B. 施工
  C. 开发或建设   D. 全过程管理

【例2】建设工程项目决策阶段策划的主要任务是( )。
  A. 定义如何组织项目开发   B. 定义如何组织项目建设
  C. 定义项目开发的程序和内容   D. 定义开发或建设的任务和意义

【例3】建设工程项目决策阶段策划的基本内容包括( )。
  A. 项目环境和条件的分析与调查   B. 项目定义和项目目标论证
  C. 组织策划   D. 经济策划
  E. 风险策划

参考答案

1. C; 2. D; 3. ABCD。

1Z201050 建设工程项目采购的模式

☞ 考点精要

一、项目管理委托的模式
1. 国际上项目管理咨询公司的工作性质属于工程咨询(工程顾问)服务。
2. 国际上业主方项目管理的方式主要有三种：
(1) 业主方自行项目管理；
(2) 业主方委托项目管理咨询公司承担全部业主方项目管理的任务；
(3) 业主方委托项目管理咨询公司与业主方人员共同进行项目管理。

二、设计任务委托的模式
1. 国际上，建筑师事务所往往起到主导作用。
2. 我国业主方主要通过设计招标的方式选择设计方案和设计单位。
3. 设计任务的委托主要有两种模式，即
(1) 业主方委托一个设计单位或由多个设计单位组成的设计联合体或设计合作体作为设计总负责单位，设计总负责单位视需要再委托其他设计单位配合设计；
(2) 业主方不委托设计总负责单位，而平行委托多个设计单位进行设计。

三、项目总承包的内涵
1. "建筑工程的发包单位可以将建筑工程的勘察、设计、施工、设备采购一并发包给一个工程总承包单位，也可以将一项或者多项发包给一个工程总承包单位；但是，不得将应当由一个承包单位完成的建筑工程肢解成若干部分发包给几个承包单位"(引自《中华人民共和国建筑法》第24条)。
2. "工程总承包企业受业主委托，按照合同约定对工程建设项目的勘察、设计、采购、施工、试运行等实行全过程或若干阶段的承包"(引自《建设项目工程总承包管理规范》GB/T 50358—2005)。
3. "工程总承包企业按照合同约定对工程项目的质量、工期、造价等向业主负责。工程总承包企业可依法将所承包工程中的部分工作发包给具有相应资质的分包企业；分包企业按照分包合同的约定对总承包企业负责"(引自建设部《关于培育发展工程总承包和工程项目管理企业的指导意见》，建市〔2003〕30号)。
4. 建设项目工程总承包主要有以下两种方式：
(1) 设计—施工总承包(Design-Build)。
(2) 设计采购施工总承包(EPC——Engineering, Procurement, Construction)。
5. 建设项目工程总承包的基本出发点是借鉴工业生产组织的经验，实现建设生产过程的组织集成化，以克服由于设计与施工的分离致使投资增加，以及克服由于设计和施工的不协调而影响建设进度等弊病。
6. 建设项目工程总承包的主要意义并不在于总价包干和"交钥匙"，其核心是通过设计与施工过程的组织集成,促进设计与施工的紧密结合,以达到为项目建设增值的目的。

7. 国际项目总承包的组织模式包括:

(1) 一个组织(企业)既具有设计力量,又具有施工力量,由它独立地承担建设项目工程总承包的任务。

(2) 由设计和施工单位为一个特定的项目组成联合体或合作体,以承担建设项目工程总承包的任务。

(3) 由施工单位承接建设项目工程总承包的任务,而设计单位受施工单位的委托承担其中的设计任务。

(4) 由设计单位承接建设项目工程总承包的任务,而施工单位作为其分包承担其中的施工任务。

8. 项目总承包从招标开始至确定合同价的基本工作程序包括:

(1) 业主方自行编制,或委托顾问工程师编制项目建设纲要或设计纲要。

(2) 建设项目工程总承包方编制项目设计建议书和报价文件。

(3) 设计评审。

(4) 合同洽谈,包括确定合同价。

9. 国际上民用项目工程总承包的招标多数采用项目功能描述的方式,而不采用项目构造描述的方式。

10. 项目总承包方的工作程序如下:

(1) 项目启动:在工程总承包合同条件下,任命项目经理,组建项目部。

(2) 项目初始阶段:进行项目策划,编制项目计划,召开开工会议;发表项目协调程序,发表设计基础数据;编制计划,包括采购计划、施工计划、试运行计划、财务计划和安全管理计划,确定项目控制基准等。

(3) 设计阶段:编制初步设计或基础工程设计文件,进行设计审查,编制施工图设计或详细工程设计文件。

(4) 采购阶段:采买、催交、检验、运输、与施工办理交接手续。

(5) 施工阶段:施工开工前的准备工作,现场施工,竣工试验,移交工程资料,办理管理权移交,进行竣工决算。

(6) 试运行阶段:对试运行进行指导和服务。

(7) 合同收尾:取得合同目标考核证书,办理决算手续,清理各种债权债务;缺陷通知期限满后取得履约证书。

(8) 项目管理收尾:办理项目资料归档,进行项目总结,对项目部人员进行考核评价,解散项目部。

四、施工任务委托的模式

1. 施工任务的委托主要有:

(1) 业主方委托一个施工单位或由多个施工单位组成的施工联合体或施工合作体作为施工总承包单位,施工总承包单位视需要再委托其他施工单位作为分包单位配合施工。

(2) 业主方委托一个施工单位或由多个施工单位组成的施工联合体或施工合作体作为施

工总承包管理单位,业主方另委托其他施工单位作为分包单位进行施工。

(3) 业主方不委托施工总承包单位,也不委托施工总承包管理单位,而平行委托多个施工单位进行施工。

2. 施工总承包模式与施工总承包管理模式的特点:

表1-3 施工总承包与施工总承包管理的特点

	施工总承包	施工总承包管理
投资控制	(1) 一般以施工图设计为投标报价的基础,投标人的投标报价较有依据; (2) 在开工前就有较明确的合同价,有利于业主的总投资控制; (3) 若在施工过程中发生设计变更,可能会引发索赔	(1) 一部分施工图完成后,业主就可单独或与施工总承包管理单位共同进行该部分工程的招标; (2) 招标时只确定施工总承包管理费,不确定工程总造价,这可能成为业主控制总投资的风险; (3) 多数情况下,由业主方与分包人直接签约,这样有可能增加业主方的风险
进度控制	一般要等施工图设计全部结束后,业主才进行施工总承包的招标,因此,开工日期不可能太早,建设周期会较长,这是施工总承包模式的最大缺点	不需要等于施工图设计完成后再进行施工总承包管理的招标,分包合同的招标也可以提前,这样就有利于提前开工,有利于缩短建设周期
质量控制	建设工程项目质量的好坏在很大程度上取决于施工总承包单位的管理水平和技术水平	(1) 对分包人的质量控制由施工总承包管理单位进行; (2) 分包工程任务符合质量控制的"他人控制"原则,对质量控制有利; (3) 各分包之间的关系可由施工总承包管理单位负责,这样就可减轻业主方管理的工作量
合同管理	业主只需要进行一次招标,与施工总承包商签约,因此招标及合同管理工作量将会减小	(1) 业主方的招标及合同管理工作量较大; (2) 对分包人的工程款支付可由施工总承包管理单位支付或由业主直接支付,前者有利于施工总包管理单位对分包人的管理
组织与协调	业主只负责对施工总承包单位的管理及组织协调,其组织与协调的工作量比平行发包会大大减少,这对业主有利	施工总承包单位负责对所有分包人的管理及协调,大大减轻业主方的工作,这是采用施工总承包管理模式的基本出发点

3. 施工总承包管理与施工总承包模式的比较:

(1) 主要不同点:工作开展程序不同,合同关系不同,分包单位的选择和认可不同,对分包单位的付款不同。具体内容见表1-4。

表1-4 施工总承包与施工总承包管理的比较

序号	不同点	具体不同之处
1	工作开展程序不同	施工总承包:先进行建设项目的设计,待施工图设计结束后再进行施工总承包招标投标; 施工总承包管理,可以不依赖完整的施工图,当完成一部分施工图就可对其进行招标,可以在很大程度上缩短建设周期
2	合同关系	施工总承包:施工总承包单位与分包单位直接签订合同; 施工总承包管理:有两种可能,即业主与分包单位直接签订合同或者由施工总包管理单位与分包签订合同
3	分包单位的选择和认可	施工总承包:分包单位由施工总承包单位选择,由业主方认可; 施工总承包管理:分包合同由业主与分包单位直接签订,但每一个分包人的选择和每一个分包合同的签订都要经过施工总承包管理单位的认可
4	对分包单位的付款	施工总承包:由施工总承包单位负责支付; 施工总承包管理:可以通过施工总承包管理单位支付,也可以由业主直接支付;如果由业主直接支付,需要经过施工总承包管理单位的认可

(2) 相同点:对分包单位的管理和服务,既要负责对现场施工的总体管理和协调,也要负责向分包人提供相应的配合施工的服务。

4. 一般情况下,施工总承包管理单位不参与具体工程的施工,但如施工总承包管理单位也想承担部分工程的施工,它也可以参加该部分工程的投标,通过竞争取得施工任务。

5. 施工总承包管理合同一般采用单价合同或总价合同。

施工总承包管理模式的优点:

(1) 合同价格不是一次确定,整个建设项目的合同总额的确定较有依据;

(2) 所有分包都通过招标获得有竞争力的投标报价,对业主方节约投资有利;

(3) 分包合同价对业主是透明的。

6. 施工总承包管理单位对建设项目目标控制承担责任。

五、物资采购的模式

(1) 国际上业主方工程建设物资采购的模式:业主方自行采购,与承包商约定某些物资作为指定供货商,承包商采购。

(2) 物资采购工作应符合有关合同和设计文件所规定的数量、技术要求和质量标准,并符合工程进度、安全、环境和成本管理等要求。

(3) 物资采购管理的第一步是:明确采购产品或服务的基本要求、采购分工及有关责任。

【重点关注:一是项目总承包的内涵,二是施工总承包和施工总承包管理的特点、不同点和相同点。】

☞ 典型考题

【例1】项目管理咨询公司所提供的服务属于( )。
  A. 工程顾问   B. 工程技术   C. 工程监督   D. 工程采购

【例2】在工程总承包中,按照合同约定工程总承包企业向( )负责。
  A. 主管部门   B. 业主方
  C. 项目管理咨询公司   D. 监理方

【例3】某工程采用建设工程项目总承包模式,总承包单位依据总承包合同约定,委托一家装饰装修单位分包该工程项目的装饰装修任务,则该装饰装修单位应对( )负责。
  A. 业主   B. 项目总承包单位
  C. 工程监理单位   D. 质量监督机构

【例4】施工总承包模式与施工总承包管理模式的相同之处在于( )。
  A. 项目建设周期
  B. 总包单位对分包单位的管理责任
  C. 业主对分包单位的付款方式
  D. 业主对分包单位的选择和认可权限

【例5】在施工总承包管理模式下,施工项目总体管理和目标控制的责任由( )承担。
  A. 业主   B. 分包单位

C. 施工总承包管理单位　　　　　　D. 施工总承包单位

【例6】按照工程建设项目物资采购管理程序,物资采购首先应(　　)
A. 拟定物资采购合同
B. 明确采购的要求、采购分工和责任
C. 选择合格的产品供应或服务单位
D. 进行采购策划,编制采购计划

【例7】国际上业主方项目管理的方式主要有(　　)。
A. 业主方委托项目管理咨询公司与业主方人员共同管理
B. 业主方自行管理
C. 业主方委托项目管理咨询公司管理
D. 业主方委托项目总承包管理
E. 业主方与总承包单位共同管理

【例8】业主方可以将设计任务委托(　　)承担。
A. 一个设计单位
B. 平行委托多个设计单位
C. 由多个设计单位组成的设计联合体
D. 由多个设计单位组成的设计合作体
E. 项目管理咨询公司

【例9】对工程总承包描述正确的是(　　)。
A. 工程总承包企业向业主负责
B. 工程分包商向总承包商和业主负责
C. 总承包企业可以将所承包工程中的部分工作发包给具有相应资质的分包企业
D. 总承包企业可以对项目勘察、设计、采购、施工等实行全过程或若干阶段的承包
E. 总承包商可以将工程转包给具有资质的其他总承包商

【例10】建设工程项目总承包方式的核心是(　　)。
A. 实行总价包干
B. 业主可得到"交钥匙工程"
C. 实现设计单位和施工单位的相互融合
D. 实现设计与施工过程的组织集成
E. 为项目建设增值

【例11】在国际上,建设工程项目总承包的组织可能有的模式为(　　)。
A. 一个企业既有设计力量,又有施工力量,由其独立承担建设工程项目的总承包任务
B. 由设计和施工单位组成联合体,以承担特定建设工程项目的总承包任务
C. 由设计单位承接总承包任务,施工单位作为其分包承担其中的施工任务
D. 由施工单位承接总承包任务,设计单位受施工单位委托承担其中的设计任务
E. 由多个施工单位组成联合体共同承担建设工程项目的总承包任务

【例12】采用施工总承包管理模式时,对分包单位支付工程款的方式可以有(　　)。

A. 由业主直接支付给分包单位,不必经过施工总承包管理单位认可
B. 由业主直接支付给分包单位,但需经过施工总承包管理单位认可
C. 由分包单位选择由业主支付还是由施工总承包管理单位支付
D. 通过施工总承包管理单位支付,分包工程款列入施工总承包管理费中
E. 通过施工总承包管理单位支付

【例13】在国际上业主方工程建设物资采购的常用模式有( )。
A. 业主方自行采购   B. 承包商采购
C. 分包商采购   D. 指定供应商
E. 与承包商约定的指定供应商

☞ **参考答案**

1. A; 2. B;

3. B【工程总承包企业可依法将所承包工程中的部分工作发包给具有相应资质的分包企业,分包企业按分包合同约定对总承包企业负责】;

4. B; 5. C; 6. B; 7. ABC; 8. ABCD; 9. ACD; 10. DE;
11. ABCD; 12. BE; 13. ABE。

1Z201060 建设工程项目管理规划的内容和编制方法

☞ **考点精要**

一、项目管理规划的内容

1. 建设工程项目管理规划是指导项目管理工作的<u>纲领性</u>文件。

2. 建设工程项目管理规划涉及项目<u>整个实施阶段</u>,属于<u>业主方项目管理</u>的范畴。如果采用<u>建设项目工程总承包</u>的模式,业主方也可以委托建设项目工程总承包方编制建设工程项目管理规划。<u>其他参与单位也需要编制项目管理规划</u>,但它只涉及项目实施的一个方面,并体现一个方面的利益。

3.《建设工程项目管理规范》把项目管理规范分成两个<u>类型</u>:"<u>项目管理规范应包括项目管理规划大纲和项目管理实施规划两类文件</u>"。

4. <u>建设工程项目管理规划应视项目的特点而定</u>,必须随着情况的变化进行<u>动态调整</u>。

5. <u>职业健康安全与环境管理计划属于项目管理实施规划的内容</u>。

二、项目管理规划的编制方法

1.《建设工程项目管理规范》(GB/T 50326—2006)规定:
(1)"项目管理规划大纲应由<u>组织</u>的管理层或<u>组织</u>委托的项目管理单位编制";
(2)"<u>项目管理实施规划</u>应由<u>项目经理</u>组织编制"。

2. 项目管理规划大纲的编制依据:

(1) 可行性研究报告；
(2) 设计文件、标准、规范与有关规定；
(3) 招标文件及有关合同文件；
(4) 相关市场信息与环境信息。
3. 项目管理实施规划的编制依据：
(1) 项目管理规划大纲；
(2) 项目条件和环境分析资料；
(3) 工程合同及相关文件；
(4) 同类项目的相关资料。

☞ 典型考题

【例1】建设项目管理规划是指导项目管理工作的( )文件。
  A. 基础性   B. 关键性
  C. 技术性   D. 纲领性

【例2】施工方项目管理规划由( )编制。
  A. 业主方   B. 设计方
  C. 施工方   D. 监理方

【例3】涉及项目整个实施阶段的是( )的项目管理规划。
  A. 业主方   B. 设计方
  C. 施工方   D. 供货方

【例4】项目管理实施规划应由( )组织编制。
  A. 组织的管理层或组织委托的项目管理单位
  B. 设计单位
  C. 项目经理
  D. 业主方

【例5】建设项目采用总承包模式时,建设工程项目管理规划可以由( )编制。
  A. 业主方   B. 设计方
  C. 总承包方   D. 施工方
  E. 监理方

☞ 参考答案

1. D;
2. C 【其他参与单位也需要编制项目管理规划,如施工方就编制施工方项目管理规划】;
3. A 【建设工程项目管理规划涉及项目整个实施阶段,属于业主方项目管理的范畴】;
4. C; 5. AC。

1Z201070 施工组织设计的内容和编制方法

考点精要

一、《建筑施工组织设计规范》(GB/T 50502—2009)对施工组织设计作了如下的解释:以施工项目为对象编制的,用以指导施工的技术、经济和管理的综合性文件

二、施工组织设计的分类

1. 施工组织设计应包括:编制依据、工程概况、施工部署、施工进度计划、施工准备与资源配置、主要施工方法、施工现场平面布置及主要施工管理计划等基本内容。

(1) 施工部署及施工方案

① 根据工程情况,结合人力、材料、机械设备、资金、施工方法等条件,全面部署施工任务,合理安排施工顺序,确定主要工程的施工方案;

② 对拟建工程可能采用的几个施工方案进行定性、定量的分析,通过技术经济评价,选择最佳方案。

(2) 施工进度计划

① 反映了最佳施工方案在时间上的安排,采用计划的形式,使工期、成本、资源等方面,通过计算和调整达到优化配置,符合项目目标的要求;

② 使工序有序地进行,使工期、成本、资源等通过优化调整达到既定目标,在此基础上编制相应的人力和实践安排计划、资源需求计划和施工准备计划。

(3) 施工平面图

是施工方案及施工进度计划在空间上的全面安排,把投入的各种资源、材料、构件、机械、道路、水电供应网络、生产和生活活动场地及各种临时工程设施合理地布置在施工现场,使整个现场能有组织地进行文明施工。

2. 施工组织设计按编制对象,可分为施工组织总设计、单位工程施工组织设计和施工方案。

3. 施工组织总设计以若干单位工程组成的群体工程或特大型项目为主要对象编制的施工组织设计,对整个项目的施工过程起统筹规划、重点控制的作用。在我国,大型房屋建筑工程标准一般指:

(1) 25 层以上的房屋建筑工程;

(2) 高度 100 m 及以上的构筑物或建筑物工程;

(3) 单体建筑面积 3 万 m^2 及以上的房屋建筑工程;

(4) 单跨跨度 30 m 及以上的房屋建筑工程;

(5) 建筑面积 10 万 m^2 及以上的住宅小区或建筑群体工程;

(6) 单项建安合同额 1 亿元及以上的房屋建筑工程。

在实际操作中,具备上述规模的建筑工程很多只需编制单位工程施工组织设计,需要编制施工组织总设计的建筑工程,其规模应当超过上述大型建筑工程的标准,通常需要分期分批建设,可称为特大型项目。

4. 单位工程施工组织设计即以单位(子单位)工程为主要对象编制的施工组织设计,对单

位(子单位)工程的施工过程起指导和制约作用。

5. 施工方案即以分部(分项)工程或专项工程为主要对象编制的施工技术与组织方案,用以具体指导其施工过程,某些时候也被称为分部(分项)工程或专项工程施工组织设计。

三、施工组织总设计、单位工程施工组织设计和施工方案的内容如表1-5所示

表1-5 施工组织设计的内容

施工组织总设计	单位工程施工组织设计	施工方案
1. 工程概况; 2. 总体施工部署; 3. 施工总进度计划; 4. 总体施工准备与主要资源配置计划; 5. 主要施工方法; 6. 施工总平面布置	1. 工程概况; 2. 施工部署; 3. 施工进度计划; 4. 施工准备与资源配置计划; 5. 主要施工方案; 6. 施工现场平面布置	1. 工程概况; 2. 施工安排; 3. 施工进度计划; 4. 施工准备与资源配置计划; 5. 施工方法及工艺要求

四、施工管理规划

1. 施工管理计划应包括进度管理计划、质量管理计划、安全管理计划、环境管理计划、成本管理计划以及其他管理计划等内容。

2. 施工管理计划在目前多作为管理和技术措施编制在施工组织设计中,是施工组织设计必不可少的内容。

3. 施工管理计划可根据工程的具体情况加以取舍。

4. 在编制施工组织设计时,各项管理计划可单独成章,也可穿插在施工组织设计的相应章节中。

5. 各项管理计划的制订,应根据项目的特点有所侧重。

五、施工组织设计的编制方法

(一) 编制原则

1. 符合施工合同或招标文件中有关工程进度、质量、安全、环境保护、造价等方面的要求。

2. 积极开发、使用新技术和新工艺,推广应用新材料和新设备。

3. 坚持科学的施工程序和合理的施工顺序,采用流水施工和网络计划等方法,科学配置资源,合理布置现场,采取季节性施工措施,实现均衡施工,达到合理的经济技术指标。

4. 采取技术和管理措施,推广建筑节能和绿色施工。

5. 与质量、环境和职业健康安全三个管理体系有效结合。

(二) 施工组织设计的编制和审批

1. 施工组织设计应由项目负责人主持编制,可根据需要分阶段编制和审批。

2. 施工组织总设计应由总承包单位技术负责人审批;单位工程施工组织设计应由施工单位技术负责人或技术负责人授权的技术人员审批,施工方案应由项目技术负责人审批;重点、难点分部(分项)工程和专项工程施工方案应由施工单位技术部门组织相关专家评审,施工单

位技术负责人批准。

3. 下列达到一定规模的危险性较大的分部（分项）工程编制专项施工方案，并附具安全验算结果，经施工单位技术负责人、总监理工程师签字后实施：

（1）基坑支护与降水工程；

（2）土方开挖工程；

（3）模板工程；

（4）起重吊装工程；

（5）脚手架工程；

（6）拆除爆破工程；

（7）国务院建设行政主管部门或者其他有关部门规定的其他危险性较大的工程。

以上所列工程中涉及深基坑、地下暗挖工程、高大模板工程的专项施工方案，施工单位还应当组织专家进行论证、审查。

4. 由专业承包单位施工的分部（分项）工程或专项工程的施工方案，应由专业承包单位技术负责人或技术负责人授权的技术人员审批；有总承包单位时，应由总承包单位项目技术负责人核准备案。

5. 规模较大的分部（分项）工程和专项工程的施工方案应按单位工程施工组织设计进行编制和审批。

6. 有些分部（分项）工程或专项工程如主体结构为钢结构的大型建筑工程，其钢结构分部规模很大且在整个工程中占有重要的地位，需另行分包，遇有这种情况的分部（分项）工程或专项工程，其施工方案应按施工组织设计进行编制和审批。

六、施工组织设计的动态管理

1. 项目施工过程中，发生以下情况之一时，施工组织设计应及时进行修改或补充。

（1）工程设计有重大修改。

（2）有关法律、法规、规范和标准实施、修订和废止。

（3）主要施工方法有重大调整。

（4）主要施工资源配置有重大调整。

（5）施工环境有重大改变。

2. 经修改或补充的施工组织设计应重新审批后实施。

3. 项目施工前应进行施工组织设计逐级交底，项目施工过程中，应对施工组织设计的执行情况进行检查、分析并适时调整。

☞ **典型考题**

【例1】某公司承接了 A、B 两市之间的高速公路施工任务，该高速公路由五段道路、一座桥梁、两座涵洞组成，针对该座桥梁编制的施工组织设计应属于（　　）。

　　A. 单项工程施工组织设计

　　B. 单位工程施工组织设计

C. 施工组织总设计
   D. 分部工程施工组织设计

【例2】 下列选项中,应编制专项施工方案,并附具安全验算结果的是( )。
   A. 基坑支护与降水工程　　　　B. 大量土石方工程
   C. 脚手架工程　　　　　　　　D. 室内抹灰
   E. 拆除爆破工程

【例3】 下列说法正确的是( )。
   A. 施工组织设计应由总承包单位技术负责人主持编制
   B. 施工组织总设计应由项目负责人审批
   C. 施工方案应由项目技术负责人审批
   D. 规模较大的分部(分项)工程和专项工程的施工方案应按单位工程施工组织设计进行编制和审批
   E. 重点、难点分部(分项)工程和专项工程施工方案应由施工单位技术部门组织相关专家评审,施工单位技术负责人批准

参考答案

1. B；2. ACE；3. CDE。

1Z201080 建设工程项目目标的动态控制

考点精要

一、项目目标动态控制方法的工作程序和措施

（一）项目目标的动态控制是项目管理最基本的方法论。

（二）项目目标动态控制的工作程序：

1. 项目目标动态控制的准备工作,即将项目的目标进行分解,确定用于目标控制的计划值。
2. 在项目实施过程中项目目标的动态控制：
（1）收集项目目标的实际值；
（2）定期进行计划和实际值的比较；
（3）如有偏差,采取纠偏措施进行纠偏。
3. 如有必要,进行项目目标的调整。
4. 项目目标动态控制的纠偏措施主要有：组织措施、管理措施、经济措施和技术措施等。
（1）组织措施,如调整项目组织结构、任务分工、管理职能分工、工作流程组织和项目管理班子人员等；
（2）管理措施(包括合同措施),如调整进度管理的方法和手段,改变施工管理和强化合同管理等；

(3) 经济措施,如落实加快工程施工进度所需的资金等;
(4) 技术措施,如调整设计、改进施工方法和改变施工机具等。

二、项目目标动态控制方法在进度控制中的应用

运用动态控制原理控制进度的第一步为:工程进度目标的逐层分解。后续步骤可参照项目目标动态控制的工作程序。

三、项目目标动态控制方法在投资控制中的应用

1. 运用动态控制原理控制投资的第一步为:项目投资目标的逐层分解,确定计划值。
2. 在施工过程中投资的计划值和实际值的比较包括:
(1) 工程合同价(实际值)与工程概算(计划值)的比较;
(2) 工程合同价(实际值)与工程预算(计划值)的比较;
(3) 工程款支付(实际值)与工程概算(计划值)的比较;
(4) 工程款支付(实际值)与工程预算(计划值)的比较;
(5) 工程款支付(实际值)与工程合同价(计划值)的比较;
(6) 工程决算(实际值)与工程概算(计划值)、工程预算(计划值)和工程合同价(计划值)的比较。
3. 通过项目投资计划值和实际值的比较,如发现偏差,则必须采取相应的纠偏措施进行纠偏,如:采取限额设计的方法、调整投资控制的方法和手段、采用价值工程的方法、制定节约投资的奖励措施、调整或修改设计、优化施工方法等。

【重点关注:投资的计划值和实际值是相对的,工程款支付作为实际值出现了三次,分别对应工程概算、工程预算和工程合同价。工程合同价作为实际值出现了两次,分别对应工程概算和工程预算,作为计划值出现了两次,分别是对应工程款支付和工程决算。】

☞ 典型考题

【例1】项目目标的(　　)是项目管理最基本的方法论。
　　　A. 动态控制　　B. 主动控制　　C. 反馈控制　　D. 系统控制

【例2】项目目标动态控制的准备工作是将项目目标进行分解,以确定用于目标控制的(　　)。
　　　A. 偏差值　　B. 调整值　　C. 计划值　　D. 实际值

【例3】在应用动态控制原理控制建设工程项目目标时,调整项目管理班子人员属于(　　)措施。
　　　A. 组织　　B. 合同　　C. 经济　　D. 技术

【例4】投资的计划值和实际值是相对的,相对于工程合同价而言,(　　)是投资的计划值。
　　　A. 工程款支付　　B. 工程概算　　C. 工程决算　　D. 施工图预算

【例5】以下属于控制项目目标的主要措施的是(　　)。
　　　A. 组织措施　　B. 经济措施　　C. 管理措施　　D. 技术措施

E. 法律措施

【例6】运用动态控制原理进行进度控制的步骤包括( )。

A. 确定工程进度目标

B. 工程进度目标的逐层分解

C. 在项目实施过程中对工程进度目标进行动态跟踪和控制

D. 如有必要,则调整工程进度目标

E. 工程进度目标总结

【例7】应用动态控制原理进行建设工程项目投资控制时,相对于工程合同价而言,投资的计划值有( )

A. 投资规划　　B. 工程概算　　C. 工程预算　　D. 工程进度款

E. 工程决算

【例8】在施工过程中投资的计划值与实际值的比较包括( )的比较。

A. 工程合同价与工程概算　　　　B. 工程合同价与工程款的支付

C. 工程决算与工程预算　　　　　D. 工程决算与工程合同价

E. 工程概算与工程预算

☞ 参考答案

1. A； 2. C； 3. A； 4. B； 5. ABCD； 6. BCD； 7. BC； 8. ABCD。

1Z201090 施工企业项目经理的工作性质、任务和责任

☞ 考点精要

一、施工企业项目经理的工作性质

1. 建筑业企业项目经理资质管理制度向建造师执业资格制度过渡的时间定为五年。

2. 大、中型工程项目施工的项目经理必须由取得建造师注册证书的人员担任。

3. 建筑施工企业项目经理(以下简称项目经理),是指受企业法定代表人委托,对工程项目施工过程全面负责的项目管理者,是建筑施工企业法定代表人在工程项目上的代表人。

4. 建造师是专业人士的名称,而项目经理是工作岗位的名称。

5. 取得建造师执业资格的人员,在企业中的工作岗位由企业视工作需要和安排而定。

6. 建设工程施工合同(示范文本)中涉及项目经理的条款:

(1) 项目经理应为合同当事人所确认的人选,并在专用合同条款中明确项目经理的姓名、职称、注册执业证书编号、联系方式及授权范围等事项,项目经理经承包人授权后代表承包人负责履行合同。项目经理应是承包人正式聘用的员工,承包人应向发包人提交项目经理与承包人之间的劳动合同,以及承包人为项目经理缴纳社会保险的有效证明。承包人不提交上述文件的,项目经理无权履行职责,发包人有权要求更换项目经理,由此增加的费用和(或)延误的工期由承包人承担。

（2）项目经理应常驻施工现场，且每月在施工现场时间不得少于专用合同条款约定的天数。

（3）项目经理不得同时担任其他项目的项目经理。

（4）项目经理确需离开施工现场时，应事先通知监理人，并取得发包人的书面同意。

（5）项目经理按合同约定组织工程实施。在紧急情况下为确保施工安全和人员安全，在无法与发包人代表和总监理工程师及时取得联系时，项目经理有权采取必要的措施保证与工程有关的人身、财产和工程的安全，但应在48小时内向发包人代表和总监理工程师提交书面报告。

（6）承包人需要更换项目经理的，应提前14天书面通知发包人和监理人，并征得发包人书面同意。未经发包人书面同意，承包人不得擅自更换项目经理。承包人擅自更换项目经理的，应按照专用合同条款的约定承担违约责任。

（7）发包人有权书面通知承包人更换其认为不称职的项目经理，通知中应当载明要求更换的理由。承包人应在接到更换通知后14天内向发包人提出书面的改进报告。发包人收到改进报告后仍要求更换的，承包人应在接到第二次更换通知的28天内进行更换，并将新任命的项目经理的注册执业资格、管理经验等资料书面通知发包人。承包人无正当理由拒绝更换项目经理的，应按照专用合同条款的约定承担违约责任。

（8）项目经理因特殊情况授权其下属人员履行其某项工作职责的，该下属人员应具备履行相应职责的能力，并应提前7天将上述人员的姓名和授权范围书面通知监理人，并征得发包人书面同意。

7. 在国际上，施工企业项目经理的地位、作用以及其特征如下：

（1）项目经理是企业任命的一个项目的项目管理班子的负责人（领导人），但项目经理并不一定是（多数不是）一个企业法定代表人在工程项目上的代表人，因为一个企业法定代表人在工程项目上的代表人在法律上赋予其的权限范围太大。

（2）项目经理的任务仅限于主持项目管理工作，其主要任务是项目目标的控制和组织协调。

（3）项目经理不是一个技术岗位，而是一个管理岗位。

（4）项目经理是一个组织系统中的管理者，至于是否他有人权、财权和物资采购权等管理权限，则由其上级确定。

二、施工企业项目经理的任务

项目经理在承担工程项目施工的管理过程中，应当按照建筑施工企业与建设单位签订的工程承包合同，与本企业法定代表人签订项目承包合同，并在企业法定代表人授权范围内，行使以下管理权力：

（1）组织项目管理班子；

（2）以企业法定代表人的代表身份处理与所承担的工程项目有关的外部关系，受托签署有关合同；

（3）指挥工程项目建设的生产经营活动，调配并管理进入工程项目的人力、资金、物资、机械设备等生产要素；

（4）选择施工作业队伍；
（5）进行合理的经济分配；
（6）企业法定代表人授予的其他管理权力。

三、施工企业项目经理的责任

1. 项目经理的职责（参考《建设工程项目管理规范》GB/T 50326—2006）

项目经理应履行下列职责：

（1）项目管理目标责任书规定的职责；
（2）主持编制项目管理实施规划，并对项目目标进行系统管理；
（3）对资源进行动态管理；
（4）建立各种专业管理体系，并组织实施；
（5）进行授权范围内的利益分配；
（6）收集工程资料，准备结算资料，参与工程竣工验收；
（7）接受审计，处理项目经理部解体的善后工作；
（8）协助组织进行项目的检查、鉴定和评奖申报工作。

2. 项目经理的权限（参考《建设工程项目管理规范》GB/T 50326—2006）

项目经理应具有下列权限：

（1）参与项目招标、投标和合同签订；
（2）参与组建项目经理部；
（3）主持项目经理部工作；
（4）决定授权范围内的项目资金的投入和使用；
（5）制定内部计酬办法；
（6）参与选择并使用具有相应资质的分包人；
（7）参与选择物资供应单位；
（8）在授权范围内协调与项目有关的内、外部关系。

3. 工程项目施工应建立以项目经理为首的生产经营管理系统，实行项目经理负责制。项目经理在工程项目施工中处于中心地位，对工程项目施工负有全面管理的责任。

4. 项目经理由于主观原因，或由于工作失误有可能承担法律责任和经济责任。政府主管部门将追究的主要是其法律责任（也可追究经济责任），企业将追究的主要是其经济责任，但是，如果由于项目经理的违法行为而导致企业的损失，企业也有可能追究其法律责任。

四、项目各参与方之间的沟通方法

1. 沟通过程包括五要素：沟通主体；沟通客体；沟通介体；沟通渠道和沟通环境。
2. 五要素中，沟通主体处于主导地位。
3. 沟通能力包含表达能力、争辩能力、倾听能力和设计能力。
4. 沟通障碍主要来自三个方面：发送者的障碍、接受者的障碍和沟通通道的障碍。

（1）发送者的障碍：表达能力不强、信息传送不全、信息传递不及时或不适时、知识经验的局限、对信息的过滤等。

(2) 接受者的障碍:信息译码不准确、对信息的筛选、对信息的承受力、心理上的障碍、过早地评价情绪。

(3) 沟通通道的障碍:选择沟通媒介不当、几种媒介相互冲突、沟通渠道过长、外部干扰。

沟通障碍的形式:组织的沟通障碍、个人的沟通障碍(个性,知识,经验水平差距,个性记忆不佳,对信息的态度不同,相互不信任,沟通者的畏惧感以及个人心理品质)。

五、施工企业人力资源管理的任务

1. 人力资源管理的工作步骤包括:编制人力资源规划;通过招聘增补员工;通过解聘减少员工;进行人员甄选;员工的培训;员工的绩效考评;员工的业务提高和发展。

2. 项目人力资源管理包括有效地使用涉及项目的人员所需要的过程。

3. 项目人力资源管理的目的是调动所有项目参与人的积极性。

4. 目前我国施工企业劳动用工大致有三种情况:

(1) 企业自有职工;

(2) 劳务分包企业用工;

(3) 施工企业直接雇佣的短期用工。

第(2)、(3)种情况的用工对象主要是进城务工人员,俗称农民工,是目前施工企业劳务用工的主力军。对这部分用工的管理存在问题较多,是各级政府主管部门明令必须加强管理的重点对象。

六、劳动用工管理

1. 建筑施工企业应当按照相关规定办理用工手续,不得使用零散工,不得允许未与企业签订劳动合同的劳动者在施工现场从事施工活动。

2. 建筑施工企业与劳动者建立劳动关系,应当自用工之日起按照劳动合同法规的规定订立书面劳动合同。劳动合同中必须明确规定劳动合同期限,工作内容,工资支付的标准、项目、周期和日期,劳动纪律,劳动保护和劳动条件以及违约责任。劳动合同应一式三份,双方当事人各持一份,劳动者所在工地保留一份备查。

3. 施工总承包企业和专业承包企业应当加强对劳务分包企业与劳动者签订劳动合同的监督,不得允许劳务分包企业使用未签订劳动合同的劳动者。

4. 建筑施工企业应当将每个工程项目中的施工管理、作业人员劳务档案中有关情况在当地建筑业企业信息管理系统中按规定如实填报。人员发生变更的,应当在变更后7个工作日内,在建筑业企业信息管理系统中做相应变更。

七、工资支付管理

1. 建筑施工企业应当按照当地的规定,根据劳动合同约定的工资标准、支付周期和日期,支付劳动者工资,不得以工程款被拖欠、结算纠纷、垫资施工等理由克扣劳动者工资。

2. 建筑施工企业应当每月向劳动者支付一次工资,且支付部分不得低于当地最低工资标准,每季度末结清劳动者剩余应得的工资。

3. 建筑施工企业应当将工资直接发放给劳动者本人。

4. 建筑施工企业应当对劳动者出勤情况进行记录，作为发放工资的依据。

5. 建筑施工企业因暂时生产经营困难无法按劳动合同约定的日期支付工资的，应当向劳动者说明情况，并经与工会或职工代表协商一致后，可以延期支付工资，但最长不得超过30日。超过30日不支付劳动者工资的，属于无故拖欠工资行为。

6. 建筑施工企业与劳动者终止或者依法解除劳动合同，应当在办理终止或解除合同手续的同时一次性付清劳动者工资。

【重点关注：项目经理的权限。】

☞ 典型考题

【例1】是否由注册建造师担任工程项目施工的项目经理，由（　　）决定。
　　A. 政府主管部门　　　　　　　　B. 业主
　　C. 施工企业　　　　　　　　　　D. 监理工程师

【例2】建筑施工企业项目经理是受企业（　　）委托对工程项目施工过程全面负责的项目管理者。
　　A. 董事会　　　　　　　　　　　B. 股东代表大会
　　C. 总经理　　　　　　　　　　　D. 法定代表人

【例3】在我国，项目经理是一个（　　）的名称。
　　A. 工作岗位　　　　　　　　　　B. 技术职称
　　C. 管理人士　　　　　　　　　　D. 专业人士

【例4】在国际上，对项目经理表述不正确的是（　　）。
　　A. 项目经理是项目管理班子的负责人
　　B. 项目经理不是一个技术岗位，而是一个管理岗位
　　C. 项目经理是企业法定代表人在项目上的代表人
　　D. 项目经理的主要任务是项目目标的控制

【例5】项目经理在承担工程项目施工的管理过程中，应按照施工企业与建设单位签订的工程承包合同，与（　　）签订项目承包合同。
　　A. 业主　　　　　　　　　　　　B. 企业董事会
　　C. 本企业法定代表人　　　　　　D. 总承包单位的项目经理

【例6】建筑施工企业项目经理在承担工程项目施工管理工作中，行使的管理权力有（　　）。
　　A. 调配并管理进入工程项目的各种生产要素
　　B. 负责组建项目经理部
　　C. 执行项目承包合同约定的应由项目经理负责履行的各项条款
　　D. 负责选择并使用具有相应资质的分包人

【例7】工程项目施工应建立以（　　）为首的生产经营管理系统。
　　A. 总承包商　　　　　　　　　　B. 项目总工程师
　　C. 业主　　　　　　　　　　　　D. 项目经理

【例8】关于项目人力资源管理，正确的说法是（　　）。

A. 人力资源管理的工作步骤中包括通过解聘减少员工

B. 人力资源管理不包括员工的绩效考评

C. 人力资源管理的主要特点是管理对象广泛

D. 人力资源管理的目的是减少人才流动

【例9】项目人力资源管理指（　　）

A. 有效地管理项目管理班子成员的全部过程

B. 与项目有关的所有人员的管理过程

C. 与项目施工有关的所有人员的管理过程

D. 有效地使用涉及项目的人员所需要的过程

【例10】2008年以后，我国（　　）施工的项目经理必须由取得建造师注册证书的人员担任。

A. 所有工程项目　　　　　　B. 大型工程项目

C. 中型工程项目　　　　　　D. 小型工程项目

E. 外商投资项目

【例11】在我国建筑施工企业项目经理资质管理办法中，对施工企业项目经理表述正确的是（　　）。

A. 是施工企业法定代表人委托的

B. 是施工企业上级管理部门委托的

C. 对工程项目施工过程全面负责

D. 对建设项目全面负责

E. 是施工企业法定代表人在工程项目上的代表人

【例12】根据《建设工程项目管理规范》（GB/T 50326—2006），项目经理的职责有（　　）。

A. 对资源进行动态管理

B. 建立各种专业管理体系，并组织实施

C. 收集工程资料，准备结算资料，参与工程竣工验收

D. 进行整个项目的利益分配

E. 协助组织进行项目的检查、鉴定和评奖申报工作

【例13】根据《建设工程项目管理规范》，项目经理的权限包括（　　）。

A. 签订承包合同　　　　　　B. 自主选择分包单位

C. 参与选择物资供应单位　　D. 主持项目经理部工作

E. 制定内部计酬办法

【例14】沟通过程的五要素包括（　　）。

A. 沟通主体　　　　　　　　B. 沟通客体

C. 沟通媒体　　　　　　　　D. 沟通渠道

E. 沟通环境

【例15】施工企业劳动用工的种类包括（　　）。

A. 企业自有员工　　　　　　B. 劳务分包企业用工

C. 施工企业直接雇佣的短期用工　　D. 施工企业雇佣的长期用工

E. 劳务分包企业雇佣的短期用工

【例16】下列关于劳动用工管理,正确的说法有(　　)。
   A. 建筑施工企业不得使用零散工
   B. 建筑施工企业可以使用零散工
   C. 建筑施工企业应当自用工之日起按照劳动合同法规的规定订立书面劳动合同
   D. 人员发生变更的,应当在变更后5个工作日内,在建筑业企业信息管理系统中进行变更
   E. 建筑施工企业允许未与企业签订劳动合同的劳动者在施工现场施工

【例17】下列关于工资支付管理,正确的说法有(　　)。
   A. 建筑施工企业应当每月对劳动者的工资进行核算
   B. 建筑施工企业可以将工资发给包工头
   C. 建筑施工企业因经营困难无法按时支付工资的,应当向劳动者说明情况,经与工会或职工代表协商一致后,可以延期支付
   D. 建筑施工企业应当对劳动者出勤情况进行记录,作为发放工资的依据
   E. 建筑施工企业支付部分不得低于当地最低工资标准

参考答案

1. C; 2. D; 3. A; 4. C; 5. C; 6. A; 7. D; 8. A; 9. D; 10. BC; 11. ACE;
12. ABCE; 13. CDE; 14. ABDE; 15. ABC; 16. AC; 17. ACDE。

1Z201100 建设工程项目的风险和风险管理的工作流程

考点精要

一、项目的风险类型

1. 风险指的是损失的不确定性,对建设工程项目管理而言,风险是指可能出现的影响项目目标实现的不确定因素。
2. 风险量反映不确定的损失程度和损失发生的概率。
3. 在《建设工程项目管理规范》中所列风险等级评估如表1-6所示。

表1-6　风险等级评估表

风险等级＼后果　　可能性	轻度损失	中度损失	重大损失
很大	3	4	5
中等	2	3	4
极小	1	2	3

4. 图1-7中,风险区A风险量最大,风险区D风险量最小。

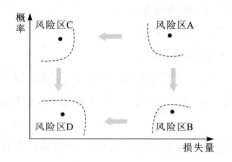

图 1-7 事件风险量的区域

5. 建设工程项目的风险可以分为<u>组织风险、经济与管理风险、工程环境风险和技术风险</u>等四种。

6. <u>组织风险包括</u>:组织结构模式、工作流程组织、任务分工和管理职能分工、<u>业主方人员的能力</u>、安全管理人员的资历和能力等。

二、项目风险管理的工作流程

(1) <u>项目风险管理</u>过程包括项目实施全过程的项目风险识别、风险评估(<u>分析风险因素发生概率、分析风险损失量、确定风险量和风险等级</u>)、<u>风险响应</u>(风险对策)和<u>风险控制</u>。

(2) 风险识别包括收集风险相关信息、确定风险因素、编制风险识别报告。

(3) 风险对策包括风险<u>规避</u>、减轻、自留、转移及其组合等策略。

(4) 向保险公司<u>投保</u>是<u>风险转移</u>的一种措施。

☞ **典型考题**

【例1】风险管理工作流程的第一步是( )。
　　A. 风险转移　　　　　　　　B. 风险控制
　　C. 风险分析　　　　　　　　D. 风险识别

【例2】工程项目的组织风险包括( )等。
　　A. 承包商管理人员的能力和经验
　　B. 施工机械操作人员的能力和经验
　　C. 工程监理工程师的能力和经验
　　D. 施工企业职能机构负责人的能力和经验
　　E. 损失控制人员的能力和经验

☞ **参考答案**

1. D;
2. ABCE 【工程项目的组织风险,针对的是工程项目参与人员,选项D是施工企业职能机构负责人,不属于项目参与人员,因此D不对】。

1Z201110 建设工程监理的工作性质、工作任务和工作方法

考点精要

一、监理的工作性质

1. 建设工程监理单位是一种高智能的<u>有偿技术服务</u>,我国的<u>工程监理</u>属于国际上业主方项目管理的范畴。在国际上把这类服务归为<u>工程咨询(工程顾问)</u>服务。

2. 工程监理单位与<u>业主(建设单位)</u>在实施工程监理前以书面形式签订监理合同。

3. 建设工程监理的工作性质具有<u>服务性</u>(尽一切努力进行目标控制,但不可能保证目标一定实现)、科学性、独立性(不能依附于<u>监理工作的对象</u>)和公平性的特点。

4. 工程监理单位受业主的委托进行工程建设的监理活动,当业主方和承包商发生利益冲突或矛盾时,工程监理机构在维护业主的合法权益时,不损害承包商的合法权益,这体现了工程监理的<u>公平性</u>。

二、监理的工作任务

(一)《建设工程质量管理条例》有关规定

1. <u>工程监理单位应当依照法律</u>、法规以及有关技术标准、设计文件和建设工程承包合同,代表建设单位对施工质量实施监理,并对施工质量承担监理责任。

2. 工程监理单位应当选派具备相应资格的<u>总监理工程师和监理工程师进驻施工现场。未经监理工程师签字</u>,建筑材料、建筑构配件和设备不得在工程上使用或者安装,施工单位<u>不得进行下一道工序的施工</u>。未经<u>总监理工程师</u>签字,建设单位不拨付工程款,不进行竣工验收。

3. 监理工程师应当按照工程监理规范的要求,采取<u>旁站、巡视和平行检验</u>等形式,对建设工程实施监理。

(二)《建设工程安全生产管理条例》有关规定

1. <u>工程监理单位应当</u><u>审查施工组织设计</u>中的<u>安全技术措施</u>或者专项施工方案是否符合工程建设强制性标准。

2. 工程监理单位在实施监理过程中,发现存在<u>安全事故隐患的,应当要求施工单位整改;情况严重的</u>,应当要求施工单位<u>暂时停止施工</u>,并及时<u>报告建设单位</u>。施工单位拒不整改或者不停止施工的,工程监理单位应当及时向<u>有关主管部门报告</u>。

3. 工程监理单位和监理工程师应当按照法律、法规和工程建设强制性标准实施监理,并对建设工程安全生产<u>承担监理责任</u>。

(三)区分施工准备阶段、施工阶段和竣工阶段建设监理工作的主要任务

表1-7 建设监理的工作任务

施工准备阶段	施工阶段	竣工验收阶段
审查施工单位提交的施工组织设计	核验分部分项工程和单位工程质量评定表	督促和检查施工单位及时整理竣工文件和验收资料,并提出意见

(续表)

施工准备阶段	施工阶段	竣工验收阶段
参与设计交底	进行巡视、旁站和平行检验	审查施工单位提交的竣工验收申请,编写工程质量评估报告
检查施工单位质量、安全生产管理制度及组织机构和人员资格	检查施工单位的测量、检测仪器设备、度量衡定期检验的证明文件	组织工程预验收,参加业主组织的竣工验收

【施工阶段监理的任务比较多,对这类题目可以采用排除法,去除施工准备和竣工验收阶段的,其他基本都是施工阶段监理的主要任务。】

三、监理的工作方法

(一) 工程监理人员认为工程施工不符合<u>工程设计要求</u>、<u>施工技术标准</u>和<u>合同约定</u>的,有权要求建筑施工企业改正。

(二) 工程建设监理的实施程序

1. 组成项目监理机构,配备满足项目监理工作的监理人员与设施;
2. <u>编制工程建设监理规划</u>,根据需要编制监理实施细则;
3. 实施监理服务;
4. 组织工程竣工预验收,出具监理评估报告;
5. 参与工程竣工验收,签署建设监理意见;
6. 建设监理业务完成后,向业主提交监理工作报告及工程监理档案文件。

四、工程建设监理规划

1. <u>工程建设监理规划应在签订委托监理合同及收到设计文件后开始编制</u>。
2. <u>工程建设监理规划应由总监理工程师主持,专业监理工程师参加编制</u>,完成后必须经监理单位技术负责人审核批准,并应在召开第一次工地会议前报送业主。
3. 监理规划的内容包括:(1) <u>建设工程概况</u>;(2) 监理工作范围;(3) 监理工作内容;(4) 监理工作目标;(5) 监理工作依据;(6) 项目监理机构的组织形式;(7) 项目监理机构的人员配备计划;(8) 项目监理机构的人员岗位职责;(9) 监理工作程序;(10) 监理工作方法及措施;(11) <u>监理工作制度</u>;(12) <u>监理设施</u>。

五、监理实施细则

1. 对<u>中型及中型以上或专业性较强的工程项目</u>,项目监理机构应编制工程建设<u>监理实施细则</u>。
2. 工程建设监理实施细则应由各有关专业的专业工程师参与编制,并必须经总监理工程师批准。

依据:(1) 已批准的工程建设监理规划;(2) 相关的专业工程的标准、设计文件和有关的技术资料;(3) <u>施工组织设计</u>。

3. 内容:

(1) 专业工程的特点;

(2) 监理工作的流程;

(3) 监理工作的控制要点及目标值;

(4) 监理工作的方法和措施。

六、《住房城乡建设部关于推进建筑业发展和改革的若干意见》指出:调整强制监理工程范围,选择部分地区开展试点,研究制定有能力的建设单位自主决策选择监理或其他管理模式的政策措施。具有监理资质的工程咨询机构开展项目管理的工程项目,可不再委托监理。

☞ 典型考题

【例1】当业主方和施工方发生利益冲突或矛盾时,受业主的委托进行工程建设监理活动的监理机构应该以事实为依据,以法律和合同为准绳进行处理。这体现了监理的( )。

  A. 服务性   B. 公平性   C. 科学性   D. 独立性

【例2】在建设工程项目施工作业实施过程中,监理机构应根据( )对施工作业质量进行监督控制。

  A. 项目管理实施规划   B. 施工质量计划

  C. 监理规划与实施细则   D. 施工组织设计

【例3】项目监理机构应编制工程建设监理规划,完成后必须经( )审核批准。

  A. 监理单位技术负责人   B. 总监理工程师

  C. 专业监理工程师   D. 专业工程师

【例4】对中型及以上或专业性较强的工程项目,项目监理机构应编制工程建设监理实施细则,并必须经( )批准后执行。

  A. 监理单位技术负责人   B. 总监理工程师

  C. 专业监理工程师   D. 专业工程师

【例5】在工程项目竣工验收阶段,项目监理机构的主要工作任务有( )。

  A. 督促施工单位及时整理各种文件和资料,受理单位工程竣工验收报告,并提出意见

  B. 根据施工单位的竣工报告,提出工程质量检验报告

  C. 对工程主要部位、主要环节及技术复杂工程进行检查

  D. 组织工程预验收,参加业主组织的竣工验收

  E. 在质量责任缺陷期间,监督和检查质量问题的处理结果

☞ 参考答案

1. B;
2. C 【书上没有原话,这类题目可以采用排除法,选项A、B和D都不是由监理机构编制的,因此选C】;
3. A; 4. B; 5. ABD。

1Z202000 建设工程项目施工成本控制

☞ **考点分布及解析**

此章最近两年的考试分值在 11~13 分。其中相对更加重要的部分是"**1Z202020 施工成本计划**"(3~5 分)、"**1Z202030 施工成本控制**"(3~4 分)、"**1Z202040 施工成本分析**"(2~4 分)。本章这次修订时,各节内容都有所修改。

1Z202010 施工成本管理的任务与措施

☞ **考点精要**

一、施工成本管理的任务

(一)建设工程项目施工成本管理应从工程投标报价开始,直至项目保证金返还为止,贯穿于项目实施的全过程。

(二)成本管理责任体系应包括公司层和项目经理部的成本管理。

(三)施工成本是指在建设工程项目的施工过程中所发生的全部生产费用的总和,由直接成本和间接成本所组成。直接成本是指施工过程中耗费的构成工程实体或有助于工程实体形成的各项费用支出,是可以直接计入工程对象的费用,包括人工费、材料费和施工机具使用费等。

(四)施工成本管理就是要在保证工期和质量满足要求的情况下,采取相应管理措施,包括组织措施、经济措施、技术措施、合同措施,把成本控制在计划范围内,并进一步寻求最大程度的成本节约。

(五)施工成本管理的任务和环节主要包括(排序):(1)施工成本预测,(2)施工成本计划,(3)施工成本控制,(4)施工成本核算,(5)施工成本分析,(6)施工成本考核。前者是后者的依据和基础。

(六)施工成本预测:在工程施工以前对成本进行的估算,是施工项目成本决策与计划的依据。

(七)施工成本计划:

1)以货币形式编制施工项目在计划期内的生产费用、成本水平、成本降低率以及为降低成本所采取的主要措施和规划的书面方案,它是建立施工项目成本管理责任制、开展成本控制和核算的基础,它是项目降低成本的指导文件,是设立目标成本的依据。

2)编制原则:

(1)从实际情况出发:必须根据国家的方针政策,从企业的实际情况出发,充分挖掘企业内部潜力,使降低成本指标既积极可靠,又切实可行。

(2) 与其他计划相结合。

(3) 采用先进技术经济定额。

(4) 统一领导、分级管理。

(5) 适度弹性。

3) 施工成本计划的指标:

(1) 成本计划的数量指标;

(2) 成本计划的质量指标;

(3) 成本计划的效益指标。

(八) 施工成本控制:

(1) 在施工过程中,对影响施工成本的各种因素加强管理,并采取各种有效措施,将施工中实际发生的各种消耗和支出严格控制在成本计划范围内。

(2) 应贯穿于项目从投标阶段开始直至竣工验收的全过程,它是企业全面成本管理的重要环节。施工成本控制可分为事先控制、事中控制(过程控制)和事后控制。在项目的施工过程中,需按动态控制原理对实际施工成本进行有效控制。合同文件和成本计划是成本控制的目标,进度报告和工程变更与索赔资料是成本控制过程中的动态资料。

(九) 施工成本核算:

(1) 施工成本核算包括两个基本环节:一是按照规定的成本开支范围对施工费用进行归集和分配,计算出施工费用的实际发生额;二是根据成本核算对象,计算出该施工项目的总成本和单位成本。施工成本一般以单位工程为成本核算对象。

(2) 形象进度、产值统计、实际成本归集三同步,即三者的取值范围应是一致的。

(3) 对竣工工程的成本核算,应区分为竣工工程现场成本和竣工工程完全成本,分别由项目经理部和企业财务部门进行核算分析,其目的在于分别考核项目管理绩效和企业经营效益。

(十) 施工成本分析:

在施工成本核算的基础上,对成本的形成过程和影响成本升降的因素进行分析,以寻求进一步降低成本的途径。施工成本分析贯穿于施工成本管理的全过程,主要利用施工项目的成本核算资料(成本信息),与目标成本、预算成本以及类似的施工项目的实际成本等进行比较。

(十一) 施工成本考核:

在施工项目完成后,评定施工项目成本计划的完成情况和各责任者的业绩,并以此给予相应的奖励和处罚,从而降低施工项目成本,提高企业效益。施工成本降低额和施工成本降低率作为成本考核的主要指标。成本考核可分别考核公司层和项目经理部。

二、施工成本管理的基础工作

1. 成本管理责任体系的建立是其中最根本最重要的基础工作。
2. 建立企业内部施工定额。
3. 科学设计施工成本核算账册体系。

三、施工成本管理的措施

1. 包括组织措施、技术措施、经济措施和合同措施。
2. 组织措施：

(1) 落实施工成本管理的组织机构和人员，明确各级施工成本管理人员的任务和职能分工、权力和责任。

(2) 编制施工成本控制工作计划、确定合理详细的工作流程。做好施工采购规划，加强施工定额管理和施工任务单管理；加强施工调度。

(3) 组织措施是其他各类措施的前提和保障，而且一般不需要增加额外的费用。

3. 技术措施：

(1) 进行技术经济分析，确定最佳的施工方案。

(2) 结合施工方法，进行材料使用的比选，在满足功能要求的前提下，通过代用、改变配合比、使用外加剂等方法降低材料消耗的费用。

(3) 确定最合适的施工机械、设备使用方案。

(4) 结合项目的施工组织设计及自然地理条件，降低材料的库存成本和运输成本。

(5) 应用先进的施工技术，运用新材料，使用先进的机械设备等。

4. 经济措施：

(1) 编制资金使用计划，确定、分解施工成本管理目标。

(2) 对施工成本管理目标进行风险分析，并制定防范性对策。

(3) 对各种支出，认真做好资金的使用计划，并在施工中严格控制各项开支。

(4) 及时准确地记录、收集、整理、核算实际发生的成本。

(5) 对各种变更，及时做好增减账，及时落实业主签证，及时结算工程款。

(6) 通过偏差分析和未完工程预测，发现潜在的可能引起未完工程施工成本增加的问题。

【注意：对于各类措施，主要是学会判断属于哪类措施，不需要逐字记忆。一般和组织论相关的，如人员、工作流程方面的都是属于组织措施；和施工设备、施工方案、施工机械相关的都属于技术措施。】

☞ 典型考题

【例1】施工成本管理是利用组织、经济等措施，以寻求（　　）。
    A. 计划成本越低越好   B. 最大程度的成本节约
    C. 计划成本的准确范围   D. 确保能够降低成本

【例2】施工成本分析是施工成本管理的主要任务之一，下列关于施工成本分析的表述中正确的是（　　）。
    A. 施工成本分析的实质是在施工之前对成本进行估算
    B. 施工成本分析是指科学地预测成本水平及其发展趋势
    C. 施工成本分析是指预测成本控制的薄弱环节
    D. 施工成本分析应贯穿于施工成本管理的全过程

【例3】项目经理部对竣工工程成本核算的目的是（　　）。

A. 考核项目管理绩效　　　　　　B. 寻求进一步降低成本的途径
C. 考核企业经营效益　　　　　　D. 分析成本偏差的原因

【例4】分解施工成本管理目标、进行风险分析和偏差原因分析是施工成本管理的(　　)。
A. 组织措施　　B. 技术措施　　C. 经济措施　　D. 合同措施

【例5】下列施工成本管理的措施中,属于组织措施的有(　　)。
A. 进行技术经济分析,确定最佳施工方案
B. 编制施工成本控制工作计划
C. 对成本目标进行风险分析,并制定防范性对策
D. 确定合理、详细的工作流程
E. 做好资金使用计划,严格控制各项开支

【例6】工程项目的成本管理基础工作包括(　　)。
A. 建立成本管理责任体系　　　　B. 建立企业内部施工定额
C. 及时进行成本核算　　　　　　D. 编制项目成本计划
E. 科学设计成本核算账册

☞ **参考答案**

1. B； 2. D； 3. A； 4. C；
5. BD 【A选项属于技术措施,C、E选项属于经济措施】； 6. ABE。

1Z202020 施工成本计划

☞ **考点精要**

一、施工成本计划的类型

1. 按其作用可分为三类:竞争性成本计划、指导性成本计划和实施性计划成本。
2. 竞争性成本计划是工程项目投标及签订合同阶段的估算成本计划。
3. 指导性成本计划是选派项目经理阶段的预算成本计划,是项目经理的责任成本目标。
4. 实施性计划成本是项目施工准备阶段的施工预算成本计划,采用企业的施工定额,依据施工预算编制而成。
5. 竞争性成本计划带有成本战略的性质,奠定了施工成本的基本框架和水平。指导性成本计划和实施性成本计划,都是战略性成本计划的进一步开展和深化,是对战略性成本计划的战术安排。

二、施工预算

1. 施工预算是编制实施性成本计划的主要依据,是施工企业的内部文件。
2. 施工预算的内容是以单位工程为对象,进行人工、材料、机械台班数量及其费用总和的计算。它由编制说明和预算表格两部分组成。

3. 预算表格部分包括:(1)工程量计算汇总表;(2)施工预算工料分析表;(3)人工汇总表;(4)材料消耗量汇总表;(5)机械台班使用量汇总表;(6)施工预算表;(7)"两算"对比表。

4. 施工预算的编制深度要能满足签发施工任务单和限额领料单的要求,以便加强管理、实行队组经济核算,而且要紧密结合现场实际进行编制。

三、施工预算和施工图预算的对比

1. 施工预算和施工图预算的不同,见表 2-1。

表 2-1　施工预算和施工图预算的对比分析

	编制依据	适用的范围	发挥的作用
施工预算	施工定额	施工企业内部管理用的一种文件,与建设单位无直接关系	施工企业组织生产、编制施工计划、准备现场材料等的依据
施工图预算	预算定额	既适用于建设单位,又适用于施工单位	投标报价的依据

2. 两算对比的方法:实物对比法和金额对比法。

3. "两算"对比的内容:

(1) 人工量及人工费的对比分析:施工预算的人工数量比施工图预算低。

(2) 材料消耗量及材料费的对比分析:施工预算的材料消耗量比施工图预算低。

(3) 施工机具费的对比分析:施工预算机具费指施工作业所发生的施工机械、仪器仪表使用费或其租赁费。施工图预算的施工机具是计价定额综合确定的,与实际情况可能不一致。

(4) 周转材料使用费的对比分析:施工预算的脚手架是根据施工方案确定的搭设方式和材料计算的,施工图预算则综合了脚手架搭设方式,按不同结构和高度,以建筑面积为基数计算的。

【关于"两算"对比,只要掌握施工预算的编制依据是施工定额,而施工定额是施工企业的内部定额,由此可得出其发挥的作用是用于施工企业的,人工数量和材料消耗量也低于施工图预算,而且施工机具费和周转材料使用费是根据实际情况确定的,不是综合确定的。】

四、施工成本计划的编制依据

1. 如果成本计划达不到目标成本要求,就必须组织施工项目管理班子的有关人员重新研究寻找降低成本的途径,重新进行编制。

2. 施工成本计划的编制依据包括:

(1) 投标报价文件;

(2) 企业定额、施工预算;

(3) 施工组织设计或施工方案;

(4) 人工、材料、机械台班的市场价;

(5) 企业颁布的材料指导价、企业内部机械台班价格、劳动力内部挂牌价格;

(6) 周转设备内部租赁价格、摊销损耗标准;

(7) 已签订的工程合同、分包合同(或估价书);

(8) 结构件外加工计划和合同;

(9) 有关财务成本核算制度和财务历史资料;

(10) 施工成本预测资料。

五、编制施工成本计划的方法

1. 施工成本计划的编制以成本预测为基础,关键是确定目标成本。一般情况下,施工成本计划总额应控制在目标成本的范围内,并使成本计划建立在切实可行的基础上。

2. 施工成本计划的编制方式有:

(1) 按施工成本组成编制施工成本计划;

(2) 按施工项目组成编制施工成本计划;

(3) 按施工进度编制施工成本计划。

3. 按照成本构成要素划分,建筑安装工程费由人工费、材料(包含工程设备)费、施工机具使用费、企业管理费、利润、规费和税金组成。其中人工费、材料费、施工机具使用费、企业管理费和利润包含在分部分项工程费、措施项目费、其他项目费中,如图2-1所示。

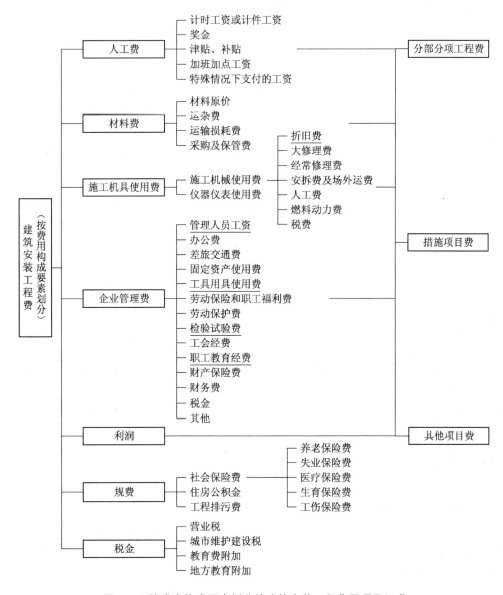

图2-1 按成本构成要素划分的建筑安装工程费用项目组成

4. 施工成本可以按成本构成分解为人工费、材料费、施工机具使用费和企业管理费（图 2-2）。

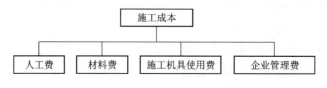

图 2-2 按施工成本组成分解

5. 按施工项目组成的成本计划包括：由若干单项工程组成，每个单项工程由多个单位工程组成，每个单位工程由多个分部分项工程组成，如图 2-3 所示。

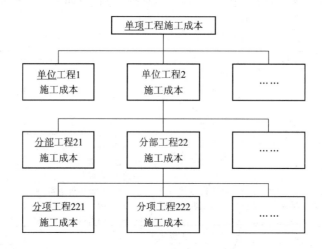

图 2-3 按项目组成分解

6. 按施工进度编制施工成本计划，可在控制项目进度的网络图的基础上，进一步扩充得到。因此在编制网络计划时，应在充分考虑进度控制对项目划分要求的同时，还要考虑确定施工成本支出计划对项目划分的要求。

7. S 形曲线：时间-成本累积曲线（绘制步骤），是按成本组成和按进度组成的综合运用。在 S 形曲线中，若所有工作都按最迟开始时间开始，对节约资金贷款利息是有利的，但降低了项目按期竣工的保证率。

【重点关注：三种成本计划的编制方式，这三种方式是可以结合使用的。】

典型考题

【例 1】编制施工项目成本计划的关键是确定（　　）。
  A. 预算成本 B. 平均成本 C. 目标成本 D. 实际成本

【例 2】项目施工准备阶段的成本计划是以项目实施方案为依据，采用（　　）编制而形成的实施性施工成本计划。
  A. 概算定额   B. 单位估价表
  C. 预算定额   D. 施工定额

【例3】 建设工程项目按其成本构成编制施工成本计划时,是指将施工成本分解为( )
A. 直接费、间接费、利润、税金
B. 单位工程施工成本及分部、分项工程施工成本
C. 人工费、材料费、施工机具使用费、企业管理费
D. 建筑工程费和安装工程费

【例4】 对大中型工程项目,按项目组成编制施工成本计划时,其总成本分解的顺序是( )。
A. 单项工程成本→单位(子单位)工程成本→分部(子分部)工程成本→分项工程成本
B. 单位(子单位)→工程成本→单项工程成本→分部(子分部)工程成本→分项工程成本
C. 分项工程成本→分部(子分部)工程成本→单位(子单位)工程成本→单项工程成本
D. 分部(子分部)工程成本→分项工程成本→单项工程成本→单位(子单位)工程成本

【例5】 如按工程进度编制施工成本计划,在编制网络计划时应充分考虑进度控制对项目分解深度的要求,同时还应考虑施工成本支出计划对( )的要求。
A. 成本目标
B. 项目目标
C. 成本分解
D. 项目划分

【例6】 关于施工图预算和施工预算的说法,错误的是( )。
A. 施工预算的材料消耗量一般低于施工图预算的材料消耗量
B. 施工预算是施工企业内部管理的一种文件,与建设单位无直接关系
C. 施工图预算中的脚手架是根据施工方案确定的搭设方式和材料计算的
D. 施工预算的人工数量一般比施工图预算低

【例7】 对于一个施工项目而言,成本计划按其作用可以分为( )。
A. 估算性成本计划
B. 竞争性成本计划
C. 预算性成本计划
D. 指导性成本计划
E. 实施性成本计划

【例8】 施工成本计划可以按照( )等方法进行编制。
A. 企业组织结构
B. 工程合同结构
C. 施工成本组成
D. 施工项目组成
E. 施工进度

【例9】 编制施工成本计划时,可以将所有工作都按最迟必须开始时间绘制S形曲线,如此所得的结果( )。
A. 降低项目按期竣工的保证率
B. 提高项目按期竣工的保证率
C. 对节约资金贷款利息有利
D. 对节约资金贷款利息不利
E. 增加施工成本计划的数值

参考答案

1. C； 2. D【施工准备阶段的成本计划是实施性成本计划,因此选D】； 3. C； 4. A； 5. D；

6. C【可以采用排除法,A、B、D 选项都是正确的,所以选C】；

7. BDE； 8. CDE； 9. AC。

1Z202030 施工成本控制

考点精要

一、施工成本控制是在项目成本的形成过程中,对生产经营所消耗的人力资源、物资资源和费用开支进行指导、监督、检查和调整,及时纠正将要发生和已经发生的偏差,把各项生产费用,控制在计划成本的范围之内,以保证成本目标的实现

二、施工成本控制的依据:工程承包合同、施工成本计划(指导文件)、进度报告、工程变更

三、施工成本控制的步骤

1. 必须制定规范化的过程控制程序。成本的过程控制中,有两类控制程序,一是管理行为控制程序,二是指标控制程序。

2. 管理行为控制程序是对成本全过程控制的基础,指标控制程序则是成本进行过程控制的重点。两个程序既相对独立又相互联系,既相互补充又相互制约。

3. 管理行为控制程序的目的是确保每个岗位人员在成本管理过程中的管理行为符合事先确定的程序和方法的要求。内容包括:

(1) 建立项目施工成本管理体系的评审组织和评审程序(企业建立,没有社会组织评审和认证);

(2) 建立项目施工成本管理体系运行的评审组织和评审程序;

(3) 目标考核,定期检查(明确岗位人员在成本管理中的职责);

(4) 制定对策,纠正偏差。

4. 能否达到预期的成本目标,是施工成本控制是否成功的关键。

5. 指标控制程序的内容包括:

(1) 确定施工项目成本目标及月度成本目标:在工程开工之初,工程项目部应根据公司与项目签订的《项目承包合同》确定项目的成本管理目标,并根据工程进度计划确定月度成本计划目标。

(2) 收集成本数据,监测成本形成过程。

(3) 分析偏差原因,制定对策。

(4) 用成本指标考核管理行为,用管理行为来保证成本指标。

四、施工成本的过程控制方法(人工费、材料费、施工机械使用费、施工分包费)

1. 人工费和材料费:量价分离。
2. 材料用量:通过定额控制、指标控制、计量控制、包干控制等手段有效控制物资材料的消耗。
3. 定额控制:对于有消耗定额的材料,以消耗定额为依据,实行限额领料制度。
  (1) 限额领料的形式包括:按分项工程实行限额领料,按工程部位实行限额领料和按单位工程实行限额领料。
  (2) 限额领料的依据:准确的工程量;现行的施工预算定额或企业内部消耗定额;施工组织设计;施工过程中发包人认可的变更洽商单。
4. 材料价格由材料采购部门控制。从价值角度看,材料物资的价值约占建筑安装工程造价的60%甚至70%以上,因此,对材料价格的控制非常重要。
5. 分包费用的控制:分包工程的询价、订立平等互利的分包合同、建立稳定的分包关系网络、加强施工验收和分包结算等工作。

五、赢得值(挣值)法

1. 赢得值的三个基本参数:

   已完工作预算费用(BCWP)=已完成工作量×预算单价
   计划工作预算费用(BCWS)=计划工作量×预算单价
   已完工作实际费用(ACWP)=已完成工作量×实际单价

2. 四个评价指标:
  (1) 费用偏差 CV=已完工作预算费用(BCWP)−已完工作实际费用(ACWP)=已完成工作量×(预算单价−实际单价)(若为负值,说明超出预算费用。)
  (2) 进度偏差 SV=已完工作预算费用(BCWP)−计划工作预算费用(BCWS)=预算单价×(已完成工作量−计划工作量)(若为负值,说明进度延误。)
  (3) CPI 和 SPI 和上述两个指标对应,<1代表超出预算费用或者进度延误。
  (4) $CPI = \dfrac{已完工作预算费用(BCWP)}{已完工作实际费用(ACWP)} = \dfrac{预算单价}{实际单价}$
  (5) $SPI = \dfrac{已完工作预算费用(BCWP)}{计划工作预算费用(BCWS)} = \dfrac{已完成工作量}{计划工作量}$

六、偏差分析的表达方法

1. 偏差分析的方法包括:横道图法、表格法和曲线法。
2. 横道图法的特点:形象、直观,能够准确表达出费用的绝对偏差。反映的信息量少;在较高管理层应用。
3. 表格法的特点:最常用的方法,灵活、适用性强;信息量大;可借助于计算机。
4. 曲线法的特点:难以直接定量计算。一般横坐标表示累计进度偏差,纵坐标表示累计费用(成本)偏差。

七、赢得值法参数分析与对应措施表：见表 1Z202033-8。

【重点关注：赢得值三个基本参数的基本概念和计算，以及费用偏差 CV 和进度偏差 SV 的概念和计算。】

典型考题

【例1】应用曲线法进行施工成本偏差分析时，已完工作实际成本曲线与已完工作预算成本曲线的竖线距离，表示（　　）。
A. 成本偏差　　　　　　　　　　B. 进度偏差
C. 进度局部偏差　　　　　　　　D. 成本局部偏差

【例2】如果把进度偏差与成本偏差联系起来，则进度偏差可表示为（　　）与已完工作预算费用的差异。
A. 计划工作预算费用　　　　　　B. 已完工作实际费用
C. 未完工程计划施工成本　　　　D. 已完工作预算费用

【例3】根据进度计划安排在某一确定时间内所应完成的工程内容的计划施工成本是（　　）。
A. 已完工作预算费用　　　　　　B. 计划工作预算费用
C. 已完工作实际费用　　　　　　D. 未完工程计划施工成本

【例4】难以直接用于定量分析，只能对定量分析起一定指导作用的成本偏差分析方法是（　　）。
A. 曲线法　　B. 横道图法　　C. 表格法　　D. 折线法

【例5】某工程10月份拟完工程计划施工成本50万元，已完工程计划施工成本45万元，已完工程实际施工成本48万元，该工程10月底施工成本偏差和进度偏差分别是（　　）。
A. 成本超支3万元，进度拖延5万元　　B. 成本超支3万元，进度拖延3万元
C. 成本节约2万元，进度提前5万元　　D. 成本节约2万元，进度提前3万元

【例6】下列关于进度偏差说法中正确的是（　　）。
A. 进度偏差为负值，表示工期提前
B. 进度偏差为负值，表示工期拖延
C. 进度偏差为正值，表示工期提前
D. 进度偏差为正值，表示工期拖延
E. 进度偏差为0时，表示进度正常

【例7】常用的施工成本偏差分析方法有（　　）。
A. 网络图法　　B. 表格法　　C. 排列图法　　D. 曲线法
E. 横道图法

【例8】建设工程项目施工成本控制的主要依据有（　　）。
A. 工程承包合同　　　　　　　　B. 进度报告
C. 施工成本计划　　　　　　　　D. 施工成本预测资料
E. 工程变更

参考答案

1. A 【可以根据"费用偏差CV=已完工作预算费用-已完工作实际费用"来推断得出选A,或者按照曲线法的纵坐标表示累计成本偏差得出选A】; 2. A;
3. B 【根据题目含义,进度计划代表计划工作,计划施工成本代表预算费用,所以选C】; 4. A;
5. A 【要点:CV=已完工作预算费用(BCWP)-已完工作实际费用(ACWP)=45-48=-3
   SV=已完工作预算费用(BCWP) 计划工作预算费用(BCWS)=45-50=-5】;
6. BCE; 7. BDE; 8. ABCE。

1Z202040 施工成本分析

考点精要

一、施工成本分析的依据

1. 通过施工成本分析,可从账簿、报表反映的成本现象中看清成本的实质,从而增强项目成本的透明度和可控性,为加强成本控制、实现项目成本目标创造条件。
2. 施工成本分析的主要依据是会计核算、业务核算和统计核算所提供的资料。
3. 会计核算:主要是价值核算,如资产、负债、所有者权益、收入、费用和利润等。
4. 业务核算:范围比会计、统计核算要广,会计和统计核算一般是对已经发生的经济活动进行核算,而业务核算,不但可以对已经发生的,而且还可以对尚未发生或正在发生的经济活动进行核算。业务核算的目的在于迅速取得资料,在经济活动中及时采取措施进行调整。
5. 统计核算:利用会计核算资料和业务核算资料,通过全面调查和抽样调查等特有的方法,不仅能提供绝对数指标,还能提供相对数和平均数指标,可以计算当前的实际水平,确定变动速度,可以预测发展的趋势。

二、施工成本分析的方法

(一)施工成本分析包括基本的分析方法、综合成本的分析方法、成本项目的分析方法和专项成本的分析方法。

(二)施工成本分析的基本方法

1. 施工成本分析的基本方法包括:比较法、因素分析法、差额计算法和比率法。
2. 比较法包括:将实际指标与目标指标对比;本期实际指标与上期实际指标对比和与本行业平均水平、先进水平对比。三种对比,可以在一张表中同时反映。
3. 因素分析法(连环置换法):可用来分析各种因素对成本的影响程度。
4. 差额计算法是因素分析法的一种简化形式,它利用各个因素的目标值与实际值的差额来计算其对成本的影响程度。
5. 比率法:
(1) 相关比率法:将两个性质不同且相关的指标加以对比,求出比率,并以此来考察经营成果的好坏。

（2）构成比率法：考察成本总量的构成情况及各成本项目占总成本的比重，同时也可预算成本、实际成本和降低成本的比例关系。

（3）动态比率法：将同类指标不同时期的数值进行对比，求出比率，以分析该项指标的发展方向和发展速度。

（三）综合成本的分析方法

1. 分部分项工程成本分析

（1）分部分项工程成本分析是施工项目成本分析的基础，分析的对象为已完成分部分项工程。

（2）分析的方法是：进行预算成本、目标成本和实际成本的"三算"对比。

（3）分部分项工程成本分析的资料来源是：预算成本来自投标报价成本，目标成本来自施工预算，实际成本来自施工任务单的实际工程量、实耗人工和限额领料单的实耗材料。

（4）不可能也没有必要对每一个分部分项工程都进行成本分析。主要分部分项工程必须进行成本分析，而且要从开工到竣工进行系统的成本分析。

2. 月（季）度成本分析

施工项目定期的、经常性的中间成本分析，依据是当月（季）的成本报表。分析的方法：

（1）通过实际成本与预算成本的对比。

（2）通过实际成本与目标成本的对比。

（3）通过对各成本项目的成本分析，可以了解成本总量的构成比例和成本管理的薄弱环节。

（4）通过主要技术经济指标的实际与目标对比，分析产量、工期、质量、"三材"节约率、机械利用率等对成本的影响。

（5）通过对技术组织措施执行效果的分析，寻求更加有效的节约途径。

（6）分析其他有利条件和不利条件对成本的影响。

3. 年度成本分析

（1）企业成本要求一年结算一次，不得将本年成本转入下一年度。

（2）依据是年度成本报表。年度成本分析的内容，除了月（季）度成本分析的六个方面以外，重点是针对下一年度的施工进展情况制定切实可行的成本管理措施。

4. 竣工成本的综合分析

1）以各单位工程竣工成本分析资料为基础，再加上项目管理层的经营效益。

2）单位工程竣工成本分析，包括以下三方面内容：

（1）竣工成本分析；

（2）主要资源节超对比分析；

（3）主要技术节约措施及经济效果分析。

（四）成本项目的分析方法

1. 成本项目的分析包括人工费分析、材料费分析、机械使用费分析和管理费分析。

2. 人工费：由项目经理部与作业队签订劳务分包合同，明确承包范围、承包金额和双方的权利、义务。项目管理层根据人工费的增减，结合劳务分包合同的管理进行分析。

3. 材料费分析包括主要材料、结构件和周转材料使用费的分析,采购保管费的分析以及材料储备资金的分析。其中,材料储备资金是根据日平均用量、材料单价和储备天数(即从采购到进场所需要的时间)计算的,可以采用"因素分析法"。

4. 机械使用费:在机械设备的租用过程中,一是按产量进行承包,并按完成产量计算费用,如土方工程。另一种是按使用时间(台班)计算机械费用的,如塔吊、搅拌机、砂浆机等。

5. 现场管理费分析,也应通过预算(或计划)数与实际数的比较来进行。

(五) 专项成本分析方法

1. 针对与成本有关的特定事项的分析,包括成本盈亏异常分析、工期成本分析、资金成本分析等内容。

2. 检查成本盈亏异常的原因,应从经济核算的"三同步"入手。

3. 工期成本分析是计划工期成本与实际工期成本的比较分析,一般采用比较法。

4. 进行资金成本分析通常应用"成本支出率"指标,即成本支出占工程款收入的比例。

【案例1Z202042-1要点】

因素分析法中,置换的排序为产量、单价、损耗率。计算时首先假定产量发生变化,其他因素不变,然后逐个替换,分别比较计算结果,确定这三个因素对成本的影响程度。

☞ 典型考题

【例1】既可对已发生的,又可对尚未发生或正在发生的经济活动进行核算的是(　　)。

　　A. 会计核算　　　　　　　　B. 成本核算
　　C. 统计核算　　　　　　　　D. 业务核算

【例2】业务核算是施工成本分析的依据之一,其目的是(　　)。

　　A. 预测成本变化发展的趋势
　　B. 迅速取得资料,及时采取措施调整经济活动
　　C. 计算当前的实际成本水平
　　D. 记录企业的一切生产经营活动

【例3】通过(　　),可以全面了解单位工程的成本构成和降低成本的来源。

　　A. 分部分项工程成本分析　　B. 月(季)度成本分析
　　C. 年度成本分析　　　　　　D. 竣工成本分析

【例4】下列施工成本分析方法中,可以用来分析各种因素对成本影响程度的是(　　)。

　　A. 连环置换法　　　　　　　B. 相关比率法
　　C. 比重分析法　　　　　　　D. 动态比率法

【例5】在分部分项工程成本分析中,"三算"指的是(　　)。

　　A. 概算成本、目标成本和实际成本　　B. 预算成本、目标成本和实际成本
　　C. 概算成本、目标成本和计划成本　　D. 预算成本、目标成本和计划成本

【例6】某分项工程的混凝土成本数据见下表,应用因素分析法分析各因素对成本的影响程度,可得到的正确结论是(　　)。

项目	单位	目标	实际
产量	m³	800	850
单价	元	600	640
损耗率	%	5	3

A. 由于产量增加 50，成本增加 21 300 元

B. 由于单价提高 40，成本增加 35 020 元

C. 实际成本与目标成本的差额为 56 320 元

D. 由于损耗下降 2%，成本减少 9 600 元

【例7】关于分部分项工程成本分析，下列说法正确的是(　　)。

A. 分部分项工程成本分析的对象为未完分部分项工程

B. 分部分项工程成本分析方法是进行实际与目标成本比较

C. 需对施工项目中的所有分部分项工程进行成本分析

D. 分部分项工程成本分析是施工项目成本分析的基础

【例8】施工成本分析的基本方法包括(　　)等。

A. 比较法　　　　　　　　B. 因素分析法

C. 判断法　　　　　　　　D. 偏差分析法

E. 比率法

【例9】单位工程竣工成本分析的内容包括(　　)。

A. 竣工成本分析　　　　　B. 主要资源节超对比分析

C. 差额计算分析　　　　　D. 主要技术节约措施及经济效果分析

E. 年度成本分析

参考答案

1. D；2. B；3. D；4. A；5. B；

6. C【先假定产量发生变化，其他因素不变，产量增加导致的成本增加值为(850－800)×600×(1＋5%)＝31 500 元；单价增加导致的成本增加值为：850×(640－600)×(1＋5%)＝35 700 元，实际成本与目标成本的差额为 850×640×(1＋3%)－800×600×(1＋5%)＝56 320 元；由于损耗下降 2%，成本减少 850×640×(3%－5%)＝－10 880 元】；

7. D；8. ABE；9. ABD。

1Z203000 建设工程项目进度控制

考点分布及解析

此章最近两年的考试分值在 16~17 分。其中相对比较重要的部分是"1Z203020 建设工程项目总进度目标的论证"(2~4 分)、"1Z203030 建设工程项目进度计划的编制和调整方法"(8~9 分)、"1Z203040 建设工程项目进度控制的措施"(2~4 分)。这次修订时,本章未有任何修改。

1Z203010 建设工程项目进度控制与进度计划系统

考点精要

一、进度控制的动态管理过程
1. 进度控制是一个动态的管理过程。它包括:
(1) 进度目标的分析和论证;
(2) 编制进度计划;
(3) 进度计划的跟踪检查;
(4) 进度计划的调整。
2. 进度目标的分析和论证的目的是论证进度目标是否合理,进度目标有否可能实现。
3. 进度计划的跟踪检查与调整包括:
(1) 定期跟踪检查进度计划的执行情况;
(2) 若其执行有偏差,则采取纠偏措施,并视必要调整进度计划。

二、进度控制的目的
1. 进度控制的目的是通过控制以实现工程的进度目标。
2. 施工进度控制直接关系到工程的质量和成本。
3. 在工程施工实践中,必须树立和坚持一个最基本的工程管理原则,即在确保工程质量的前提下,控制工程的进度。

三、进度控制的任务
1. 业主方进度控制的任务是控制整个项目实施阶段的进度。

2. 设计方进度控制的任务是依据设计任务委托合同对设计工作进度的要求控制设计工作进度,这是设计方履行合同的义务。设计方应尽可能使设计工作的进度与招标、施工和物资采购等工作进度相协调。出图计划是设计方进度控制的依据,也是业主方控制设计进度的依据。

3. 施工方进度控制的任务是依据施工任务委托合同对施工进度的要求控制施工进度,编制施工进度计划。

4. 供货方进度控制的任务是依据供货合同对供货的要求控制供货进度。

四、进度计划系统的建立

1. 建设工程项目进度计划系统是由多个相互关联的进度计划组成的系统,它是在项目进展过程中逐步形成的。

2. 不同计划深度的进度计划包括:
(1) 总进度规划(计划);
(2) 项目子系统进度规划(计划);
(3) 项目子系统中的单项工程进度计划。

3. 不同计划功能的进度计划系统包括:
(1) 控制性进度规划(计划);
(2) 指导性进度规划(计划);
(3) 实施性(操作性)进度计划等。

4. 不同项目参与方的进度计划系统包括:
(1) 业主方编制的整个项目实施的进度计划;
(2) 设计进度计划;
(3) 施工和设备安装进度计划;
(4) 采购和供货进度计划。

5. 不同计划周期的进度计划系统包括:
(1) 5年建设进度计划;
(2) 年度、季度、月度和旬计划。

6. 在建设工程项目进度计划系统中各进度计划或各子系统进度计划编制和调整时必须注意其相互间的联系和协调。如:业主方编制的整个项目实施的进度计划、设计方编制的进度计划、施工和设备安装方编制的进度计划与采购和供货方编制的进度计划之间的联系与协调。

五、计算机辅助进度控制

1. 进度计划软件都是在工程网络计划原理的基础上编制的。
2. 计算机辅助工程网络计划编制的意义如下:
(1) 解决当工程网络计划计算量大,而手工计算难以承担的困难;
(2) 确保工程网络计划计算的准确性;
(3) 有利于工程网络计划及时调整;
(4) 有利于编制资源需求计划。

【重点关注一个考点:进度控制的动态管理过程。】

3. 为使业主方各工作部门和项目各参与方方便快捷地获取进度信息,可利用<u>项目信息门户</u>作为基于互联网的信息处理平台辅助进度控制。

☞ 典型考题

【例1】进度目标分析和论证的目的是（　　）。
A. 落实进度控制的措施　　　　B. 分析进度目标是否合理
C. 决定进度计划的不同功能　　D. 确定进度计划系统内部关系

【例2】在进行施工进度控制时,必须树立和坚持的最基本的工程管理原则是（　　）。
A. 在确保工程质量的前提下,控制工程的进度
B. 在确保投资的前提下,达到进度、成本的平衡
C. 在确保工程投资的前提下,控制工程的进度
D. 在满足各项目参与方利益最大的前提下,控制工程的进度

【例3】施工方进度控制的任务是依据（　　）对施工进度的要求控制施工进度。
A. 监理规划　　　　　　　　B. 施工任务委托合同
C. 施工任务单　　　　　　　D. 施工组织设计

【例4】在建设工程项目进度计划系统中,业主方、设计方、施工和设备安装方与（　　）等的进度计划编制和调整时,必须注意其相互间的联系和协调。
A. 采购和供货方　　B. 监理方　　C. 物业管理方　　D. 总承包方

【例5】一个建设项目可以由（　　）等构成不同深度的进度计划系统。
A. 项目动用准备工作进度计划　　B. 项目子系统进度计划
C. 年度计划　　　　　　　　　　D. 业主方进度计划

【例6】通常情况下,一个建设项目进度计划系统是（　　）形成的。
A. 一次　　B. 反复　　C. 逐步　　D. 最后

【例7】建设工程项目进度控制的主要工作环节包括（　　）等。
A. 进度目标的分析和论证
B. 进度控制工作职能分工
C. 定期跟踪进度计划的执行情况
D. 采取纠偏措施及调整进度计划
E. 进度控制工作流程的编制

【例8】进度计划的跟踪检查与调整主要包括（　　）等内容。
A. 必要时调整进度计划
B. 计划网络计划的时间参数
C. 定期跟踪检查进度计划执行情况
D. 对发现的进度偏差采取纠偏措施
E. 确定项目的工作编码系统

【例9】根据项目进度控制不同的需要和用途,业主方和项目参与方可以按（　　）构建多个不同的建设工程项目进度计划系统。
A. 不同计划深度
B. 不同项目参与方
C. 不同计划功能
D. 不同计划方法
E. 不同计划周期

【例10】计算机辅助网络计划编制的意义包括（　　）。

A. 有利于扩大工程网络计划的应用范围
B. 确保工程网络计划计算的准确性
C. 有利于工程网络计划及时调整
D. 有利于编制资源需求计划
E. 解决当工程网络计划计算量大,而手工计算难以承担的困难

☞ **参考答案**

1. B; 2. A; 3. B; 4. A; 5. B; 6. C; 7. ACD; 8. ACD; 9. ABCE; 10. BCDE。

1Z203020 建设工程项目总进度目标的论证

☞ **考点精要**

一、总进度目标论证的工作内容

1. 总进度目标指的是整个工程项目的进度目标,是在决策阶段项目定义时确定的。在进行建设工程项目总进度目标控制前,首先应分析和论证目标实现的可能性。

2. 大型建设工程项目总进度目标论证的核心工作是通过编制总进度纲要论证总进度目标实现的可能性。

3. 项目实施阶段,项目总进度包括:
(1) 设计前准备阶段的工作进度;
(2) 设计工作进度;
(3) 招标工作进度;
(4) 施工前准备工作进度;
(5) 工程施工和设备安装进度;
(6) 工程物资采购工作进度;
(7) 项目动用前的准备工作进度。
总进度目标论证应分析和论证上述各项工作的进度,以及上述各项工作进展的相互关系。

4. 总进度纲要的主要内容:
(1) 项目实施的总体部署;
(2) 总进度规划;
(3) 各子系统进度规划;
(4) 确定里程碑事件的计划进度目标;
(5) 总进度目标实现的条件和应采取的措施。

二、总进度目标论证的工作步骤(注意先后顺序)

1. 调查研究和收集资料;
2. 项目结构分析;

3. 进度计划系统的结构分析；
4. 项目的工作编码；
5. 编制各层进度计划；
6. 协调各层进度计划的关系，编制总进度计划；
7. 若所编制的总进度计划不符合项目的进度目标，则设法调整；
8. 若经过多次调整，进度目标无法实现，则报告项目决策者。
【重点关注一个考点：总进度目标论证的工作步骤的排序。】

三、大型建设工程项目的结构分析是根据编制总进度纲要的需要，将整个项目进行逐层分解，并确立相应的工作目录。

四、项目工作编码时应考虑：不同计划层、不同计划对象、不同工作的标识。

☞ 典型考题

【例1】大型建设工程项目总进度目标论证的核心工作是通过（　　）
　　A. 编制总进度纲要，论证总进度目标实现的可能性
　　B. 分析工程发包组织方式，论证总进度目标分解的合理性
　　C. 分析施工技术方面的资料，论证总进度目标的控制措施
　　D. 分析施工组织资料，论证总进度目标实现的条件

【例2】在进行建设工程项目总进度目标控制前，首先应（　　）。
　　A. 制定项目进度控制的措施
　　B. 对项目实施进行总体部署
　　C. 分析和论证进度目标实现的可能性
　　D. 编制施工总进度规划

【例3】论证建设工程项目总进度目标时，其工作内容包括：(1)编制总进度计划；(2)项目的工作编码；(3)项目结构分析等工作。上述三项工作正确的程序为（　　）
　　A. (3)(2)(1)　　　B. (1)(3)(2)　　　C. (2)(1)(3)　　　D. (1)(2)(3)

【例4】论证大型建设工程项目总进度目标时，项目结构分析是指（　　）。
　　A. 根据建立进度计划系统的需要，分析进度计划之间的关系
　　B. 根据项目合同体系，分析影响总进度目标实现的合同交界面
　　C. 根据建立进度计划系统的需要，分析确定进度计划的层次
　　D. 根据编制总进度纲要的需要，将整个项目逐层分解并确定相应的工作目录

☞ 参考答案

　　1. A；　2. C；　3. A；
　　4. D。

1Z203030 建设工程项目进度计划的编制和调整方法

☞ **考点精要**

一、横道图进度计划的优缺点

1. 横道图的优点：表达方式较直观、易看懂。
2. 横道图进度计划的缺点：
（1）工序（工作）之间的逻辑关系可以设法表达，但不易表达清楚；
（2）适用于手工编制计划；
（3）没有通过严谨的进度计划时间参数计算，不能确定关键工作、关键线路与时差；
（4）计划调整只能用手工方式进行，其工作量较大；
（5）难以适应大的进度计划系统。

二、网络计划的分类

（一）工程网络计划按工作持续时间的特点划分为：
1. 肯定型问题的网络计划；
2. 非肯定型问题的网络计划；
3. 随机网络计划等。

（二）我国《工程网络计划技术规程》推荐的常用的工程网络计划类型包括：
1. 双代号网络计划（以箭线表示工作的网络计划）；
2. 单代号网络计划（以节点表示工作的网络计划）；
3. 双代号时标网络计划；
4. 单代号搭接网络计划。

三、双代号网络计划

（一）双代号网络计划相关概念和规定

1. 每一条箭线表示一项工作。虚箭线是实际工作中并不存在的一项虚设工作，故它们既不占用时间，也不消耗资源，一般起着工作之间的联系、区分和断路三个作用。
2. 双代号网络图中有三个类型的节点：
（1）起点节点；
（2）终点节点；
（3）中间节点。
3. 线路：网络图中从起始节点开始，沿箭头方向顺序通过一系列箭线与节点，最后达到终点节点的通路称为线路。在各条线路中，有一条或几条线路的总时间最长，称为关键路线，一般用双线或粗线标注。其他线路长度均小于关键线路，称为非关键线路。
4. 逻辑关系：包括工艺关系和组织关系。

（二）双代号网络图绘图规则

1. 必须正确表达已确定的逻辑关系。

2. 不允许出现循环回路。
3. 在节点之间不能出现带双向箭头或无箭头的连线。
4. 不能出现没有箭头节点或没有箭尾节点的箭线。
5. 某些节点有多条外向箭线或多条内向箭线时,为使图形简洁,可使用母线法绘制。
6. 箭线不宜交叉。当交叉不可避免时,可用过桥法或指向法。
7. 只有一个起点节点和一个终点节点。

(三) 双代号网络计划的时间参数

1. 网络计划中工作的 6 个时间参数:
(1) 最早开始时间(ES);
(2) 最早完成时间(EF);
(3) 最迟开始时间(LS);
(4) 最迟完成时间(LF);
(5) 总时差(TF);
(6) 自由时差(FF)。

2. 双代号网络计划时间参数计算:
(1) 最早开始时间和最早完成时间的计算:
受紧前工作约束,从起点节点开始,顺着箭线方向依次逐项计算。

$ES_{i-j} = 0 \quad (i=1)$ 或 $EF_{i-j} = ES_{i-j} + D_{i-j}$

$ES_{i-j} = \max\{EF_{h-i}\}$ $ES_{i-j} = \max\{ES_{h-i} + D_{h-i}\}$

(2) 确定计算工期:
以网络计划的终点节点为箭头节点的各个工作的最早完成时间的最大值。
计算工期:$T_c = \max\{EF_{i-n}\}$
当无要求工期的限制时,取计划工期等于计算工期,即取 $T_p = T_c$。

(3) 最迟开始时间和最迟完成时间的计算:
受到紧后工作的约束,应从终点节点起,逆着箭线方向依次逐项计算。
以网络计划的终点节点($j=n$)为箭头节点的工作的最迟完成时间等于计划工期,即
$LF_{i-n} = T_p$
$LS_{i-j} = LF_{i-j} - D_{i-j}$
最迟完成时间等于各紧后工作的最迟开始时间 LS_{j-k} 的最小值:
$LF_{i-j} = \min\{LS_{j-k}\}$
或 $LF_{i-j} = \min\{LF_{j-k} - D_{j-k}\}$

(4) 计算工作总时差
$TF_{i-j} = LS_{i-j} - ES_{i-j}$
或 $TF_{i-j} = LF_{i-j} - EF_{i-j}$

(5) 计算工作自由时差
$FF_{i-j} = ES_{j-k} - EF_{i-j}$
或 $FF_{i-j} = ES_{j-k} - ES_{i-j} - D_{i-j}$

四、双代号时标网络计划

1. 双代号时标网络计划是以时间坐标为尺度编制的网络计划。时标网络计划中应以实箭线表示工作,以虚箭线表示虚工作,以波形线表示工作的自由时差。

2. 双代号时标网络计划的特点:

(1) 兼有网络计划与横道计划的优点,它能够清楚地表明计划的时间进程,使用方便;

(2) 能在图上直接显示出各项工作的开始与完成时间、工作的自由时差及关键线路;

(3) 可以统计每一个单位时间对资源的需要量,以便进行资源优化和调整;

3. 时标网络计划宜按各个工作的最早开始时间编制。

五、单代号网络计划

1. 以节点及其编号表示工作,以箭线表示工作之间逻辑关系。

2. 单代号网络图的绘图规则:

(1) 必须正确表达已确定的逻辑关系。

(2) 不允许出现循环回路。

(3) 不能出现双向箭头或无箭头的连线。

(4) 不能出现没有箭尾节点的箭线和没有箭头节点的箭线。

(5) 绘制网络图时,箭线不宜交叉,当交叉不可避免时,可采用过桥法或指向法绘制。

(6) 只应有一个起点节点和一个终点节点。当有多项起点节点,或多项终点节点时,应在图两端分别设置一项虚工作,作为该图的起点节点和终点节点。

3. 单代号网络计划时间参数的计算:

(1) 时间间隔 $LAG_{i,j}$:相邻两项工作 i 和 j 之间的时间间隔 $LAG_{i,j}$ 等于紧后工作 j 的最早开始时间 ES_j 和本工作的最早完成时间 EF_i 之差,即

$LAG_{i,j} = ES_j - EF_i$

(2) $TF_i = \min\{TF_j + LAG_{i,j}\}$

$FF_i = \min\{LAG_{i,j}\}$

六、单代号搭接网络计划

1. 搭接顺序关系(用搭接时距表示,标注在箭线上方)有以下四种:

$FTS_{i,j}$ —— 工作 i 完成时间与其紧后工作 j 开始时间的时间间距;

$FTF_{i,j}$ —— 工作 i 完成时间与其紧后工作 j 完成时间的时间间距;

$STS_{i,j}$ —— 工作 i 开始时间与其紧后工作 j 开始时间的时间间距;

$STF_{i,j}$ —— 工作 i 开始时间与其紧后工作 j 完成时间的时间间距。

2. 当出现最早开始时间为负值时,应将该工作 j 与起点节点用虚箭线相连接。

七、关键工作和关键路线的确定

(一) 关键工作

1. 关键工作指的是网络计划中总时差最小的工作。

2. 当计划工期等于计算工期时,总时差为零(最早开始时间=最迟开始时间,或者最早完

成时间＝最迟完成时间)的工作就是关键工作。

3. 当计算工期不能满足计划工期时,可设法通过压缩关键工作的持续时间,以满足计划工期要求。在选择缩短持续时间的关键工作时,宜考虑下述因素:

(1) 缩短持续时间而不影响质量和安全的工作;

(2) 有充足备用资源的工作;

(3) 缩短持续时间所需增加的费用相对较少的工作。

(二) 关键路线

1. 关键线路的确定

(1) 单代号搭接和双代号网络计划:自始至终全部由关键工作组成的线路。

(2) 双代号网络计划、单代号网络计划、单代号搭接网络计划:总的工作持续时间最长的线路。

(3) 单代号和单代号搭接网络计划:从起点节点开始到终点节点均为关键工作,且所有工作的时间间隔均为零的线路应为关键线路。

(4) 双代号搭接网络计划:没有波形线的线路。

2. 一个网络计划可能有一条或几条关键路线,关键线路上的工作全部是关键工作。

八、时差的运用

1. 总时差指的是在不影响总工期的前提下,本工作可以利用的机动时间。

2. 自由时差指的是在不影响其紧后工作最早开始时间的前提下,本工作可以利用的机动时间。

九、进度计划调整的方法

(一) 网络计划调整的内容

1. 调整关键线路的长度;

2. 调整非关键工作时差;

3. 增、减工作项目;

4. 调整逻辑关系;

5. 重新估计某些工作的持续时间;

6. 对资源的投入作相应调整。

(二) 调整关键线路的方法:

(1) 当关键线路的实际进度比计划进度拖后时,应在尚未完成的关键工作中,选择资源强度小或费用低的工作缩短其持续时间。

(2) 当关键线路的实际进度比计划进度提前时,若不拟提前工期,应选用资源占用量大或者直接费用高的后续关键工作,适当延长其持续时间,以降低其资源强度或费用。

【重点关注两个考点:一是总时差和自由时差的概念和计算,二是关键线路的确定。】

☞ *典型考题*

【例1】横道图进度计划的优点是(　　　)

A. 便于确定关键工作　　　　　　B. 工作之间的逻辑关系表达清楚
C. 表达方式直观　　　　　　　　D. 工作时差易于分析

【例2】某工程双代号网络计划如下图所示,图中的错误是(　　)。

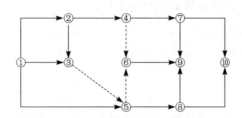

A. 有多个起点节点　　　　　　　B. 有多个终点节点
C. 有双向箭头连线　　　　　　　D. 有循环回路

【例3】双代号时标网络计划的特点之一是(　　)。
A. 可以在图上直接显示工作开始与结束时间和自由时差,但不能显示关键线路
B. 不能在图上直接显示工作开始与结束时间,但可以显示自由时差和关键线路
C. 可以在图上直接显示工作开始与结束时间,但不能显示自由时差和关键线路
D. 可以在图上直接显示工作开始与结束时间、自由时差和关键线路

【例4】在双代号时标网络计划中,以波形线表示工作的(　　)。
A. 逻辑关系　　　　　　　　　　B. 关键线路
C. 总时差　　　　　　　　　　　D. 自由时差

【例5】单代号搭接网络计划是前后工作之间有多种逻辑关系的(　　)网络计划。
A. 流线型　　　B. 非肯定型　　　C. 肯定型　　　D. 随机型

【例6】双代号网络图中虚箭线表示(　　)。
A. 资源消耗程度　　　　　　　　B. 工作的持续时间
C. 工作之间逻辑关系　　　　　　D. 非关键工作

【例7】在单代号搭接网络计划中,STF_{i-j}表示(　　)。
A. 工作 $i-j$ 的最迟完成时间
B. i 工作和 j 工作的时间间隔
C. i 工作和 j 工作开始到完成的时距
D. 工作 $i-j$ 的自由时差

【例8】某工程双代号时标网络计划如下图所示(时间单位:周),在不影响总工期的前提下,工作 B 可利用的机动时间为(　　)周。

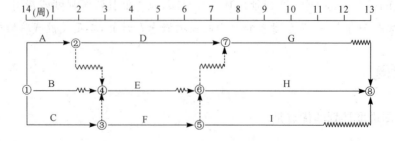

A. 1 　　　　　 B. 2 　　　　　 C. 3 　　　　　 D. 4

【例9】已知在工程网络计划中,某工作有四项紧后工作,它们的最迟开始时间分别为第18天、第20天、第21天和第23天。如果该工作的持续时间为6天,则其最迟开始时间为(　　)。

A. 12天 　　　 B. 14天 　　　 C. 15天 　　　 D. 17天

【例10】在网络计划中,若某项工作的(　　)最小,则该工作必为关键工作。

A. 自由时差 　　　　　　　　　　B. 持续时间
C. 时间间隔 　　　　　　　　　　D. 总时差

【例11】某工程双代号网络计划如下图所示,其关键线路有(　　)条。

A. 1 　　　　　 B. 2 　　　　　 C. 3 　　　　　 D. 4

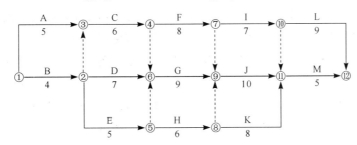

【例12】在工程网络计划的执行过程中,发现某工作的实际进度比其计划进度拖后5天,影响总工期2天,则该工作原来的总时差为(　　)。

A. 2天 　　　　 B. 3天 　　　　 C. 5天 　　　　 D. 7天

【例13】在单代号网络计划中,设H工作的紧后工作有I和J,总时差分别为3天和4天,工作H、I之间间隔时间为8天,工作H、J之间的间隔时间为6天,则工作H的总时差为(　　)。

A. 6天 　　　　 B. 8天 　　　　 C. 10天 　　　 D. 11天

【例14】某工程计划中A工作的持续时间为5天,总时差为8天,自由时差为4天。如果A工作实际进度拖延13天,则会影响工程计划工期(　　)。

A. 3天 　　　　 B. 4天 　　　　 C. 5天 　　　　 D. 9天

【例15】当网络图中某一关键工作的持续时间拖延Δ,且大于该工作的总时差TF时,网络计划总工期将(　　)。

A. 拖延Δ 　　　　　　　　　　　B. 拖延Δ+TF
C. 拖延Δ-TF 　　　　　　　　　D. 拖延TF-Δ

【例16】在工程网络计划执行过程中,当某项工作的最早完成时间推迟天数超过自由时差时,将会影响(　　)。

A. 紧后工作的最早开始时间　　　B. 平行工作的最早开始时间
C. 本工作的最迟完成时间　　　　D. 紧后工作的最迟完成时间

【例17】某双代号网络计划中(以天为时间单位),工作K的最早开始时间为6,工作持续时间为4;工作M的最迟完成时间为22,工作持续时间为10;工作N的最迟完成时间为20,工作持续时间为5。已知工作K只有M、N两项紧后工作,工作K的总时差为(　　)天。

A. 2   B. 3   C. 5   D. 6

【例18】某工程网络计划中，工作 M 的总时差为5天，自由时差为3天。在计划执行情况的检查中，发现只有工作 M 的实际进度拖后了4天，则关于工作 M 实际进度的说法，正确的是（　　）。

A. 使总工期拖后1天，使后续工作最早开始时间拖后1天

B. 不影响总工期，也不影响后续工作的正常进行

C. 使总工期拖后1天，但不影响后续工作的正常进行

D. 不影响总工期，但使后续工作最早开始时间拖后1天

【例19】当关键线路的实际进度比计划进度拖后时，应在尚未完成的关键工作中，选择（　　）的工作，压缩其作业持续时间。

A. 资源强度小或费用低   B. 资源强度小且持续时间短

C. 资源强度大或持续时间短   D. 资源强度大且费用高

【例20】我国《工程网络计划技术规程》(JGJ/T 121—99)推荐的常用工程网络计划类型包括（　　）。

A. 双代号网络计划   B. 单代号时标网络计划

C. 双代号搭接网络计划   D. 随机网络计划

E. 单代号网络计划

【例21】在各种计划方法中，（　　）的工作进度线与时间坐标相对应。

A. 形象进度计划   B. 横道图计划

C. 双代号网络计划   D. 单代号搭接网络计划

E. 双代号时标网络计划

【例22】在工程网络计划中，关键线路是指（　　）的线路。

A. 双代号网络计划中无虚箭线

B. 双代号时标网络计划中无波形线

C. 单代号网络计划中工作时间间隔为零

D. 双代号网络计划中持续时间最长

E. 单代号网络计划中全由关键工作连起来

【例23】在工程网络计划中，当计划工期等于计算工期时，关键工作的判定条件是（　　）。

A. 该工作的总时差为零

B. 该工作与其紧后工作之间的时间间隔为零

C. 该工作的最早完成时间与最迟完成时间相等

D. 该工作的最早开始时间与最迟开始时间相等

E. 该工作的自由时差最小

【例24】关于关键线路和关键工作的说法，正确的有（　　）。

A. 关键线路上相邻工作的时间间隔为零

B. 关键线路上各工作持续时间之和最长

C. 关键线路可能有多条

D. 关键工作的总时差一定为零

E. 关键工作的最早开始时间等于最迟开始时间

【例25】 当工程施工的实际进度与计划进度不符时,需要对网络计划做出调整,调整的内容有( )。

A. 调整关键线路的长度　　　　　　B. 调整非关键工作时差
C. 调整组织结构　　　　　　　　　D. 增减工作项目
E. 调整资源的投入

参考答案

1. C； 2. B； 3. D； 4. D； 5. C； 6. C； 7. C；
8. B 【不影响总工期,即求工作B的总时差,关键线路为C→F→H,若从线路B→E→H走,B的总时差为2】;
9. A;【要点:$LS=LF-D=\min\{LS\}-D=18-6=12$】
10. D；
11. C;【关键线路有:ACFIL　ACGJM　BDGJM 三条】
12. B;
13. C;【要点:$TF=\min\{TF_j+LAG_{i,j}\}=\min\{3+8,4+6\}=10$】
14. C； 15. C； 16. A；
17. A;【要点:$TF_k=LF_k-EF_k=\min\{LS_{M,N}\}-\{ES_k+D_k\}$
　　　　　$=\min\{LF_{M,N}-D_{M,N}\}-(6+4)=\min\{(22-10),(20-5)\}-10=2$】
18. D； 19. A；
20. AE； 21. BE； 22. BD； 23. ACD； 24. BC； 25. ABDE。

1Z203040 建设工程项目进度控制的措施

考点精要

一、项目进度控制的组织措施

1. 在项目组织结构中应有<u>专门的工作部门</u>和<u>符合进度控制岗位资格的专人</u>负责进度控制工作。
2. 应编制项目进度控制的<u>工作流程</u>,如:
(1) <u>定义项目进度计划系统的组成</u>;
(2) <u>各类进度计划的编制程序、审批程序和计划调整程序</u>等。
3. 进度控制工作包含了大量的组织和协调工作,而<u>会议是组织和协调的重要手段</u>。

二、项目进度控制的管理措施

1. 建设工程项目进度控制的管理措施涉及<u>管理的思想、管理的方法、管理的手段、承发包模式、合同管理和风险管理</u>。
2. 建设工程项目进度控制在<u>管理观念</u>方面存在的主要问题是:

(1) 缺乏进度计划系统的观念；

(2) 缺乏动态控制的观念；

(3) 缺乏进度计划多方案比较和选优的观念。

3. 承发包模式的选择，应选择合理的合同结构。工程物资的采购模式对进度也有直接的影响。

4. 应分析工程进度的风险，采取风险管理措施(如合同风险)。

5. 应重视信息技术。

三、项目进度控制的经济措施

1. 涉及资金需求计划、资金供应的条件和经济激励措施等。应编制与进度计划相适应的资源需求计划(资源进度计划)。

2. 在工程预算中应考虑加快工程进程所需要的资金，其中包括为实现进度目标将要采取的经济激励措施所需要的费用。

四、项目进度控制的技术措施

1. 涉及对实现进度目标有利的设计技术和施工技术的选用。不同的设计理念、设计技术路线、设计方案会对工程进度产生不同的影响。

2. 施工方案对工程进度有直接的影响。

3. 在工程进度受阻时，应分析是否存在施工技术的影响因素，为实现进度目标有无改变施工技术、施工方法和施工机械的可能性。

☞ 典型考题

【例1】在建设工程项目管理机构中，应有专门的工作部门和符合进度控制岗位资格的专人负责进度控制工作，这是进度控制中重要的（　　）。

　　A. 组织措施　　　B. 合同措施　　　C. 经济措施　　　D. 技术措施

【例2】建设工程项目进度控制的技术措施是（　　）。

　　A. 选择工程承发包模式　　　　　　B. 调整施工方法

　　C. 设立进度控制工作部门　　　　　D. 编制工程风险应急计划

【例3】下列进度控制措施中，属于管理措施的是（　　）。

　　A. 建立进度控制的会议制度

　　B. 分析影响项目工程进度的风险

　　C. 制定项目进度控制的工作流程

　　D. 选用有利的设计和施工技术

【例4】下列为加快进度而采取的各项措施中，属于技术措施的是（　　）。

　　A. 编制进度控制工作流程

　　B. 实行班组内部承包制

　　C. 用大模板代替小钢模

D. 重视计算机软件的应用

【例5】下列建设工程项目进度控制措施中,属于经济措施的有( )。
A. 编制资源需求计划　　　　　　B. 明确资金供应条件
C. 落实经济激励措施　　　　　　D. 审核设计预算
E. 应用价值工程方法

☞ *参考答案*

1. A； 2. B； 3. B； 4. C； 5. ABC。

1Z204000 建设工程项目质量控制

考点分布及解析

此章最近两年的考试分值在 19~26 分。其中相对比较重要的部分是"**1Z204020 建设工程项目质量控制体系**"(4~7 分)。"**1Z204030 建设工程项目施工质量控制**"(6~10 分)、"**1Z204040 建设工程项目质量验收**"(3~6 分)、"**1Z204060 数理统计方法在施工质量管理中的应用**"(2~4 分)。这次教材修订后,本章内容有较大调整,除"**1Z204060 数理统计方法在施工质量管理中的应用**"外,其他节都有修订。其中,"**1Z204010 工程项目质量控制的内涵**"、"**1Z204030 建设工程项目施工质量控制**"和"**1Z204070 建设工程项目的政府监督**"三节新增内容较多。

1Z204010 工程项目质量控制的内涵

考点精要

一、建设工程项目<u>质量</u>是指通过项目实施形成的<u>工程实体的质量</u>,是反映建筑工程满足相关标准规定或合同约定的要求,包括其在安全、使用功能及其在耐久性能、环境保护等方面所有明显和隐含能力的特性总和

二、<u>质量管理</u>是建立和确定<u>质量方针</u>、<u>质量目标及职责</u>,并在质量管理体系中通过<u>质量策划</u>、<u>质量控制</u>、<u>质量保证</u>和<u>质量改进</u>等手段来实施和实现全部质量管理职能的所有活动

三、质量控制

(1)<u>质量控制是质量管理的一部分</u>,是致力于满足质量要求的一系列相关活动。

(2)建设工程项目的<u>质量要求是由业主方提出的</u>,<u>质量控制是项目参与各方均致力于实现业主要求的质量总目标的一系列活动</u>。

(3)工程项目<u>质量控制</u>包括项目的<u>建设</u>、<u>勘察</u>、<u>设计</u>、<u>施工</u>、<u>监理</u>各方的质量控制活动。

(4)<u>质量控制的目标</u>,就是<u>实现由项目决策所决定的项目质量目标</u>,使项目的<u>适用性</u>、<u>安全性</u>、<u>耐久性</u>、<u>可靠性</u>、<u>经济性及与环境的协调性等方面</u>满足建设单位需要并符合国家法律、行政法规和技术标准、规范的要求。

(5)<u>质量控制的任务</u>就是对项目的<u>建设</u>、<u>勘察</u>、<u>设计</u>、<u>施工</u>、<u>监理</u>单位的工程质量行为,以及

涉及项目工程实体质量的设计质量、材料质量、设备质量、施工安装质量进行控制。

(6) 施工质量控制是项目质量控制的重点。

四、项目质量控制的责任和义务

1. 建设单位的质量责任和义务

(1) 当将工程发包给具有相应资质等级的单位，并不得将建设工程肢解发包。

(2) 依法对工程建设项目的勘察、设计、施工、监理以及与工程建设有关的重要设备、材料等的采购进行招标。

(3) 必须向有关的勘察、设计、施工、工程监理等单位提供与建设工程有关的原始资料。原始资料必须真实、准确、齐全。

(4) 不得迫使承包方以低于成本的价格竞标，不得任意压缩合理工期；不得明示或者暗示设计单位或者施工单位违反工程建设强制性标准，降低建设工程质量。

(5) 应当将施工图设计文件报县级以上人民政府建设行政主管部门或者其他有关部门审查。施工图设计文件未经审查批准的，不得使用。

(6) 实行监理的建设工程，建设单位应当委托具有相应资质等级的工程监理单位进行监理。

(7) 在领取施工许可证或者开工报告前，办理工程质量监督手续。

(8) 按照合同约定，由建设单位采购建筑材料、建筑构配件和设备的，建设单位应当保证建筑材料、建筑构配件和设备符合设计文件和合同要求。建设单位不得明示或者暗示施工单位使用不合格的建筑材料、建筑构配件和设备。

(9) 涉及建筑主体和承重结构变动的装修工程，建设单位应当在施工前委托原设计单位或者具有相应资质等级的设计单位提出设计方案；没有设计方案的，不得施工。房屋建筑使用者在装修过程中，不得擅自变动房屋建筑主体和承重结构。

(10) 收到建设工程竣工报告后，应当组织设计、施工、工程监理等有关单位进行竣工验收。建设工程经验收合格的，方可交付使用。

(11) 应当严格按照国家有关档案管理的规定，及时收集、整理建设项目各环节的文件资料，建立、健全建设项目档案，并在建设工程竣工验收后，及时向建设行政主管部门或者其他有关部门移交建设项目档案。

2. 勘察、设计单位的质量责任和义务

(1) 应当依法取得相应等级的资质证书，在其资质等级许可的范围内承揽工程，并不得转包或者违法分包所承揽的工程。

(2) 必须按照工程建设强制性标准进行勘察、设计，并对其勘察、设计的质量负责。注册建筑师、注册结构工程师等注册执业人员应当在设计文件上签字，对设计文件负责。

(3) 勘察单位提供的地质、测量、水文等勘察成果必须真实、准确。

(4) 设计单位应当根据勘察成果文件进行建设工程设计。设计文件应当符合国家规定的设计深度要求，注明工程合理使用年限。

(5) 设计单位在设计文件中选用的建筑材料、建筑构配件和设备，应当注明规格、型号、性能等技术指标，其质量要求必须符合国家规定的标准。除有特殊要求的建筑材料、专用设备、工艺生产线等外,设计单位不得指定生产、供应商。

(6) 设计单位应当就审查合格的施工图设计文件向施工单位作出详细说明。

(7) 设计单位应当参与建设工程质量事故分析,并对因设计造成的质量事故,提出相应的技术处理方案。

3. 施工单位的质量责任和义务

(1) 施工单位应当依法取得相应等级的资质证书,在其资质等级许可的范围内承揽工程,并不得转包或者违法分包工程。

(2) 施工单位对建设工程的施工质量负责。施工单位应当建立质量责任制,确定工程项目的项目经理、技术负责人和施工管理负责人。建设工程实行总承包的,总承包单位应当对全部建设工程质量负责;建设工程勘察、设计、施工、设备采购的一项或者多项实行总承包的,总承包单位应当对其承包的建设工程或者采购的设备的质量负责。

(3) 总承包单位依法将建设工程分包给其他单位的,分包单位应当按照分包合同的约定对其分包工程的质量向总承包单位负责,总承包单位与分包单位对分包工程的质量承担连带责任。

(4) 施工单位必须按照工程设计图纸和施工技术标准施工,不得擅自修改工程设计,不得偷工减料。施工单位在施工过程中发现设计文件和图纸有差错的,应当及时提出意见和建议。

(5) 施工单位必须按照工程设计要求、施工技术标准和合同约定,对建筑材料、建筑构配件、设备和商品混凝土进行检验,检验应当有书面记录和专人签字;未经检验或者检验不合格的,不得使用。

(6) 施工单位必须建立、健全施工质量的检验制度,严格工序管理,作好隐蔽工程的质量检查和记录。隐蔽工程在隐蔽前,施工单位应当通知建设单位和建设工程质量监督机构。

(7) 施工人员对涉及结构安全的试块、试件以及有关材料,应当在建设单位或者工程监理单位监督下现场取样,并送具有相应资质等级的质量检测单位进行检测。

(8) 施工单位对施工中出现质量问题的建设工程或者竣工验收不合格的建设工程,应当负责返修。

(9) 施工单位应当建立、健全教育培训制度;未经教育培训或者考核不合格的人员,不得上岗作业。

4. 工程监理单位的质量责任和义务

(1) 应当依法取得相应等级的资质证书,在其资质等级许可的范围内承担工程监理业务,并不得转让工程监理业务。

(2) 工程监理单位与被监理工程的施工承包单位以及建筑材料、建筑构配件和设备供应单位有隶属关系或者其他利害关系的,不得承担该项建设工程的监理业务。

(3) 应当依照法律、法规以及有关技术标准、设计文件和建设工程承包合同,代表建设单位对施工质量实施监理,并对施工质量承担监理责任。

(4) 工程监理单位应当选派具备相应资格的总监理工程师和监理工程师进驻施工现场。未经监理工程师签字,建筑材料、建筑构配件和设备不得在工程上使用或者安装,施工单位不得进行下一道工序的施工。未经总监理工程师签字,建设单位不拨付工程款,不进行竣工验收。

(5)监理工程师应当按照工程监理规范的要求,采取旁站、巡视和平行检验等形式,对建设工程实施监理。

五、质量的基本特性

1. 质量的基本特性包括反映使用功能的质量特性、反映安全可靠的质量特性、反映文化艺术的质量特性、反映建筑环境的质量特性。

2. 建筑产品不仅要满足使用功能和用途的要求,而且在正常的使用条件下还能达到安全可靠的标准,这反映了安全可靠的质量特性。

六、建设工程项目质量的形成过程,体现在建设工程项目质量的目标决策、目标细化到目标实现的系统过程

1. 质量需求的识别过程:决策阶段,质量目标的决策是建设单位(业主)或项目法人的质量管理职能。

2. 质量目标的定义过程:具体定义工程质量目标,主要在设计阶段。因产品对象的单件性,总体符合目标设计与标准设计相结合的特征。

3. 质量目标的实现过程:在施工阶段。

七、建设工程项目质量的影响因素(会分清属于哪项影响因素)

1. 建设工程项目质量的影响因素包括:人的因素、机械因素、材料的因素、方法的因素和环境因素(简称人、机、料、法、环)。

2. 人的因素起决定性的作用。项目质量控制应以控制人的因素为基本出发点。

3. 机械的因素包括工程设备、施工机械和各类施工工器具,是所有施工方案和工法得以实施的重要物质基础。

4. 材料质量是工程质量的基础。

5. 方法的因素也可以称为技术因素,包括勘察、设计、施工所采用的技术和方法,以及工程检测、试验的技术和方法等。从某种程度上说,技术方案和工艺水平的高低,决定了项目质量的优劣。

6. 环境因素包括项目的自然环境因素、社会环境因素(建设法律法规、项目法人决策、建筑企业经营者理念等)、管理环境因素(如项目参建单位的质量管理体系、质量管理制度和各参建单位之间的协调等因素)和作业环境因素。

八、项目质量风险分析和控制

1. 在项目实施的整个过程中,对质量风险进行识别、评估、响应及控制,减少风险源的存在,降低风险事故发生的概率,减少风险事故对项目质量造成的损害,把风险损失控制在可以接受的程度,是项目质量控制的重要内容。

2. 从风险产生的原因分析,常见的质量风险有:自然风险、技术风险、管理风险(质量管理体系存在缺陷等)和环境风险(社会环境和工作环境,如社会腐败现象等);从风险损失责任承担的角度,项目质量风险可以分为:业主方的风险,勘察设计方的风险,施工方的风险和监理方的风险。

3. 质量风险识别可分三步进行：

(1) 采用层次分析法画出质量风险结构层次图。

(2) 分析每种风险的促发因素。

(3) 将风险识别的结果汇总成为质量风险识别报告。

4. 质量风险评估包括两个方面：一是评估各种质量风险发生的概率，二是各种质量风险可能造成的损失量。质量风险评估应采取定性与定量相结合的方法进行。

5. 常用的质量风险对策包括风险规避、减轻、转移（分包转移、担保转移和保险转移）、自留及其组合等策略。

6. 质量风险控制

(1) 建设单位对建设工程项目质量风险控制实施动态管理。

(2) 设计单位做好方案比选工作，将施工图审查工作纳入风险管理体系，开工前进行设计交底。

(3) 施工单位严格进行施工图审查和现场地质核对；对施工人员进行针对性的岗前质量风险教育培训；关键项目的质量管理人员、技术人员及特殊作业人员，必须持证上岗；加强对建筑构件、材料的质量控制；对质量风险进行实时跟踪监控，预测风险变化趋势，对新发现的风险事件和潜在的风险因素提出预警。

(4) 监理单位编制质量风险管理监理实施细则；对施工单位上报的专项方案进行审核，重点审查风险控制对策中的保障措施；对关键部位、关键工序的施工质量派专人进行旁站监理；对重要的建筑构件、材料进行平行检验。

☞ 典型考题

【例1】以下关于质量控制的说法正确的是(　　)。
    A. 致力于满足质量要求的一系列相关活动
    B. 确立质量方针
    C. 实施质量方针的全部职能及工作内容
    D. 对有关质量工作效果进行评价和改进的一系列工作

【例2】工程项目各阶段的质量控制均应围绕着致力于满足(　　)要求的质量总目标而展开。
    A. 政府　　　　B. 监理单位　　　C. 设计单位　　　D. 业主

【例3】关于质量控制与质量管理的说法，正确的有(　　)。
    A. 质量管理就是质量控制
    B. 质量控制的致力点在于构建完善的质量管理体系
    C. 质量控制是质量管理的一部分
    D. 建设工程质量控制活动只涉及施工阶段
    E. 质量控制包括项目的建设、勘察、设计、施工、监理各方的质量控制活动

【例4】建设工程项目质量的影响因素主要是指在建设工程项目质量目标策划、决策和实现过程中的各种客观因素和主观因素，包括人的因素、(　　)等。

A. 机械因素 B. 组织因素 C. 材料因素 D. 环境因素
E. 方法因素

【例5】工程项目的环境因素包括（　　）。
A. 自然环境因素 B. 社会环境因素 C. 劳动组织环境 D. 管理环境因素
E. 市场环境

☞ 参考答案

1. A；2. D；3. CE；4. ACDE；5. ABD。

1Z204020 建设工程项目质量控制体系

☞ 考点精要

一、全面质量管理思想和方法的应用

1. 全面质量管理(TQC)的思想
(1) 全面质量管理(建设工程各参与主体的工程质量和工作质量)。
(2) 全过程质量管理。
(3) 全员参与质量管理(重要手段是目标管理方法)。

2. 质量管理的 PDCA 循环
(1) 计划 P(Plan)：

计划包括确定质量目标和制定实现质量目标的行动方案两方面。建设工程项目的质量计划是由项目参与各方根据其在项目实施中所承担的任务、责任范围和质量目标，分别制订质量计划而形成的质量计划体系。

(2) 实施 D(Do)：

将质量的目标值，通过生产要素的投入、作业技术活动和产出过程，转换为质量的实际值。为保证工程质量的产出或形成过程能够达到预期的结果，在各项质量活动实施前，要根据质量管理计划进行行动方案的部署和交底。

(3) 检查 C(Check)：

检查是指对计划实施过程进行各种检查，包括作业者的自检、互检和专职管理者专检。各类检查也都包含两大方面：一是检查是否严格执行了计划的行动方案；二是检查计划执行的结果。

(4) 处置 A(Action)：纠偏和预防改进(信息反馈)两个方面。

二、项目质量控制体系的建立

1. 项目质量控制体系是一个一次性的质量控制工作体系，不同于企业的质量管理体系。
2. 项目质量控制体系的特点。

与建筑企业的质量管理体系相比较，不同之处如下：

(1) 建立的目的不同:用于特定的建设项目质量控制。

(2) 服务的范围不同:涉及建设工程项目实施过程所有的质量责任主体。

(3) 控制的目标不同:建设工程的质量目标,并非某一具体建筑企业或组织的质量管理目标。

(4) 作用的时效不同:一次性的质量工作体系。

(5) 评价的方式不同:自我评价与诊断,不需进行第三方认证。

3. 项目质量控制体系的结构。

第一层次的质量控制体系应由建设单位的工程项目管理机构负责建立;在委托代建、委托项目管理或实行交钥匙式工程总承包的情况下,应由相应的代建方项目管理机构、受托项目管理机构或工程总承包企业项目管理机构负责建立。

4. 项目质量控制体系建立的原则:分层次规划原则、目标分解原则、质量责任制原则、系统有效性原则。其中,分层次规划是指分别进行不同层次和范围的建设工程项目质量控制体系规划。

5. 项目质量控制体系建立的程序:

(1) 确立系统质量控制网络(第一步)。

(2) 制定质量控制制度:形成质量控制体系文件或手册。

(3) 分析质量控制界面:包括静态界面和动态界面,静态界面根据法律法规、合同条件、组织内部职能分工来确定。

(4) 编制质量控制计划。

6. 建立质量控制体系的责任主体:应由建设单位或工程项目总承包企业的工程项目管理机构负责建立。

三、项目质量控制体系的运行

1. 运行环境

(1) 建设工程的合同结构;

(2) 质量管理的资源配置;

(3) 质量管理的组织制度。

2. 运行机制

(1) 动力机制:核心机制;

(2) 约束机制:取决于各主体内部的自我约束和外部监控;

(3) 反馈机制;

(4) 持续改进机制。

四、施工企业质量管理体系的建立与认证

(一) 质量管理八项原则

1. 八项原则为:

(1) 以顾客为关注焦点;

(2) 领导作用;

(3) 全员参与；

(4) 过程方法；

(5) 管理的系统方法；

(6) 持续改进；

(7) 基于事实的决策方法；

(8) 与供方互利的关系。

2. 满足顾客要求并争取超越顾客的期望体现了以顾客为关注焦点的原则。

3. 将活动和相关的资源作为过程进行管理，体现了过程方法原则。

4. 以事实为依据做出决策，体现了基于事实的决策方法的原则。

（二）企业质量管理体系文件构成

1. 企业质量管理体系文件包括：质量方针和质量目标、质量手册、程序性文件和质量记录。

2. 质量手册：对企业质量体系作系统、完整和概要的描述。内容包括：企业的质量方针、质量目标；组织机构及质量职责；体系要素或基本控制程序；质量手册的评审、修改和控制的管理办法。质量手册是企业质量管理系统的纲领性文件。

3. 程序性文件：是质量手册的支持性文件，一般包括：(1) 文件控制程序；(2) 质量记录管理程序；(3) 内部审核程序；(4) 不合格品控制程序；(5) 纠正措施控制程序；(6) 预防措施控制程序。

4. 质量记录：具有可追溯性的特点。

（三）落实质量体系的内部审核程序，有组织有计划开展内部质量审核活动，其主要目的是：

1. 评价质量管理程序的执行情况及适用性；

2. 揭露过程中存在的问题，为质量改进提供依据；

3. 检查质量体系运行的信息；

4. 向外部审核单位提供体系有效的证据。

（四）企业质量管理体系的认证与监督

1.《建筑法》规定，国家对从事建筑活动的单位推行质量体系认证制度。

2. 质量认证制度是由公正的第三方认证机构对企业的产品及质量体系作出正确可靠的评价，有效期三年。

3. 认证暂停：是不符合认证要求时采取的警告措施，认证暂停期间，企业不得使用质量管理体系认证证书做宣传。

4. 认证撤销：撤销认证的企业一年后可重新提出认证申请。

【注意：审题时看清楚是建设工程项目质量管理体系还是企业质量管理体系。】

典型考题

【例1】PDCA循环中，质量计划阶段的主要任务是（　　）。

  A. 明确目标并制定实现目标的行动方案

  B. 展开工程的作业技术活动

C. 对计划实施过程进行各种检查

D. 对质量问题进行原因分析,采取措施予以纠正

【例2】关于项目质量控制系统,以下说法正确的是(　　)。

A. 是用于建筑企业的质量管理

B. 涉及工程项目实施中所有的质量责任主体

C. 其控制目标是某一建筑企业的质量管理目标

D. 其有效性需进行第三方认证

【例3】先由建设单位和工程总承包企业对整个建设项目和总承包项目进行质量控制系统设计,再由设计、施工、监理企业进行责任范围内的质量控制系统设计,是依(　　)建立工程项目质量控制体系。

A. 分层次规划的原则　　　　　　B. 总目标分解的原则

C. 质量责任制的原则　　　　　　D. 系统有效性的原则

【例4】建设工程项目质量控制系统运行机制的核心在于它的(　　)。

A. 动力机制　　B. 约束机制　　C. 反馈机制　　D. 经营机制

【例5】建立建设工程项目质量控制系统时,首先应完成的工作是(　　)。

A. 制定系统质量控制制度　　　　B. 编制系统质量控制计划

C. 分析系统质量控制界面　　　　D. 确立系统质量控制网络

【例6】建设工程项目质量控制系统呈多层次、多单元的结构形态。在实行"交钥匙"承包的情况下,第一层面的质量控制系统应由(　　)负责建立。

A. 工程总承包企业的项目管理机构　　B. 施工承包企业的项目管理机构

C. 建设单位委托的监理机构　　　　　D. 建设单位的项目管理机构

【例7】不同企业按GB/T 19000标准建立的质量管理体系,以下说法正确的是(　　)。

A. 只用于特定的工程项目质量控制

B. 其控制目标是工程项目的质量标准

C. 用于企业的质量管理,需进行第三方认证

D. 只做建筑企业自身的自我评价与诊断

【例8】质量管理体系认证制度是指(　　)对企业的产品及质量管理体系做出可靠的评价。

A. 各级质量技术监督局　　　　B. 各级消费者协会

C. 各单位行政主管部门　　　　D. 公正的第三方认证机构

【例9】根据GB/T 19000质量管理体系标准,对企业质量体系作系统、完整和概要描述,规定企业组织建立质量管理体系的文件是(　　)。

A. 程序文件　　B. 质量手册　　C. 质量记录　　D. 管理标准

【例10】落实企业质量体系的内部审核程序、开展内部质量审核活动的主要目的是(　　)。

A. 评价质量管理程序的执行情况及适用性

B. 揭露施工过程中存在的问题,改进施工工艺

C. 向监理单位提供质量体系有效性的证据

D. 通过审核发现问题改进质量方针

【例11】获得ISO 9000质量管理体系认证的企业因质量体系严重不符合规定而被撤销认证

的,最早可在撤销认证(　　)后重新提出认证申请。

A. 6个月　　　　B. 1年　　　　C. 2年　　　　D. 3年

【例12】质量体系程序性文件是质量手册的(　　)文件。

A. 基础性　　　B. 指导性　　　C. 支持性　　　D. 纲领性

【例13】获得ISO 9000质量管理体系认证的企业,若质量体系存在严重不符合项,并在规定时间内未予整改的,认证机构可以作出(　　)的决定。

A. 认证注销　　B. 认证暂停　　C. 认证撤销　　D. 重新认证

【例14】根据GB/T 19000质量管理体系标准,各类企业都编制质量体系程序文件均应制定的程序文件有(　　)。

A. 文件控制程序　　　　　　　B. 质量目标管理程序

C. 安全生产管理程序　　　　　D. 不合格品控制程序

E. 质量记录管理程序

【例15】质量体系文件一般主要由(　　)几部分构成。

A. 形成文件的质量方针和质量目标　　B. 质量手册

C. 质量成本的构成和经济性评价　　　D. 质量管理标准所要求的质量记录

E. 质量管理标准所要求的各种程序性文件

【例16】PDCA循环中,实施阶段工作内容包括(　　)。

A. 确定质量控制的组织制度　　　B. 确定质量记录方式

C. 计划行动方案的交底　　　　　D. 确定质量控制的工作程序

E. 根据计划行动方案的要求展开工程作业技术活动

参考答案

1. A; 2. B; 3. A; 4. A; 5. D; 6. A; 7. C; 8. D; 9. B; 10. A; 11. B;
12. C; 13. C; 14. ADE; 15. ABDE; 16. CE。

1Z204030 建设工程项目施工质量控制

考点精要

一、施工质量的基本要求

1. 施工质量要达到的最基本要求是:通过施工形成的项目工程实体质量经检查验收合格。
2. 建筑工程施工质量验收合格应符合下列规定:

(1) 符合工程勘察、设计文件的要求;

(2) 符合《建筑工程施工质量验收统一标准》GB50300-2013和相关专业验收规范的规定;

上述规定(1)是符合勘察、设计对施工提出的要求。规定(2)是要符合国家法律、法规的要求。

施工质量在合格的前提下,还应符合施工承包合同约定的要求。

二、施工质量控制的依据

1. 共同性依据:用于施工质量管理有关的、通用的、具有普遍指导意义和必须遵守的基本法规,如《中华人民共和国建筑法》、《中华人民共和国招标投标法》和《建设工程质量管理条例》等。

2. 专业技术性依据:指针对不同的行业、不同质量控制对象制定的专业技术规范文件,包括规范、规程、标准、规定等。

3. 项目专用性依据:本项目的工程建设合同、勘察设计文件、设计交底及图纸会审记录、设计修改和技术变更通知,以及相关会议记录和工程联系单等。

三、施工质量控制的基本环节

1. 事前质量控制:正式施工前的主动控制。

2. 事中质量控制:

(1) 在施工质量形成过程中,对影响施工质量的各种因素进行全面的动态控制。事中质量控制也称作业活动过程质量控制,包括质量活动主体的自我控制(第一位的)和他人监控的控制方式。他人监控是指接受来自企业内部管理者和企业外部有关方面的检查检验,如工程监理机构、政府质量监督部门等的监控。

(2) 施工质量的自控和监控是相辅相成的系统过程。自控主体的质量意识和能力是关键,是施工质量的决定因素;各监控主体所进行的施工质量监控是对自控行为的推动和约束。

(3) 事中质量控制的目标是确保工序质量合格,杜绝质量事故发生;控制的关键是坚持质量标准;控制的重点是工序质量、工作质量和质量控制点的控制。

3. 事后质量控制:包括对质量活动结果的评价、认定;对工序质量偏差的纠正。

四、施工质量计划的形式和内容

1. 施工质量计划的形式包括:

(1) 工程项目施工质量计划;

(2) 工程项目施工组织设计(含施工质量计划);

(3) 施工项目管理实施规划(含施工质量计划)。

2. 基本内容:包括施工工艺和技术方案、施工质量控制点及其跟踪控制的方式与要求等。

五、施工质量计划

1. 在建筑施工企业的质量管理体系中,以施工项目为对象的质量计划称为施工质量计划。

2. 施工质量计划应由自控主体即施工承包企业进行编制。在总分包模式下,施工总承包方有责任对各分包方施工质量计划的编制进行指导和审核,并承担相应施工质量的连带责任。

3. 施工质量计划的审批包括施工企业内部的审批和项目监理机构的审查。

1) 企业内部的审批:通常是由项目经理部主持编制,报企业组织管理层批准。

2) 项目监理机构的审查:"在工程开工前,总监理工程师应组织专业监理工程师审查承包单位报送的施工组织设计(方案)报审表,提出意见,并经总监理工程师审核、签认后报建设单位"。

3)审批关系的处理原则:

(1)施工质量计划在审批过程中,对监理工程师审查的建议等采纳的程度,应由负责质量计划编制的施工单位自主决策。

(2)经过按规定程序审查批准的施工质量计划,在实施过程中如应条件变化需要对某些重要决定进行修改时,其修改内容仍应按照相应程序经过审批后执行。

六、施工质量控制点的设置与管理

1. 质量控制点的设置

质量控制点应选择技术要求高、施工难度大、对工程质量影响大或是发生质量问题时危害大的对象进行设置。一般选择下列部位或环节作为质量控制点:

(1)对工程质量形成过程产生直接影响的关键部位、工序、环节及隐蔽工程;

(2)施工过程中的薄弱环节,或者质量不稳定的工序、部位或对象;

(3)对下道工序有较大影响的上道工序;

(4)采用新技术、新工艺、新材料的部位或环节;

(5)施工质量无把握的、施工条件困难的或技术难度大的工序或环节;

(6)用户反馈指出的和过去有过返工的不良工序。

2. 质量控制点的重点控制对象

(1)人的行为;(2)材料的质量与性能;(3)施工方法与关键操作;(4)施工技术参数;(5)技术间歇;(6)施工顺序;(7)易发生或常见的质量通病;(8)新技术、新材料及新工艺的应用;(9)产品质量不稳定和不合格率较高的工序应列为重点,认真分析,严格控制;(10)特殊地基或特种结构。

3. 质量控制点的管理

(1)对于危险性较大的分部分项工程或特殊施工过程,除按一般过程质量控制的规定执行外,还应由专业技术人员编制专项施工方案或作业指导书,经项目技术负责人审批及监理工程师签字后执行。超过一定规模的危险性较大的分部分项工程,还要组织专家对专项方案进行论证。

(2)施工作业质量控制点,按照不同的性质和管理要求,细分为"见证点"和"待检点"进行施工质量的监督和检查。凡属"见证点"的施工作业,施工方必须在该项作业开始前,书面通知现场监理机构到位旁站,见证施工作业过程;凡属"待检点"的施工作业,如隐蔽工程等,施工方必须在完成施工质量自检的基础上,提前24小时通知项目监理机构进行检查验收,然后才能进行工程隐蔽或下道工序的施工。未经过项目监理机构检查验收合格,不得进行工程隐蔽或下道工序的施工。

七、施工生产要素的质量控制

1. 施工生产要素包括:施工人员、材料设备、工艺方案、施工机械和施工环境因素。

2. 施工人员的质量控制:施工企业必须坚持执业资格注册制度和作业人员持证上岗制度;

对所选派的施工项目领导者、组织者进行教育和培训,使其质量意识和组织管理能力能满足施工质量控制的要求;对所属施工队伍进行全员培训,加强质量意识的教育和技术训练,提高每个作业者的质量活动能力和自控能力;对分包单位进行严格的资质考核和施工人员的资格考核,其资质、资格必须符合相关法规的规定,与其分包的工程相适应。

3. 工艺方案的质量控制:施工工艺的先进合理是影响工程质量的关键因素。

4. 施工机械的质量控制

(1) 从设备选型、主要性能参数及使用操作要求等方面加以控制。

(2) 对施工中使用的模具、脚手架等施工设备,除按适用的标准定型选用外,一般需按设计及施工要求进行专项设计。

(3) 工程所用的施工机械、模板、脚手架,特别是危险性较大的现场安装的起重机械设备,不仅要对其设计安装方案进行审批,而且安装完毕交付使用前必须经专业管理部门的验收,合格后方可使用。

5. 施工环境因素的控制:环境因素包括施工现场自然环境因素、施工质量管理环境因素和施工作业环境因素,具有明显的风险特性,主要是采取预测预防的控制方法。

八、施工准备工作的质量控制

1. 施工技术准备工作的质量控制

施工技术准备主要在室内进行,例如:熟悉施工图纸,组织设计交底和图纸审查;进行工程项目检查验收的项目划分和编号;审核相关质量文件,细化施工技术方案和施工人员、机具的配置方案,编制施工作业技术指导书,绘制各种施工详图,进行必要的技术交底和技术培训。

2. 现场施工准备工作的质量控制

计量控制、测量控制(建设单位提供的原始坐标点等测量控制点线进行复核,复测结果上报监理工程师审核,批准后施工单位才能监理施工测量控制网)和施工平面图控制。

3. 工程质量检查验收的项目划分

根据《建筑工程施工质量验收统一标准》(GB 50300—2013)的规定,建筑工程质量验收应逐级划分为单位工程、分部工程、分项工程和检验批。

4. 分部工程的划分应按专业性质、工程部位确定,例如,一般的建筑工程可划分为地基与基础、主体结构、建筑装饰装修、建筑屋面、建筑给水排水及采暖、建筑电气、智能建筑、通风与空调、电梯等分部工程。

九、施工过程的作业质量控制

(一) 工序施工质量控制

1. 对施工过程的质量控制必须以工序作业质量控制为基础和核心。工序施工质量控制主要包括工序施工条件质量控制和工序施工效果质量控制。

2. 下列工序质量必须进行现场质量检测,合格后才能进行下道工序(看书中例子):(1) 地基基础工程;(2) 主体结构工程;(3) 建筑幕墙工程;(4) 钢结构及管道工程。

(二) 施工作业质量的自控

1. 施工方是施工阶段质量自控主体。

2. 施工作业交底是最基层的技术和管理交底活动。
3. 施工作业质量自控的要求：(1) 预防为主；(2) 重点控制；(3) 坚持标准；(4) 记录完整。
4. 施工作业质量自控的有效制度

(1) 质量自检制度；(2) 质量例会制度；(3) 质量会诊制度；(4) 质量样板制度；(5) 质量挂牌制度；(6) 每月质量讲评制度等。

（三）施工作业质量的监控

1. 为了保证项目质量，建设单位、监理单位、设计单位及政府的工程质量监督部门，在施工阶段依据法律法规和工程施工承包合同，对施工单位的质量行为和项目实体质量实施监督控制。
2. "三检"制度：自检、互检、专检。
3. 现场质量检查的方法

1) 目测法："看、摸、敲、照"四个字。
2) 实测法："靠、量、吊、套"四个字。
3) 试验法：(1) 理化试验；(2) 无损检测。

4. 对工程所使用的主要材料、半成品、构配件以及施工过程留置的试块、试件等应实行现场见证取样送检。

（四）隐蔽工程验收与成品质量保护

1. 地基基础工程、钢筋工程、预埋管线等均属隐蔽工程。
2. 施工成品形成后可采取防护、覆盖、封闭、包裹等相应措施进行保护。

十、施工质量与设计质量的协调

1. 项目设计质量的控制：满足项目建设需求入手，使用功能和安全可靠性为核心，包括：(1) 项目功能性质量控制；(2) 项目可靠性质量控制；(3) 项目观感性质量控制；(4) 项目经济性质量控制；(5) 项目施工可行性质量控制。
2. 设计交底可以使实施单位充分理解设计意图，了解设计内容和技术要求，明确质量控制的重点和难点，深入发现和解决各专业设计之间可能存在的矛盾。

☞ **典型考题**

【例1】施工质量要达到的最基本要求是（   ）。
  A. 确保竣工项目达到投资决策确定的质量标准
  B. 确定施工质量达到优良标准
  C. 确保工程施工质量不出现质量缺陷
  D. 工程实体质量经检查验收合格

【例2】对质量活动结果的评价认定和对质量偏差的纠正，属于（   ）的内容。
  A. 事前控制 B. 事中控制 C. 事后控制 D. 实时控制

【例3】建设工程项目的施工质量计划应经（   ）审核批准后，才能提交工程监理单位或建设单位。
  A. 施工项目经理   B. 企业法定代表人

　　　　C. 建设主管部门　　　　　　　　D. 企业组织管理层

【例4】施工总承包单位对分包单位编制的施工质量计划（　　）。
　　　A. 需要进行指导和审核,但不承担施工质量的连带责任
　　　B. 需要进行指导和审核,并承担施工质量的连带责任
　　　C. 不需要审核,但应承担施工质量的连带责任
　　　D. 需要进行指导和审核,并承担施工质量的全部责任

【例5】对装饰工程中的水磨石、面砖、石材饰面等现场检查时,均应进行敲击检查其铺贴质量,该方法属于现场质量检查方法中的（　　）。
　　　A. 目测法　　　B. 实测法　　　C. 记录法　　　D. 试验法

【例6】按现行施工管理制度规定,工地现场安装的危险性较大的起重机械设备安装完毕,必须经（　　）验收合格方能使用。
　　　A. 建设单位　　　　　　　　　B. 设备供应部门
　　　C. 安全管理部门　　　　　　　D. 专业管理部门

【例7】施工过程的质量控制,必须以（　　）为基础和核心。
　　　A. 最终产品质量控制　　　　　B. 工序的质量控制
　　　C. 实体质量控制　　　　　　　D. 质量控制点

【例8】工序施工质量控制主要包括（　　）。
　　　A. 工序施工条件质量控制
　　　B. 工序施工效果质量控制
　　　C. 工序施工条件质量控制和工序施工效果质量控制
　　　D. 中间环节的质量控制

【例9】建设工程项目实施过程中,施工阶段的质量自控主体是（　　）。
　　　A. 建设单位　　　B. 劳务分包方　　　C. 施工方　　　D. 材料供应方

【例10】关于施工质量计划的说法,正确的是（　　）。
　　　A. 施工质量计划是以施工项目为对象,由建设单位编制的质量计划
　　　B. 施工质量计划中包括施工技术方案
　　　C. 施工质量计划一经审核批准后不得修改
　　　D. 施工总承包单位对分包单位编制的施工质量计划不需要审核

【例11】现场质量检查的方法主要有（　　）。
　　　A. 理化法　　　B. 目测法　　　C. 实测法　　　D. 试验法
　　　E. 无损检测法

【例12】按有关施工验收规范规定,（　　）工序质量必须进行现场质量检测,合格后才能进行下道工序。
　　　A. 地基基础工程　　B. 建筑幕墙工程　　C. 主体结构工程　　D. 预埋管线工程
　　　E. 钢结构及管道工程

【例13】为了保证项目质量,（　　）在施工阶段依据法律法规和工程施工承包合同,对施工单位的质量行为和项目实体质量实施监督控制。
　　　A. 供应单位　　　B. 建设单位　　　C. 监理单位　　　D. 设计单位

E. 政府的工程质量监督部门

【例14】下列施工现场质量检查的内容中,属于"三检"制度范围的有( )。
A. 自检自查　　B. 巡视检查　　C. 互检互查　　D. 平行检查
E. 专职管理人员的质量检查

参考答案

1. D；2. C；3. D；4. B；5. A；6. D；7. B；8. C；9. C；

10. B【用排除法,选项A中,施工质量计划是由自控主体即施工承包企业进行编制,因此A不对;选项C中,经过按规定程序审查批准的施工质量计划,在实施过程中如因条件变化需要对某些重要决定进行修改时,其修改内容仍应按照相应程序经过审批后执行,说明是可以修改的,因此C不对;选项D中,在总分包模式下,施工总承包方有责任对各分包方施工质量计划的编制进行指导和审核,并承担相应施工质量的连带责任,因此D不对。最后只有选项B是正确的】；

11. BCD；12. ABCE；13. BCDE；

14. ACE【"三检"制度包括自检、互检和专检】。

1Z204040 建设工程项目质量验收

考点精要

一、施工过程质量验收

(一)施工过程质量验收分为检验批、分项工程、分部工程、单位工程的质量验收。其中,检验批和分项工程是质量验收的基本单位。

1. 检验批应由专业监理工程师组织施工单位项目专业质量检查员、专业工长等进行验收。检验批质量验收合格应符合下列规定:

(1)主控项目的质量经抽样检验均应合格;

(2)一般项目的质量经抽样检验合格;

(3)具有完整的施工操作依据、质量检查记录。

2. 分项工程和检验批具有相同或相近的性质,只是批量的大小不同而已。分项工程应由专业监理工程师组织施工单位项目专业技术负责人等进行验收。分项工程质量验收合格应符合下列规定:

(1)所含检验批的质量均应验收合格;

(2)所含检验批的质量验收记录应完整。

3. 分部工程应由总监理工程师组织施工单位项目负责人和技术、质量负责人等进行验收。分部工程质量验收合格应符合下列规定:

(1)所含分项工程的质量均应验收合格;

(2)质量控制资料应完整;

(3)有关安全、节能、环境保护和主要使用功能的检验结果应符合相应规定。

（4）观感质量应符合要求。

涉及安全、节能、环境保护和主要使用功能的地基基础、主体结构和设备安装分部工程应进行见证取样试验或抽样检测。

（二）施工过程质量验收不合格的处理：

1. 在检验批验收时，对严重的缺陷应推倒重来，一般的缺陷通过返修或更换器具、设备予以解决后重新进行验收；

2. 个别检验批发现试块强度等不满足要求等难以确定是否验收时，应请有资质的法定检测单位检测鉴定，当鉴定结果能够达到设计要求时，应通过验收；

3. 当检测鉴定达不到设计要求，但经原设计单位核算仍能满足结构安全和使用功能的检验批，可予以验收；

4. 严重质量缺陷或超过检验批范围内的缺陷，经法定检测单位检测鉴定以后，认为不能满足最低限度的安全储备和使用功能，则必须进行加固处理，虽然改变外形尺寸，但能满足安全使用要求，可按技术处理方案和协商文件进行验收。

二、竣工质量验收

1. 竣工质量验收的依据

（1）国家相关法律法规和建设主管部门颁布的管理条例和办法；

（2）工程施工质量验收统一标准；

（3）专业工程施工质量验收规范；

（4）批准的设计文件、施工图纸及说明书；

（5）工程施工承包合同。

2. 竣工质量验收的要求

（1）完成工程设计和合同约定的各项内容。

（2）施工单位在完工后对工程质量进行检查，确认符合有关法律、法规和工程建设强制性标准，符合设计文件及合同要求，提出工程竣工报告，经项目经理和施工单位有关负责人审核签字。

（3）委托监理的工程项目，监理对工程进行了质量评估，具有完整的监理资料，并提出工程质量评估报告，经总监理工程师和监理单位有关负责人审核签字。

（4）勘察、设计单位对勘察、设计文件及施工过程中由设计单位签署的设计变更通知书进行了检查，并提出质量检查报告，经勘察、设计负责人和勘察、设计单位有关负责人审核签字。

（5）有完整的技术档案和施工管理资料。

（6）有工程使用的主要建筑材料、建筑构配件和设备的进场试验报告，以及工程质量检测和功能性试验资料。

（7）建设单位已按合同约定支付工程款。

（8）有施工单位签署的工程质量保修书。

（9）对于住宅工程，进行分户验收并验收合格，建设单位按户出具《住宅工程质量分户验收表》。

(10) 建设主管部门及工程质量监督机构责令整改的问题全部整改完毕。

(11) 法律、法规规定的其他条件。

3. 竣工质量验收的标准

单位工程是工程项目竣工质量验收的基本对象,单位工程质量验收合格应符合下列规定:

(1) 所含分部工程的质量均应验收合格;

(2) 质量控制资料应完整;

(3) 所含分部工程有关的安全节能、环境保护和主要使用功能的检验资料应完整;

(4) 主要使用功能的抽查结果应符合相关专业质量验收规范的规定。

4. 竣工质量验收的程序

(1) 工程完工后,施工单位向建设单位提交工程竣工报告,申请竣工验收。实行监理的工程,须经总监理工程师签署意见。

(2) 建设单位收到后,组织勘察、设计、施工、监理等单位组成竣工验收小组,制定验收方案。对于重大和技术复杂工程,可邀请专家参加验收组。

(3) 建设单位应在工程竣工验收前7个工作日将验收时间、地点、验收组名单书面通知该工程的工程质量监督机构。

(4) 建设单位组织工程竣工验收。

三、竣工验收备案

1. 建设单位应当自建设工程竣工验收合格之日起15日内,将建设工程竣工验收报告和规划、公安消防、环保等部门出具的认可文件或准许使用文件,报建设行政主管部门或者其他相关部门备案。

2. 备案部门在收到备案文件资料后的15日内,对文件资料进行审查,符合要求的工程,在验收备案表上加盖"竣工验收备案专用章"。有违反国家有关建设工程资料管理规定行为的,责令停止使用,重新组织竣工验收。

3. 建设单位有下列行为之一的,责令改正,处以工程合同价款百分之二以上百分之四以下的罚款:未组织竣工验收,擅自交付使用的;验收不合格,擅自交付使用的;对不合格的建设工程按照合格工程验收的。

☞ 典型考题

【例1】对涉及安全、节能、环境保护和主要使用功能的地基基础、主体结构和设备安装分部工程应进行(　　)。

　　A. 全部检验　　　　　　　　B. 免去检验

　　C. 功能性抽样检测　　　　　D. 抽样检测

【例2】在检验批验收时,发现存在一般缺陷时可通过返修或更换器具、设备消除缺陷后(　　)。

　　A. 重新进行验收　　　　　　B. 直接通过验收

C. 经检测后验收　　　　　　　　D. 由监理工程师直接认可

【例3】建筑工程项目竣工验收应由（　　）组织。
A. 监理单位　　　　　　　　　B. 政府质量监督机构
C. 建设单位　　　　　　　　　D. 施工单位

【例4】根据《建设工程质量管理条例》，各类房屋建筑工程和市政基础设施工程应在竣工验收合格之日起（　　）日内，将验收文件报建设行政主管部门备案。
A. 45　　　　B. 30　　　　C. 20　　　　D. 15

【例5】建设工程施工过程质量验收的基本内容包括（　　）质量验收。
A. 检验批　　　B. 单项工程　　　C. 分部工程　　　D. 分项工程
E. 主体工程

【例6】下列施工工程质量验收环节中，应由专业监理工程师组织质量验收的有（　　）。
A. 分部工程　　　B. 分项工程　　　C. 单项工程　　　D. 检验批
E. 单位工程

【例7】根据《建筑工程施工质量验收统一标准》，检验批质量验收合格应满足的条件有（　　）。
A. 主控项目的质量经抽样检验均应合格
B. 一般项目的质量经抽样检验合格
C. 具有完整的施工操作依据
D. 具有总监理工程师的现场验收证明
E. 具有完整的质量检查记录

【例8】建设单位满足了竣工验收的条件，即应组织竣工验收，竣工验收的依据有（　　）。
A. 工程质量体系文件
B. 工程施工组织设计或施工质量文件
C. 工程施工承包文件
D. 批准的施工图纸
E. 质量检测功能性实验资料

☞ 参考答案

1. D；2. A；3. C；4. D；5. ACD；6. BD；7. ABCE；8. CD。

1Z204050 施工质量不合格的处理

☞ 考点精要

一、工程质量事故的分类

1. 按事故造成损失的程度，工程质量事故分为4个等级：
(1) 特别重大事故，是指造成30人以上死亡，或者100人以上重伤，或者1亿元以上直接经济损失的事故；

　　(2) 重大事故,是指造成 10 人以上 30 人以下死亡,或者 50 人以上 100 人以下重伤,或者 5 000 万元以上 1 亿元以下直接经济损失的事故；

　　(3) 较大事故,是指造成 3 人以上 10 人以下死亡,或者 10 人以上 50 人以下重伤,或者 1 000 万元以上 5 000 万元以下直接经济损失的事故；

　　(4) 一般事故,是指造成 3 人以下死亡,或者 10 人以下重伤,或者 100 万元以上 1 000 万元以下直接经济损失的事故。

　　该等级划分所称的"以上"包括本数,所称的"以下"不包括本数。

　　2. 按事故责任分类：

　　(1) 指导责任事故：指由于工程实施指导或领导失误而造成的质量事故。例如,由于工程负责人片面追求施工进度,放松或不按质量标准进行控制和检验,降低施工质量标准等。

　　(2) 操作责任事故：指在施工过程中,由于实施操作者不按规程和标准实施操作,而造成的质量事故。例如,浇筑混凝土时随意加水,或振捣疏漏造成混凝土质量事故等。

　　(3) 自然灾害事故：指由于突发的严重自然灾害等不可抗力造成的质量事故。例如地震、台风、暴雨、雷电、洪水等对工程造成破坏甚至倒塌。

二、施工质量事故的原因

　　(1) 技术原因：引发质量事故是由于在项目勘察、设计、施工中技术上的失误。

　　(2) 管理原因：管理上的不完善或失误,如材料检验不严等。

　　(3) 社会、经济原因：由于社会上存在的不正之风及经济上的原因,如违反基本建设程序,无立项、无报建、无开工许可、无招投标、无资质、无监理、无验收的"七无"工程,边勘察、边设计、边施工的"三边"工程；某些施工企业盲目追求利润而不顾工程质量,在投标报价中随意压低标价,中标后则依靠违法的手段或修改方案追加工程款,甚至偷工减料等。

　　(4) 人为事故和自然灾害原因。

三、施工质量事故预防的具体措施

　　(1) 严格按照基本建设程序办事；(2) 认真做好工程地质勘察；(3) 科学地加固处理好地基；(4) 进行必要的设计审查复核；(5) 严格把好建筑材料及制品的质量关；(6) 对施工人员进行必要的技术培训；(7) 依法进行施工组织管理；(8) 做好应对不利施工条件和各种灾害的预案；(9) 加强施工安全与环境管理。

四、施工质量事故处理的依据

　　1. 质量事故的实况资料；2. 有关合同及合同文件；3. 有关的技术文件和档案；4. 相关的建设法规。

五、施工质量事故报告和调查处理程序

　　1. 施工质量事故的处理程序包括：事故报告,事故调查,事故的原因分析,制定事故处理的技术方案,事故处理,事故处理的鉴定验收和提交事故处理报告。

2. 工程质量事故发生后,事故现场有关人员应当立即向工程建设单位负责人报告;工程建设单位负责人接到报告后,应于1小时内向事故发生地县级以上人民政府住房和城乡建设主管部门及有关部门报告;同时应按照应急预案采取相应措施。情况紧急时,事故现场有关人员可直接向事故发生地县级以上人民政府住房和城乡建设主管部门报告。

3. 事故报告应包括下列内容：
(1) 事故发生的时间、地点、工程项目名称、工程各参建单位名称；
(2) 事故发生的简要经过、伤亡人数和初步估计的直接经济损失；
(3) 事故的初步原因；
(4) 事故发生后采取的措施及事故控制情况；
(5) 事故报告单位、联系人及联系方式；
(6) 其他应当报告的情况。

4. 事故调查要按规定区分事故的大小分别由相应级别的人民政府直接或授权委托有关部门组织事故调查组进行调查。未造成人员伤亡的一般事故,县级人民政府也可以委托事故发生单位组织事故调查组进行调查。

5. 事故的原因分析:依据国家有关法律法规和工程建设标准分析事故的直接原因和间接原因,必要时组织对事故项目进行检测鉴定和专家技术论证,去伪存真,找出造成事故的主要原因。

6. 事故处理:依据有关人民政府对事故调查报告的批复和有关法律法规的规定,对事故相关责任者实施行政处罚,负有事故责任的人员涉嫌犯罪的,依法追究刑事责任。

7. 事故处理报告内容包括:事故调查的原始资料、测试的数据;事故原因分析和论证结果;事故处理的依据;事故处理的技术方案及措施;实施技术处理过程中有关的数据、记录、资料;检查验收记录;对事故相关责任者的处罚情况和事故处理的结论等。

六、施工质量事故处理的基本方法(将例子和方法对应起来看)

1. 基本方法:返修处理、加固处理、返工处理,限制使用,不作处理和报废处理。

2. 返修处理:
当项目的某些部分的质量虽未达到规范、标准或设计规定的要求,存在一定的缺陷,但经过采取整修等措施后可以达到要求的质量标准,又不影响使用功能或外观的要求时,可采取返修处理的方法。例如,某些混凝土结构表面出现蜂窝、麻面,或者混凝土结构局部出现损伤,如结构受撞击、局部未振实、冻害、火灾、酸类腐蚀、碱骨料反应等,当这些缺陷或损伤仅仅在结构的表面或局部,不影响其使用和外观,可进行返修处理。混凝土结构裂缝不影响结构安全和使用功能时,也可返修处理,裂缝较深时,应采取灌浆修补的方法。

3. 加固处理:
主要是针对危及承载力的质量缺陷的处理。通过对缺陷的加固处理,使建筑结构恢复或提高承载力,重新满足结构安全性与可靠性的要求,使结构能继续使用或改作其他用途。

4. 返工处理:
当工程质量缺陷经过修补处理后仍不能满足规定的质量标准要求,或不具备补救可能性,则必须采取重新制作、重新施工的返工处理措施。例如,某防洪堤坝填筑压实后,其压实土的干密度未达到规定值,经核算将影响土体的稳定且不满足抗渗能力的要求,须挖除不合格土,重新填筑,进行返工处理。

5. 不作处理:

某些工程质量问题虽然达不到规定的要求或标准,但其情况不严重,对工程或结构的使用及安全影响很小,经过分析、论证、法定检测单位鉴定和设计单位等认可后可不作专门处理。如出现放线定位的偏差,且严重超过规范标准规定,但不影响生产工艺和正常使用;某检验批混凝土试块强度不满足规范要求,但经法定检测单位实际检测后,实际强度达到规范允许和设计要求,可不作处理。混凝土现浇楼面的平整度偏差达到10 mm,但由于后续垫层和面层的施工可以弥补,所以也可不作处理。

☞ 典型考题

【例1】造成经济损失( )万元以上或10人以上30以下死亡的质量事故属于重大事故。
A. 5 000　　　　　　　　　　B. 1 000
C. 100　　　　　　　　　　　D. 100 000

【例2】某钢结构工程施工过程中发生了以下事件:由于基础工程发生严重拖期,为了赶工,施工负责人未按质量标准进行控制和检验,导致混凝土模板严重变形,为弥补缺陷,花费5万元。从事故责任来看,属于( )责任事故。
A. 指导　　　　　　　　　　B. 操作
C. 组织　　　　　　　　　　D. 技术

【例3】某钢筋混凝土试块强度不满足设计要求,但经法定检测单位对混凝土实体强度进行检测后,其实际强度达到规范允许和设计要求值,正确的处理方式是( )。
A. 加固处理　　　　　　　　B. 返修处理
C. 返工处理　　　　　　　　D. 不作处理

【例4】施工质量事故处理程序的第一步是( )。
A. 事故的原因分析　　　　　B. 事故处理
C. 事故报告　　　　　　　　D. 事故调查

【例5】某工程施工中,由于施工方在低价中标后偷工减料,导致出现重大工程质量事故,该质量事故发生的原因属于( )。
A. 管理原因　　　　　　　　B. 社会、经济原因
C. 技术原因　　　　　　　　D. 人为事故原因

【例6】某防洪堤坝填筑压实工程造价约800万元人民币,检测中发现压实土的干密度未达到规定值,经测算得知将影响土体的稳定性且不满足抗渗能力的要求,对此问题的正确处理,应当是( )。
A. 挖除不合格土,重新填筑
B. 施工项目技术负责人按法定时间和程序,及时向施工企业报告事故的状况
C. 对责任人做出按比例的经济处罚
D. 对第一责任人追究刑事责任

E. 对责任单位做出相应的行政处罚

参考答案

1. A；2. A；3. D；4. C；5. B；

6. AE 【选项 A 为书中的案例，工程造价 800 万元人民币，直接经济损失为 800 万元人民币，属于一般事故，事故发生后，事故现场有关人员应当立即向工程建设单位负责人报告，因此 B 不对。事故处理时，依据有关人民政府对事故调查报告的批复和有关法律法规的规定，对事故相关责任者实施行政处罚，负有事故责任的人员涉嫌犯罪的，依法追究刑事责任，因此选择 E】。

1Z204060 数理统计方法在施工质量管理中的应用

考点精要

一、分层法

1. 影响因素多，必须分门别类进行，以便准确有效地找出问题及其原因所在，这就是分层法的基本思想。

2. 通常可按照管理需要和统计目的，取得原始数据：
(1) 按施工时间分；(2) 按地区部位分；(3) 按产品材料分；(4) 按检测方法分；(5) 按作业组织分；(6) 按工程类型分；(7) 按合同结构分。

二、因果分析图法（定性分析）

1. 也称为质量特性要因分析法，其基本原理是对每一个质量特性或问题，逐层深入排查可能原因，然后确定其中最主要原因。

2. 因果分析图法应用时的注意事项：
(1) 一个质量特性或一个质量问题使用一张图分析。
(2) 通常采用 QC 小组活动的方式进行，集思广益，共同分析。
(3) 各参与人员采用投票或其他方式，选择1 至 5 项多数人达成共识的最主要原因。

三、排列图法

1. 通过抽样检查或检查或试验所得到的质量问题、偏差、缺陷、不合格等方面的统计数据，以及造成质量问题的原因分析统计数据均可采用。具有直观、主次分明的特点，能够找出主要原因，分清主次因素。

2. 按照质量特性不合格点数（频数）由大到小的顺序，计算累计频数和累计频率。累计频率0～80%定为 A 类问题，即主要问题，进行重点管理；将累计频率在 80%～90%区间的问题定为 B 类问题，即次要问题，作为次重点管理；将其余累计频率在 90%～100%区间的问题定为 C 类问题，即一般问题，按照常规适当加强管理。以上方法称为ABC 分类管理法。

四、直方图法

1. 直方图法的主要用途

(1) 整理统计数据,了解统计数据的分布特征,即数据分布的集中或离散状况,从中掌握质量能力状态。

(2) 观察分析生产过程质量是否处于正常、稳定和受控状态以及质量水平是否保持在公差允许的范围内。

2. 直方图的观察与分析

1) 正常直方图呈正态分布,其形状特征是中间高、两边低、成对称。直方图的分布形状及分布区间的宽窄是由质量特性统计数据的平均值和标准偏差决定的。

2) 通过分布位置观察分析:

(1) 生产过程的质量正常、稳定和受控,还必须在公差标准上、下界限范围内达到质量合格的要求。只有这样的正常、稳定和受控才是经济合理的受控状态,如图 4-1(a)所示。

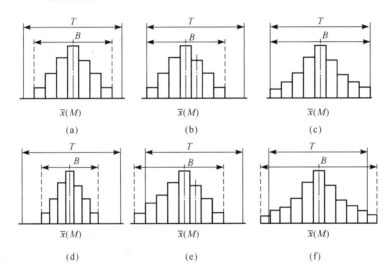

图 4-1 直方图与质量标准上下线

(2) 图 4-1(b)质量特性数据分布偏下限,易出现不合格,在管理上必须提高总体能力。

(3) 图 4-1(c)质量特性数据的分布宽度边界达到质量标准的上下界限,其质量能力处于临界状态,易出现不合格,必须分析原因,采取措施。

(4) 图 4-1(d)质量特性数据的分布居中且边界与质量标准的上下界限有较大的距离,说明其质量能力偏大,不经济。

(5) 图 4-1(e)、(f)的数据分布均已出现超出质量标准的上下界限,这些数据说明生产过程存在质量不合格,需要分析原因,采取措施进行纠偏。

【关注考点:四种数理统计方法的特点和应用,要学会判断。】

典型考题

【例 1】工程质量统计分析方法中,因果分析图的主要作用是( )。

A. 对一个质量特性或问题进行深入的原因分析

B. 判断工程质量是否处于受控状态

C. 对工程项目的总体质量进行评价

D. 反映质量的变动情况

【例2】某建设工程项目在施工过程中出现混凝土强度不足的质量问题,采用逐层深入排查的方法,分析确定其最主要原因。这种方法是(　　)。

A. 直方图法　　　　　　　　B. 排列图法

C. 控制图法　　　　　　　　D. 因果分析图法

【例3】利用直方图分布位置判断生产过程的质量状况和能力,如果质量特性数据的分布宽度边界达到质量标准的上下界限,说明生产过程的质量能力(　　)。

A. 偏小、需要整改　　　　　B. 处于临界状态,易出现不合格

C. 适中、符合要求　　　　　D. 偏大、不经济

【例4】某钢构件厂根据供货合同先后生产了4批钢构件,各批次的质量统计直方图如下所示。其中出现不合格构件,必须采取措施纠偏的是(　　)。

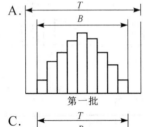
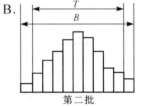
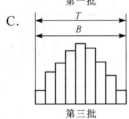
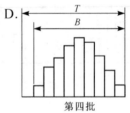

【例5】下列关于因果分析图法的说法中,正确的有(　　)。

A. 因果分析图法又称为质量特性要因分析法

B. 可以定量地分析质量问题的因果关系

C. 基本原理是对每一个质量特性或问题逐层深入排查可能原因

D. 一个质量特性不能使用一张图进行分析

E. 通常采用QC小组的方式进行

【例6】下列关于排列图法的说法中,正确的有(　　)。

A. 排列图的主要作用是找出影响质量的各种因素

B. 排列图的主要作用是分清影响质量的主次因素

C. 排列图具有直观性

D. 排列图法中通常用ABC分类管理法对质量问题因素进行分类

E. 排列图法在计算累计频率前,需要先将各质量问题的出现频数从大到小排列

【例7】在质量管理的工具和方法中,直方图一般是用来(　　)。

A. 分析生产过程质量是否处于稳定状态

B. 找出影响质量问题的主要因素

C. 分析生产过程质量是否处于正常状态

D. 逐层分析质量问题产生的原因

E. 分析质量水平是否保持在公差允许的范围内

【例8】在运用分层法对工程项目质量进行统计分析时,通常可以按照(　　)等分层方法获取质量原始数据。

A. 作业组织　　　B. 施工时间　　　C. 产品材料　　　D. 投资主体

E. 地区部位

☞ 参考答案

1. A；2. D；3. B；4. B；5. ACE；6. BCDE；7. ACE；8. ABCE。

1Z204070 建设工程项目质量的政府监督

☞ 考点精要

一、我国《建设工程质量管理条例》明确规定,国家实行建设工程质量监督管理制度,由政府行政主管部门设立专门机构对建设工程质量进行监督管理。

二、根据《中华人民共和国建筑法》、《建设工程质量管理条例》等有关法律、行政法规,住房和城乡建设部制定了《房屋建筑和市政基础设施工程质量监督管理规定》(住建部令第5号),在中华人民共和国境内主管部门实施对新建、扩建、改建房屋建筑和市政基础设施工程质量监督管理的,适用该规定;而抢险救灾工程、临时性房屋建筑工程和农民自建低层住宅工程,不适用该规定。

三、监督管理部门职责的划分

1. 国务院建设行政主管部门对全国的建设工程质量实施统一监督管理。国家交通、水利等有关部门按照国务院规定的职责分工,负责对全国有关专业建设工程质量的监督管理。

2. 县级以上地方人民政府建设行政主管部门对本行政区域内的建设工程质量实施监督管理。县级以上地方人民政府交通、水利等有关部门在各自的职责范围内,负责对本行政区域内的专业建设工程质量进行监督管理。

3. 国务院发展计划部门按照国务院规定的职责,组织稽查特派员,对国家出资的重大建设项目实施监督检查。

4. 国务院经济贸易主管部门按照国务院规定的职责,对国家重大技术改造项目实施监督检查。

四、政府监督的性质：政府质量监督的性质属于行政执法行为，是主管部门依据有关法律法规和工程建设强制性标准，对工程实体质量和工程建设、勘察、设计、施工、监理单位（以下简称工程质量责任主体）和质量检测等单位的工程质量行为实施监督

五、有关单位和个人对政府建设行政主管部门和其他有关部门进行的监督检查应当支持与配合，不得拒绝或者阻碍建设工程质量监督检查人员依法执行职务

六、政府监督机构
1. 监督机构应当具备下列条件：
（1）具有符合规定条件的监督人员。人员数量由县级以上地方人民政府建设主管部门根据实际需要确定。监督人员应当占监督机构总人数的75％以上；
（2）有固定的工作场所和满足工程质量监督检查工作需要的仪器、设备和工具等；
（3）有健全的质量监督工作制度，具备与质量监督工作相适应的信息化管理条件。
2. 监督人员应当具备下列条件：
（1）具有工程类专业大学专科以上学历或者工程类执业注册资格；
（2）具有三年以上工程质量管理或者设计、施工、监理等工作经历；
（3）熟悉掌握相关法律法规和工程建设强制性标准；
（4）具有一定的组织协调能力和良好职业道德。
监督机构可以聘请中级职称以上的工程类专业技术人员协助实施工程质量监督。

七、质量监督程序
1. 受理建设单位办理质量监督手续（第一步）
2. 制订工作计划并组织实施
3. 对工程实体质量和工程质量行为进行抽查、抽测
4. 监督工程竣工验收
5. 形成工程质量监督报告
6. 建立工程质量监督档案

☞ 典型考题

【例】政府监督机构对建设工程质量监督包括监督工程实体质量和（　　）。
　　A. 监督工程建设各方主体的质量行为
　　B. 监督检查工程质量验收
　　C. 监督检查工程建设参与各方主体的质保体系
　　D. 监督检查施工单位的施工质量

☞ 参考答案

　　A。

1Z205000 建设工程职业健康安全与环境管理

☞ **考点分布及解析**

此章最近两年的考试分值在15～16分。各节分数比较均衡,"**1Z205010 职业健康安全管理体系与环境管理体系**"(2～6分)、"**1Z205020 建设工程安全生产管理**"(4分)、"**1Z205030 建设工程生产安全事故应急预案和事故处理**"(3～6分)"**1Z205040 建设工程施工现场职业健康安全与环境管理的要求**"(3分)。这次修订后,"**1Z205020 建设工程安全生产管理**"和"**1Z205040 建设工程施工现场职业健康安全与环境管理的要求**"新增内容较多,另外两节有修改。

1Z205010 职业健康安全管理体系与环境管理体系

☞ **考点精要**

一、职业健康安全管理体系与环境管理体系标准

1. 职业健康安全是指影响或可能影响工作场所内的员工或其他工作人员(包括临时工和承包方员工)、访问者或任何其他人员的健康安全的条件和因素。
2. 环境是指组织运行活动的外部存在。
3. 职业健康安全和环境管理体系的相同点:
(1) 管理目标基本一致;(2) 管理原理基本相同;(3) 不规定具体绩效标准。
4. 职业健康安全和环境管理体系的不同点:
(1) 需要满足的对象不同;(2) 管理的侧重点有所不同。

二、职业健康安全管理体系的结构和模式

1. 职业健康安全管理体系的结构由"范围"、"规范性引用文件"、"术语和定义"和"职业健康安全管理体系要求"四部分组成,《职业健康安全管理体系要求》(GB/T 28001—2011)有关职业健康安全管理体系的结构如图5-1所示。
2. 职业健康安全管理体系包括10个核心要素:职业健康安全方针;对危险源辨识、风险评价和控制措施的确定;法律法规和其他要求;目标和方案;资源、作用、职责、责任和权限;合规性评价;运行控制;绩效测量和监视;内部审核;管理评审。
【可以用排除法来选择辅助性要素。】

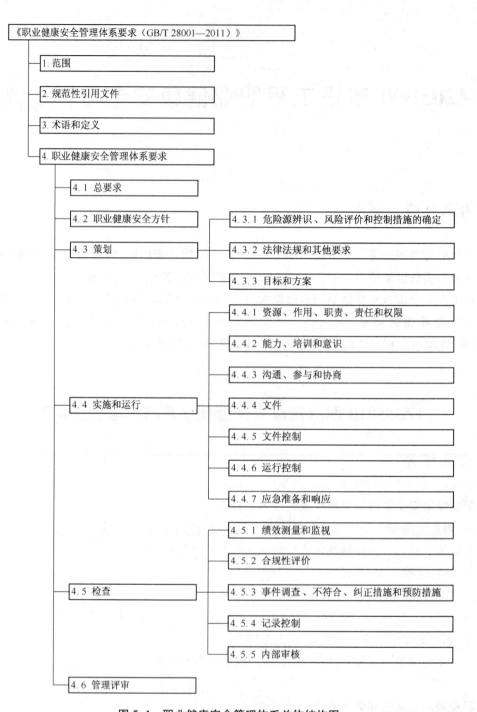

图 5-1 职业健康安全管理体系总体结构图

三、环境管理体系的结构和模式

1. 《环境管理体系要求及使用指南》的结构图如图 5-2 所示。该标准由"<u>范围</u>"、"<u>引用标准</u>"、"<u>定义</u>"和"<u>环境管理体系要求</u>"四部分组成。

2. <u>环境管理体系的运行模式</u>:由"策划、实施、检查、评审和改进"构成的动态循环过程。

3. 包括<u>10 个核心要素</u>:环境方针;环境因素;法律法规与其他要求;目标、指标和方案;资源、作用、职责与权限;运行控制;监测与测量;评估法规的符合性;内部审核;管理评审。其余 7

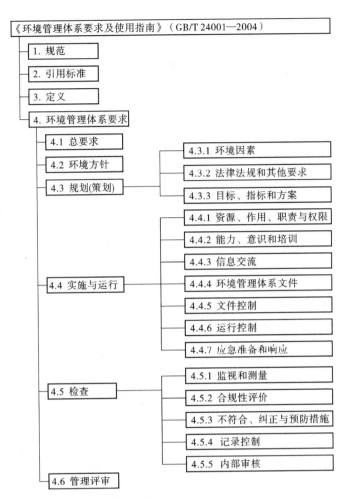

图 5-2 《环境管理体系要求及使用指南》结构图

个要素为辅助性要素。

四、建设工程职业健康安全与环境管理的目的

1. 建设工程职业健康安全管理的目的是防止和尽可能减少生产安全事故、保护产品生产者的健康与安全、保障人民群众的生命和财产免受损失;控制影响或可能影响工作场所内的员工或其他工作人员(包括临时工和承包方员工)、访问者或任何其他人员的健康安全的条件和因素;避免因管理不当对在组织控制下工作的人员健康和安全造成危害。

2. 建设工程环境管理的目的是保护生态环境,使社会的经济发展与人类的生存环境相协调。

五、职业健康安全与环境管理的特点和要求

1. 建设工程职业健康安全与环境管理的特点

(1) 复杂性;(2) 多变性;(3) 协调性;(4) 持续性;(5) 经济性;(6) 多样性。

2. 建设工程职业健康安全与环境管理的要求

(1) 建设工程项目决策阶段

建设单位应按照有关建设工程法律法规的规定和强制性标准的要求,办理各种有关安全与环境保护方面的审批手续。对需要进行环境影响评价或安全预评价的建设工程项目,应组织或委托有相应资质的单位进行建设工程项目环境影响评价和安全预评价。

(2) 工程设计阶段

对于采用新结构、新材料、新工艺的建设工程和特殊结构的建设工程,设计单位应在设计中提出保障施工作业人员安全和预防生产安全事故的措施建议。

(3) 工程施工阶段

建设单位在申请领取施工许可证时,应当提供建设工程有关安全施工措施的资料。对于依法批准开工报告的建设工程,建设单位应当自开工报告批准之日起15日内,将保证安全施工的措施报送至建设工程所在地的县级以上人民政府建设行政主管部门或者其他有关部门备案。

对于应当拆除的工程,建设单位应当在拆除工程施工15日前,将拆除施工单位资质等级证明,拟拆除建筑物、构筑物及可能涉及毗邻建筑的说明,拆除施工组织方案,堆放、清除废弃物的措施的资料报送建设工程所在地的县级以上的地方人民政府主管部门或者其他有关部门备案。

企业的代表人是安全生产的第一负责人,项目经理是施工项目生产的主要负责人。

建设工程实行总承包的,由总承包单位对施工现场的安全生产负总责并自行完成工程主体结构的施工。分包单位不服从管理导致生产安全事故的,由分包单位承担主要责任,总承包和分包单位对分包工程的安全生产承担连带责任。

(4) 项目验收试运行阶段

项目竣工后,建设单位应向审批建设工程项目环境影响报告书、环境影响报告或者环境影响登记表的环境保护行政主管部门申请,对环保设施进行竣工验收。环保行政主管部门应在收到申请环保设施竣工验收之日起30日内完成验收。验收合格后,才能投入生产和使用。

对于需要试生产的建设工程项目,建设单位应当在项目投入试生产之日起3个月内向环保行政主管部门申请对其项目配套的环保设施进行竣工验收。

六、职业健康安全管理体系与环境管理体系的建立与运行

(一) 职业健康安全管理体系与环境管理体系文件包括管理手册、程序文件、作业文件三个层次。其中,管理手册是纲领性文件,作业文件包括作业指导书(操作规程)、管理规定、监测活动准则及程序文件引用的表格。

(二) 职业健康安全管理体系与环境管理体系的运行

1. 管理体系的运行

(1) 培训意识和能力;(2) 信息交流;(3) 文件管理;(4) 执行控制程序文件的规定;(5) 监测;(6) 不符合、纠正和预防措施;(7) 记录。

2. 管理体系的维持

(1) 内部审核:组织对其自身的管理体系进行的审核。

(2) 管理评审是由组织的最高管理者对管理体系的系统评价。

(3) 合规性评价分公司级和项目组级评价两个层次进行。项目组级评价,由项目经理组

织有关人员对施工中应遵守的法律法规和其他要求的执行情况进行一次合规性评价。当某个阶段施工时间超过半年时,合规性评价不少于一次。公司级评价每年进行一次。

☞ 典型考题

【例1】 下列职业健康安全管理体系要素中,不属于核心要素的是( )。
　　A. 职业健康安全方针
　　B. 对危险源辨识、风险评价和控制措施的确定
　　C. 资源、作用、职责、责任和权限
　　D. 文件控制

【例2】 建设工程项目的职业健康安全管理的目的是( )。
　　A. 保护建设工程产品生产者的健康与安全
　　B. 控制影响工作场所内的员工或其他工作人员的健康安全的条件和因素
　　C. 避免和因使用不当对使用者造成健康和安全的危害
　　D. 保护建设工程产品生产者和使用者的健康与安全

【例3】 环境管理体系的模式建立在一个由( )诸环节构成的动态循环过程的基础上。
　　A. "策划、实施、检查、评审和改进"　　B. "发起、实施、检查、评审和改进"
　　C. "策划、发起、检查、评审和改进"　　D. "策划、实施、评审、检查和改进"

【例4】 在建设工程项目决策阶段,建设单位职业健康安全与环境管理的任务是( )。
　　A. 对环境保护和安全设施的设计提出建议
　　B. 办理有关安全和环境保护的各种审批手续
　　C. 对生产安全事故的防范提出指导意见
　　D. 将保证安全施工的措施报有关管理部门备案

【例5】 在职业健康安全管理体系与环境管理体系的运行过程中,组织对其自身的管理体系所进行的检查和评价,称为( )。
　　A. 持续改进　　B. 管理评审　　C. 系统评审　　D. 内部审核

【例6】 职业健康安全管理体系文件不包括( )。
　　A. 管理手册　　B. 作业文件　　C. 程序文件　　D. 管理文件

【例7】 职业健康安全管理体系与环境管理体系的作业文件包括( )。
　　A. 操作规程　　　　　　　　　　B. 程序文件引用的表格
　　C. 管理手册　　　　　　　　　　D. 绩效报告
　　E. 监测活动准则

【例8】 对于合规性评价,正确的说法是( )。
　　A. 分公司级和项目组级评价两个层次
　　B. 分公司级和项目级评价两个层次
　　C. 公司级评价每年举行一次
　　D. 当某个阶段施工时间超过一年,合规性评价不少于一次
　　E. 当某个阶段施工时间超过半年,合规性评价不少于一次

参考答案

1. D; 2. B; 3. A; 4. B; 5. D; 6. D; 7. ABE; 8. ACE。

1Z205020 建设工程安全生产管理

考点精要

一、安全生产管理制度

现阶段正在执行的主要安全生产管理制度包括安全生产责任制度；安全生产许可证制度；政府安全生产监督检查制度；安全生产教育培训制度；安全措施计划制度；特种作业人员持证上岗制度；专项施工方案专家论证制度；危及施工安全工艺、设备、材料淘汰制度；施工起重机械使用登记制度；安全检查制度；生产安全事故报告和调查处理制度；"三同时"制度；安全预评价制度；意外伤害保险制度等。

（一）安全生产责任制度

1. 安全生产责任制是最基本的安全管理制度，是所有安全生产管理制度的核心。

2. 安全生产责任分解到相关单位的主要负责人、项目负责人、班组长以及每个岗位的作业人员身上。

3. 工程项目部专职安全人员的配备应按住建部的规定，一万平方米以下工程1人；一万~五万平方米的工程不少于2人；五万平方米以上的工程不少于3人。

（二）安全生产许可证制度

省、自治区、直辖市人民政府建设主管部门负责建筑施工企业安全生产许可证的颁发和管理。企业取得安全生产许可证的条件见书（13条）。

企业进行生产前，应当依照该条例的规定向安全生产许可证颁发管理机关申请领取安全生产许可证。安全生产许可证颁发管理机关应当自收到申请之日起4~5日内审查完毕；安全生产许可证的有效期为3年。

（三）政府安全生产监督检查制度

1. 国务院负责安全生产监督管理的部门依照《中华人民共和国安全生产法》的规定，对全国建设工程安全生产工作实施综合监督管理。

2. 县级以上地方人民政府负责安全生产监督管理的部门依照《中华人民共和国安全生产法》的规定，对本行政区域内建设工程安全生产工作实施综合监督管理。

3. 国务院建设行政主管部门对全国的建设工程安全生产实施监督管理。国务院铁路、交通、水利等有关部门按照国务院规定的职责分工，负责有关专业建设工程安全生产的监督管理。

（四）安全生产教育培训制度

企业安全生产教育培训一般包括对管理人员、特种作业人员和企业员工的安全教育。

1. 特种作业人员的安全教育

（1）特种作业是指容易发生事故，对操作者本人、他人的安全健康及设备、设施的安全可能造成重大危害的作业。

(2) 特种作业人员安全教育要求特种作业人员必须经专门的安全技术培训并考核合格，取得《中华人民共和国特种作业操作证》后，方可上岗作业。

2. 企业员工的安全教育

(1) 新员工上岗前的三级安全教育：三级安全教育通常是指进厂、进车间、进班组三级，对建设工程来说，具体指企业(公司)、项目(或工区、工程处、施工队)、班组三级。

(2) 经常性安全教育：安全活动日、安全生产会议、事故现场会等。

（五）安全措施计划制度

1. 安全技术措施； 2. 职业卫生措施； 3. 辅助用房间及设施； 4. 安全宣传教育措施。

（六）特种作业人员持证上岗制度

《建设工程安全生产管理条例》第二十五条规定：垂直运输机械作业人员、起重机械安装拆卸工、爆破作业人员、起重信号工、登高架设作业人员等特种作业人员，必须按照国家有关规定经过专门的安全作业培训，并取得特种作业操作资格证书后，方可上岗作业。离开特种作业岗位6个月以上，应重新进行实际操作考试。

特种作业操作证有效期为6年，在全国范围内有效。特种作业操作证每3年复审1次。

（七）专项施工方案专家论证制度

依据《建设工程安全生产管理条例》第二十六条的规定：施工单位应当在施工组织设计中编制安全技术措施和施工现场临时用电方案，对下列达到一定规模的危险性较大的分部分项工程编制专项施工方案，并附具安全验算结果，经施工单位技术负责人、总监理工程师签字后实施，由专职安全生产管理人员进行现场监督，包括基坑支护与降水工程；土方开挖工程；模板工程；起重吊装工程；脚手架工程；拆除、爆破工程；国务院建设行政主管部门或者其他有关部门规定的其他危险性较大的工程。

对上述所列工程中涉及深基坑、地下暗挖工程、高大模板工程的专项施工方案，施工单位还应当组织专家进行论证、审查。

（八）危及施工安全工艺、设备、材料淘汰制度

对严重危及施工安全的工艺、设备和材料实行淘汰制度。

（九）施工起重机械使用登记制度

《建设工程安全生产管理条例》第三十五条规定："施工单位应当自施工起重机械和整体提升脚手架、模板等自升式架设设施验收合格之日起二十日内，向建设行政主管部门或者有关部门登记。登记标志应当置于或者附着于该设备的显著位置。"

（十）安全检查制度

安全检查制度是清除隐患、防止事故、改善劳动条件的重要手段。

（十一）"三同时"制度

"三同时"制度是指凡是我国境内新建、改建、扩建的基本建设项目(工程)、技术改建项目(工程)和引进的建设项目，其安全生产设施必须符合国家规定的标准，必须与主体工程同时设计、同时施工、同时投入生产和使用。安全设施投资应当纳入建设项目概算。

（十二）安全预评价制度

开展安全预评价工作，是贯彻落实"安全第一、预防为主"方针的重要手段。

(十三) 意外伤害保险制度

2010年修订后重新公布的《工伤保险条例》规定,工伤保险是属于法定的强制性保险。工伤保险费的征缴按照《社会保险费征缴暂行条例》关于基本养老保险费、基本医疗保险费、失业保险费的征缴规定执行。

2011年的新《建筑法》规定:"建筑施工企业应当依法为职工参加工伤保险缴纳工伤保险费。鼓励企业为从事危险作业的职工办理意外伤害保险,支付保险费。"明确了建筑施工企业作为用人单位,为职工参加工伤保险并交纳工伤保险费是其应尽的法定义务,但为从事危险作业的职工投保意外伤害险并非强制性规定,是否投保意外伤害险由建筑施工企业自主决定。

二、安全生产预警体系

1. 一个完整的预警体系应由外部环境预警系统、内部管理不良的预警系统、预警信息管理系统和事故预警系统四部分构成。

2. 外部环境预警系统包括自然环境突变的预警、政策法规变化的预警和技术变化的预警。

3. 内部管理不良的预警系统包括质量管理预警、设备管理预警和人的行为活动管理预警。

4. 预警信息管理系统以管理信息系统(MIS)为基础,专用于预警管理的信息管理,主要是监测外部环境与内部管理的信息。

5. 事故预警系统是综合运用事故致因理论(如系统安全理论)、安全生产管理原理(如预防原理),以事故预防和控制为目的,通过对生产活动和安全管理过程中各种事故征兆的监测、识别、诊断与评价,以及对事故严重程度和发生可能性的判别给出安全风险预警级别,并根据预警分析的结果对事故征兆的不良趋势进行矫正、预防与控制。

三、安全生产预警体系的建立

1. 预警体系功能的实现主要依赖于预警分析和预控对策两大子系统作用的发挥。

2. 预警分析主要由预警监测、预警信息管理、预警评价指标体系构建和预警评价等工作内容组成。预警评价(确定预警级别和预警信号)中,预警信号一般采用国际通用的颜色表示不同的安全状况,如:Ⅰ级预警,表示安全状况特别严重,用红色表示;Ⅱ级预警,表示受到事故的严重威胁,用橙色表示;Ⅲ级预警,表示处于事故的上升阶段,用黄色表示;Ⅳ级预警,表示生产活动处于正常状态,用蓝色表示。

3. 预控对策一般包括组织准备、日常监控和事故危机管理三个活动阶段。

4. 预警分析和预控对策的关系:

(1) 活动内容是不同的,前者主要是对系统隐患的辨识,后者是对事故征兆的不良趋势进行纠错、治错的管理活动。

(2) 预警分析是预警体系完成其职能的前提和基础,预控对策是预警体系职能活动的目标。

(3) 对象是有差异的,前者的对象是在正常生产活动中的安全管理过程,后者的对象则是已被确认的事故现象。但如果工程已处于事故状态,那么两者的活动对象是一致的,都是事故状态中的生产现象。

（4）不论生产活动是处于正常状态还是事故状态,预警分析的活动对象总是包容预控对策的活动对象,或者说,预控活动的对象总是预警分析活动对象中的主要矛盾。

四、预警体系的运行

1. 预警分析完成监测、识别、诊断与评价功能,而预控对策完成对事故征兆的不良趋势进行纠错和治错的功能。

2. 监测、识别、诊断、评价这四个环节预警活动,是前后顺序的因果联系。监测活动的检测信息系统,是整个预警管理系统所共享的,识别、诊断、评价这三个环节的活动结果将以信息方式存入到预警信息管理系统中。这四个环节活动所使用的评价指标,也具有共享性和统一性。

五、施工安全控制

1. 安全控制的目标是减少和消除生产过程中的事故,保证人员健康安全和财产免受损失。具体应包括：

（1）减少或消除人的不安全行为的目标；

（2）减少或消除设备、材料的不安全状态的目标；

（3）改善生产环境和保护自然环境的目标。

2. 施工安全的控制程序（排序）：

（1）确定每项具体建设工程项目的安全目标；

（2）编制建设工程项目安全技术措施计划：是进行工程项目安全控制的指导性文件；

（3）安全技术措施计划的落实和实施；

（4）安全技术措施计划的验证；

（5）持续改进根据安全技术措施计划的验证结果,对不适宜的安全技术措施计划进行修改、补充和完善。

六、施工安全技术措施

1. 施工安全技术措施必须在工程开工前制定。

2. 施工安全技术措施要有全面性。对于大中型工程、结构复杂的重点工程,除必须在施工组织设计中编制施工安全技术措施外,还应编制专项工程施工安全技术措施,详细说明有关安全方面的防护要求和措施,确保单位工程或分部分项工程的施工安全。

3. 施工安全技术措施要有针对性。

4. 施工安全技术措施应力求全面、具体、可靠：通常的操作工艺、施工方法以及日常安全工作制度、安全纪律等制度性规定,安全技术措施中不需要再作抄录,但必须严格执行。

5. 施工安全技术措施中必须包括应急预案。

6. 施工安全技术措施要有可行性和可操作性：能够在每个施工工序之中得到贯彻实施,既要考虑保证安全要求,又要考虑现场环境条件和施工技术条件。

7. 施工安全技术措施中必须包含施工总平面图。

七、安全技术交底
　　1. 项目经理部必须实行逐级安全技术交底制度，纵向延伸到班组全体作业人员；
　　2. 对于涉及"四新"项目或技术含量高、技术难度大的单项技术设计，必须经过两阶段技术交底，即初步设计技术交底和实施性施工图技术设计交底；
　　3. 定期向由两个以上作业队和多工种进行交叉施工的作业队伍进行书面交底。

八、安全生产检查
　　1. 施工项目的安全检查应由项目经理组织，定期进行。
　　2. 安全检查的主要类型：
　　（1）全面安全检查；（2）经常性安全检查；（3）专业或专职安全管理人员的专业安全检查；（4）季节性安全检查；（5）节假日检查；（6）要害部门重点安全检查（理解）。
　　3. 安全检查的主要内容：
　　（1）查思想；（2）查制度；（3）查管理；（4）查隐患；（5）查整改；（6）查事故处理。

九、安全隐患的处理
　　（一）建设工程安全的隐患
　　建设工程安全隐患包括三个部分的不安全因素：人的不安全因素（心理、生理、能力等）、物的不安全状态（包括机械设备和环境，如个人防护用品、防护保险等）和组织管理上的不安全因素。
　　（二）建设工程安全隐患的治理原则（例子及搭配）
　　（1）冗余安全度治理原则
　　例如：道路上有一个坑，既要设防护栏及警示牌，又要设照明及夜间警示红灯。
　　（2）单项隐患综合治理原则
　　例如某工地发生触电事故，一方面要进行人的安全用电操作教育，同时现场也要设置漏电开关，对配电箱、用电线路进行防护改造，也要严禁非专业电工乱接乱拉电线。
　　（3）事故直接隐患与间接隐患并治原则
　　对人、机、环境系统进行安全治理，同时还需治理安全管理措施。
　　（4）预防与减灾并重治理原则
　　如应及时切断供料及切断能源的操作方法；应及时降压、降温、降速以及停止运行的方法；应及时排放毒物的方法；应及时疏散及抢救的方法；应及时请求救援的方法等。
　　（5）重点治理原则
　　按对隐患的分析评价结果实行危险点分级治理，也可以用安全检查表打分，对隐患危险程度分级。
　　（6）动态治理原则
　　生产过程中发现问题及时治理，既可以及时消除隐患，又可以避免小的隐患发展成大的隐患。
　　【各项原则的名称，及例子与原则的搭配。】

典型考题

【例1】工人甲来到某建设单位,从事脚手架搭设工作,其从事的工作是对周围人员和设施的安全有重大危害因素的工作,该作业称为( )。
  A. 技术作业 B. 危险作业 C. 高难度作业 D. 特种作业

【例2】一个完整的预警体系,不包括( )。
  A. 外部环境预警系统   B. 事故预警系统
  C. 外部管理不良的预警系统   D. 预警信息管理系统

【例3】建筑施工企业安全生产管理工作中,( )是清除隐患、防止事故、改善劳动条件的重要手段。
  A. 安全监察制度   B. 伤亡事故报告处理制度
  C. "三同时"制度   D. 安全检查制度

【例4】施工安全控制程序包括:①安全技术措施计划的落实和实施;②编制建设工程项目安全技术措施计划;③安全技术措施计划的验证;④确定每项具体建设工程项目的安全目标;⑤持续改进。其正确顺序是( )。
  A. ②—③—④—①—⑤   B. ②—④—①—③—⑤
  C. ④—②—①—③—⑤   D. ④—②—③—①—⑤

【例5】施工人员在正式进行本班的工作前,必须对所有的机械装置和工具进行仔细检查,下班后还必须进行班后检查,做好设备的维修保养和清整场地等工作,保证交接安全。此项工作属于( )。
  A. 全面安全检查   B. 经常性安全检查
  C. 节假日安全检查   D. 专项安全检查

【例6】某道路上有一个坑,既要设防护栏及警示牌,又要设照明及夜间警示红灯。此项工作属于安全事故隐患治理的( )原则。
  A. 重点治理原则   B. 冗余安全度治理原则
  C. 单项隐患综合治理原则 D. 动态治理原则

【例7】"三同时"制度是指我国境内新建、改建、扩建项目,其安全设施必须与主体工程( )。
  A. 同时设计 B. 同时申报 C. 同时验收 D. 同时施工
  E. 同时投产使用

【例8】需要编制专项施工方案且需要专家论证和审查的是( )。
  A. 深基坑   B. 脚手架工程
  C. 拆除工程   D. 高大模板工程
  E. 起重吊装工程

【例9】安全检查的主要内容包括( )。
  A. 查管理 B. 查思想 C. 查制度 D. 查整改
  E. 查事故预防

【例10】安全事故隐患治理原则包括（   ）。
  A. 单项隐患综合治理原则   B. 预防和减灾并重治理原则
  C. 重点治理原则   D. 静态治理原则
  E. 动态治理原则

参考答案

1. D；2. C；3. D；4. C；5. B；6. B；7. ADE；8. AD；9. ABCD；10. ABCE。

1Z205030 建设工程生产安全事故应急预案和事故处理

考点精要

一、生产安全事故应急预案的内容

1. 应急预案是对特定的潜在事件和紧急情况发生时所采取措施的计划安排，是应急响应的行动指南。编制应急预案的目的是防止一旦紧急情况发生时出现混乱，按照合理的响应流程采取适当的救援措施，预防和减少可能随之引发的职业健康安全和环境影响。

2. 应急预案包括：综合应急预案、专项应急预案和现场处置方案。

3. 综合应急预案：总体上阐述事故的应急方针、政策、应急组织结构及相关应急职责，应急行动、措施和保证等基本要求和程序，是综合性文件。

4. 专项应急预案：针对具体的事故类别，如基坑开挖、脚手架拆除等事故、危险源和应急保障而制定的计划或方案，应制定明确的救援程序和具体的应急救援措施。

5. 现场处置方案：针对具体的装置、场所或设施、岗位所制定的应急处置措施。

二、生产安全事故应急预案的管理

1. 建设工程生产安全事故应急预案的管理包括应急预案的评审、备案、实施和奖惩。

2. 国家安全生产监督管理总局负责应急预案的综合协调管理工作。

3. 应急预案的评审：

（1）参加应急预案评审的人员应当包括应急预案设计的政府部门工作人员和有关安全生产及应急管理方面的专家。

（2）评审人员与所评审预案的生产经营单位有利害关系的，应当回避。

4. 应急预案的备案：

（1）地方各级安全生产监督管理部门的应急预案，应当报同级人民政府和上一级安全生产监督管理部门备案。

（2）其他负有安全生产监督管理职责的部门的应急预案，应当抄送同级安全生产监督管理部门。

（3）中央管理的总公司的综合应急预案和专项应急预案，报国务院固有资产监督管理部门、国务院安全生产监督管理部门和国务院有关主管部门备案。

5. 应急预案的实施：

生产经营单位应当制定本单位的应急预案演练计划，根据本单位的事故预防重点，每年至少组织一次综合应急预案演练或者专项应急预案演练，每半年至少组织一次现场处置方案演练。

6. 奖惩：

生产经营单位应急预案未按照规定备案的，由县级以上安全生产监督管理部门给予警告，并处三万元以下罚款。

三、职业健康安全事故的分类和处理

（一）职业伤害事故的分类

1. 职业健康安全事故分两大类型，即职业伤害事故与职业病。

2. 按照事故发生的原因分类（按照我国《企业职工伤亡事故分类标准》(GB 6441—86))：

（1）物体打击：指落物、滚石、锤击、碎裂、崩块、砸伤等造成的人身伤害，不包括因爆炸而引起的物体打击。（2）车辆伤害。（3）机械伤害：指被机械设备或工具绞、碾、碰、割、戳等造成的人身伤害，不包括车辆、起重设备引起的伤害。（4）起重伤害。（5）触电：包括雷击伤害。（6）高处坠落。（7）火药爆炸等。

3. 按事故后果严重程度分类：

（1）轻伤事故，是指造成职工肢体或某些器官功能性或器质性轻度损伤，能引起劳动能力轻度或暂时丧失的伤害的事故，一般每个受伤人员休息1个工作日以上（含1个工作日），105个工作日以下；

（2）重伤事故，一般指受伤人员肢体残缺或视觉、听觉等器官受到严重损伤，能引起人体存在功能障碍或劳动能力有重大损失的伤害，或者造成每个受伤人损失105工作日以上（含105个工作日）的失能伤害的事故；

（3）死亡事故，其中，重大伤亡事故指一次事故中死亡1~2人的事故；特大伤亡事故指一次事故死亡3人以上（含3人）的事故。

4. 按事故造成的人员伤亡或者直接经济损失分类：

（1）特别重大事故，是指造成30人以上死亡，或者100人以上重伤（包括急性工业中毒，下同），或者1亿元以上直接经济损失的事故；

（2）重大事故，是指造成10人以上30人以下死亡，或者50人以上100人以下重伤，或者5 000万元以上1亿元以下直接经济损失的事故；

（3）较大事故，是指造成3人以上10人以下死亡，或者10人以上50人以下重伤，或者1 000万元以上5 000万元以下直接经济损失的事故；

（4）一般事故，是指造成3人以下死亡，或者10人以下重伤，或者1 000万元以下直接经济损失的事故。

（二）建设工程安全事故的处理

1. 事故处理的原则（"四不放过"原则）

（1）事故原因未查清不放过；（2）事故责任人未受到处理不放过；（3）事故责任人和周围群众没有受到教育不放过；（4）事故没有制定切实可行的整改措施不放过。

2. 建设工程安全事故处理

1) 按规定向有关部门报告事故情况(第一步)：

事故现场有关人员应当立即向本单位负责人报告；单位负责人接到报告后,1小时内向事故发生地县级以上人民政府安全生产监督管理部门和负有安全生产监督管理职责的有关部门报告。各个行业的建设施工中出现了安全事故,都应当向建设行政主管部门报告。专业工程出现安全事故,还需要向有关行业主管部门报告。

（1）特别重大事故、重大事故逐级上报至国务院安全生产监督管理部门和负有安全生产监督管理职责的有关部门；

（2）较大事故逐级上报至省、自治区、直辖市人民政府安全生产监督管理部门和负有安全生产监督管理职责的有关部门；

（3）一般事故上报至设区的市级人民政府安全生产监督管理部门和负有安全生产监督管理职责的有关部门。

2) 组织调查组,开展事故调查：

特别重大事故由国务院或者国务院授权有关部门组织事故调查组进行调查。重大事故、较大事故、一般事故分别由事故发生地省级人民政府、设区的市级人民政府、县级人民政府负责调查。未造成人员伤亡的一般事故,县级人民政府也可以委托事故发生单位组织事故调查组进行调查。

3) 现场勘查。

4) 分析事故原因：通过直接和间接地分析,确定事故的直接责任者、间接责任者和主要责任者。

5) 制定预防措施。

6) 提交事故调查报告：

事故调查组应当自事故发生之日起60日内提交事故调查报告；特殊情况下,经负责事故调查的人民政府批准,提交事故调查报告的期限可以适当延长,但延长的期限最长不超过60日。

7) 事故的审理和结案：

重大事故、较大事故、一般事故,负责事故调查的人民政府应当自收到事故调查报告之日起15日内作出批复；特别重大事故,30日内作出批复,特殊情况下,批复时间可以适当延长,但延长的时间最长不超过30日。

典型考题

【例1】应急预案的体系构成包括综合应急预案、专项应急预案和（　　）。
  A. 总体应急预案   B. 分部应急指南
  C. 现场处置方案   D. 现场应急预案

【例2】针对基坑开挖、脚手架拆除而制定的计划或方案属于（　　）。
  A. 综合应急预案   B. 专项应急预案
  C. 现场处置方案   D. 现场应急预案

【例3】应报同级人民政府和上一级安全生产监督管理部门备案的应急预案是（　　）。

A. 地方各级安全生产监督管理部门的应急预案
B. 地方建设行政主管部门的应急预案
C. 企业的安全生产应急预案
D. 上市公司的应急救援预案

【例4】生产经营单位应当制定本单位的应急预案演练计划,每年至少组织(　　)现场处置方案演练。
A. 1次　　　　B. 2次　　　　C. 3次　　　　D. 4次

【例5】评审人员与所评审预案的生产经营单位有利害关系的,应当(　　)。
A. 回避　　　　B. 实事求是　　　C. 认真对待　　　D. 严肃认真

【例6】特大伤亡事故是指一次死亡人数大于或等于(　　)人的事故。
A. 5　　　　　B. 3　　　　　C. 10　　　　　D. 20

【例7】安全事故的处理程序的第一步是(　　)。
A. 报告安全事故　　　　　　　B. 安全事故调查
C. 分析事故原因　　　　　　　D. 按规定向有关部门报告事故情况

【例8】造成30人以上死亡,或者100人以上重伤的事故属于(　　)。
A. 特别重大事故　　　　　　　B. 重大事故
C. 较大事故　　　　　　　　　D. 一般事故

【例9】发生建设工程重大安全事故,负责事故调查的人民政府应该在收到事故调查报告之日起(　　)日内作出批复。
A. 5　　　　　B. 10　　　　　C. 15　　　　　D. 20

【例10】下列伤害事故中,属于"机械伤害"的有(　　)。
A. 高处小型机械坠落砸伤地面工作人员
B. 搅拌机械传动装置断裂甩出伤人
C. 汽车倾覆造成人员伤亡
D. 电动切割机械防护不当造成操作人员受伤
E. 起重机吊物坠落砸伤作业人员

【例11】事故处理的四不放过原则是指(　　)。
A. 事故原因未查清不放过
B. 事故责任人未受到处理不放过
C. 事故责任人和周围群众没有受到教育不放过
D. 事故责任人没有受到教育不放过
E. 事故没有制定切实可行的整改措施不放过

参考答案

1. C；2. B；3. A；4. B；5. A；6. B；7. D；8. A；9. C；
10. BD 【选项A属于高处坠落伤害,选项C属于车辆伤害,选项E属于起重伤害】；
11. ABCE。

1Z205040 建设工程施工现场职业健康安全与环境管理的要求

> 考点精要

一、建设工程现场文明施工的措施

1. 加强现场文明施工的组织措施：应确立项目经理为现场文明施工的第一责任人。
2. 落实现场文明施工的各项管理措施：

（1）施工现场必须封闭管理，设置进出口大门、制定门卫制度，严格执行外来人员进场登记制度。沿工地四周连续设置围挡，市区主要路段和其他涉及市容景观路段的工地设置围挡高度不低于2.5m，其他工地围挡高度不低于1.8m。

（2）施工现场必须设置"五牌一图"，即工程概况牌、管理人员名单及监督电话牌、消防保卫（防火责任）牌、安全生产牌、文明施工牌和施工现场平面图。

（3）施工现场应合理悬挂安全生产宣传和警示牌，标牌悬挂牢固可靠，特别是主要施工部位、作业点和危险区域以及主要通道口都必须有针对性地悬挂醒目的安全警示牌。

（4）严禁泥浆、污水、废水外流或堵塞下水道和排水河道。

（5）现场建立消防管理制度，建立消防领导小组。

二、施工现场环境保护的要求

1. 开发利用自然资源的项目，必须采取措施保护生态环境。
2. 应满足项目所在区域环境质量、相应环境功能区划和生态功能区划标准或要求。
3. 对环境可能造成重大影响、应当编制环境影响报告书的建设工程项目，可能严重影响项目所在地居民生活环境质量的建设工程项目，以及存在重大意见分歧的建设工程项目，环保部门可以举行听证会，听取有关单位、专家和公众的意见，并公开听证结果，说明对有关意见采纳或不采纳的理由。
4. 建设工程项目中防治污染的设施，必须与主体工程同时设计、同时施工、同时投产使用。防治污染的设施必须经原审批环境影响报告书的环境保护行政主管部门验收合格后，该建设工程项目方可投入生产或者使用。防治污染的设施不得擅自拆除或者闲置，确有必要拆除或者闲置的，必须征得所在地的环境保护行政主管部门同意。
5. 新建工业企业和现有工业企业的技术改造，应当采取资源利用率高、污染物排放量少的设备和工艺，采用经济合理的废弃物综合利用技术和污染物处理技术。
6. 排放污染物的单位，必须依照国务院环境保护行政主管部门的规定申报登记。

三、建设工程施工现场环境保护的措施

1. 工程建设过程中的污染主要包括对施工场界内的污染和对周围环境的污染。对施工场界内的污染防治属于职业健康安全问题，而对周围环境的污染防治是环境保护的问题。
2. 建设工程环境保护措施主要包括大气污染的防治、水污染的防治、噪声污染的防治、固体废弃物的处理以及文明施工措施等。

3. 施工现场空气污染的防治措施：
（1）施工现场垃圾渣土要及时清理出现场。
（2）高大建筑物清理施工垃圾时，要使用封闭式的容器或者采取其他措施处理高空废弃物，严禁凌空随意抛撒。
（3）施工现场道路应指定专人定期洒水清扫，形成制度，防止道路扬尘。
（4）细颗粒散体材料（如水泥、粉煤灰、白灰等）的运输、储存要注意遮盖、密封，防止和减少飞扬。
（5）车辆开出工地要做到不带泥沙，基本做到不洒土、不扬尘，减少对周围环境污染。
（6）除设有符合规定的装置外，禁止在施工现场焚烧油毡、橡胶、塑料、皮革、树叶、枯草、各种包装物等废弃物品以及其他会产生有毒、有害烟尘和恶臭气体的物质。
（7）机动车都要安装减少尾气排放的装置，确保符合国家标准。
（8）工地茶炉应尽量采用电热水器。若只能使用烧煤茶炉和锅炉时，应选用消烟除尘型茶炉和锅炉，大灶应选用消烟节能回风炉灶，使烟尘降至允许排放范围为止。
（9）大城市市区的建设工程已不容许搅拌混凝土。在容许设置搅拌站的工地，应将搅拌站封闭严密，并在进料仓上方安装除尘装置，采用可靠措施控制工地粉尘污染。
（10）拆除旧建筑物时，应适当洒水，防止扬尘。
4. 施工过程水污染的防治措施：
（1）禁止将有毒有害废弃物作土方回填。
（2）施工现场搅拌站废水，现制水磨石的污水，电石（碳化钙）的污水必须经沉淀池沉淀合格后再排放，最好将沉淀水用于工地洒水降尘或采取措施回收利用。
（3）现场存放油料，必须对库房地面进行防渗处理，如采用防渗混凝土地面、铺油毡等措施。使用时，要采取防止油料跑、冒、滴、漏的措施，以免污染水体。
（4）施工现场100人以上的临时食堂，污水排放时可设置简易有效的隔油池，定期清理，防止污染。
（5）工地临时厕所、化粪池应采取防渗漏措施。中心城市施工现场的临时厕所可采用水冲式厕所，并有防蝇灭蛆措施，防止污染水体和环境。
（6）化学用品、外加剂等要妥善保管，库内存放，防止污染环境。
5. 噪声污染：
1）噪声妨碍人们正常休息、学习和工作，为防止噪声扰民，应控制人为强噪声。对建筑施工过程中场界环境噪声排放限值见表5-1所示。

表5-1 建筑施工场界噪声限值表[dB(A)]

昼间	夜间
70 dB	55 dB

2）施工现场噪声的控制措施：
（1）声源上降低噪声，这是防止噪声污染的最根本的措施，如在声源处安装消声器消声，即在通风机、鼓风机等进出风管的适当位置设置消声器。
（2）传播途径控制：看书上例子

（3）凡在人口稠密区进行强噪声作业时，须严格控制作业时间，一般晚10点到次日早6点之间停止强噪声作业。确系特殊情况必须昼夜施工时，尽量采取降低噪声措施，并会同建设单位找当地居委会、村委或当地居民协调，出安民告示，求得群众谅解。

6. 固体废物的处理：

（1）回收利用；（2）减量化处理（对已经产生的固体废物进行分选、破碎、压实浓缩、脱水等减少其最终处置量）；（3）焚烧（不适合再利用且不宜直接予以填埋处置的废物）；（4）稳定和固化（利用水泥等胶结材料将松散的废物包裹起来）；（5）填埋。

四、建设工程现场职业健康安全卫生的要求

1. 施工现场应设置办公室、宿舍、食堂、厕所、淋浴间、开水房、文体活动室、密闭式垃圾站（或容器）及盥洗设施等临时设施。临时设施所用建筑材料应符合环保、消防要求。

2. 办公区和生活区应设密闭式垃圾容器。

3. 办公室内布局合理，文件资料宜归类存放，并应保持室内清洁卫生。

4. 施工企业应根据法律、法规的规定，制定施工现场的公共卫生突发事件应急预案。

5. 施工现场应配备常用药品及绷带、止血带、颈托、担架等急救器材。

6. 施工现场应设专职或兼职保洁员，负责卫生清扫和保洁。

7. 办公区和生活区应采取灭鼠、蚊、蝇、蟑螂等措施，并应定期投放和喷洒药物。

8. 施工企业应结合季节特点，做好作业人员的饮食卫生和防暑降温、防寒保暖、防煤气中毒、防疫等工作。

9. 施工现场必须建立环境卫生管理和检查制度，并应做好检查记录。

五、建设工程现场职业健康安全卫生的措施

（一）现场宿舍的管理

1. 宿舍内应保证有必要的生活空间，室内净高不得小于2.4 m，通道宽度不得小于0.9 m，每间宿舍居住人员不得超过16人。

2. 施工现场宿舍必须设置可开启式窗户，宿舍内的床铺不得超过2层，严禁使用通铺。

3. 宿舍内应设置生活用品专柜，有条件的宿舍宜设置生活用品储藏室。

4. 宿舍内应设置垃圾桶，宿舍外宜设置鞋柜或鞋架，生活区内应提供为作业人员晾晒衣服的场地。

（二）现场食堂的管理

1. 食堂必须有卫生许可证，炊事人员必须持身体健康证上岗。

2. 炊事人员上岗应穿戴洁净的工作服、工作帽和口罩，并应保持个人卫生。不得穿工作服出食堂，非炊事人员不得随意进入制作间。

3. 食堂炊具、餐具和公用饮水器具必须清洗消毒。

4. 施工现场应加强食品、原料的进货管理，食堂严禁出售变质食品。

5. 食堂应设置在远离厕所、垃圾站、有毒有害场所等污染源的地方。

6. 食堂应设置独立的制作间、储藏间，门扇下方应设不低于0.2 m的防鼠挡板。制作间灶台及其周边应贴瓷砖，所贴瓷砖高度不宜小于1.5 m，地面应做硬化和防滑处理。粮食存放

台距墙和地面应大于 0.2 m。

7. 食堂应配备必要的排风设施和冷藏设施。
8. 食堂的燃气罐应单独设置存放间,存放间应通风良好并严禁存放其他物品。
9. 食堂制作间的炊具宜存放在封闭的橱柜内,刀、盆、案板等炊具应生熟分开。食品应有遮盖,遮盖物品应用正反面标志。各种作料和副食应存放在密闭器皿内,并应有标志。
10. 食堂外应设置密闭式泔水桶,并应及时清运。

(三) 现场厕所的管理

1. 施工现场应设置水冲式或移动式厕所,厕所地面应硬化,门窗应齐全。蹲位之间宜设置隔板,隔板高度不宜低于 0.9 m。
2. 厕所大小应根据作业人员的数量设置。高层建筑施工超过 8 层以后,每隔四层宜设置临时厕所。厕所应设专人负责清扫、消毒,化粪池应及时清掏。

(四) 其他临时设施道的管理

施工现场作业人员发生法定传染病、食物中毒或急性职业中毒时,必须在 2 小时内向施工现场所在地建设行政主管部门和有关部门报告,并应积极配合调查处理。

📖 典型考题

【例1】建筑施工场界内夜间施工噪声的最高限值为(　　)。
  A. 45 dB   B. 50 dB   C. 55 dB   D. 60 dB

【例2】利用水泥、沥青等胶结材料将松散的废物胶包裹起来,减少有害物质从废物中向外迁移,使得废物对环境的污染减少,此作法属于(　　)的处理。
  A. 填埋   B. 稳定和固化   C. 压实浓缩   D. 减量化

【例3】下列属于施工现场空气污染的处理措施不当的有(　　)。
  A. 对现场有毒有害气体的产生和排放,必须采取有效措施进行严格控制
  B. 对于现场内的锅炉、茶炉等,必须设置消烟除尘设备
  C. 拆除旧建筑物、构筑物时,应配合洒水,减少扬尘污染
  D. 允许焚烧油毡、橡胶、塑料、皮革、树叶、枯草、各种包装物等废弃物品

【例4】清理高层建筑施工垃圾的正确作法是(　　)。
  A. 将各楼层施工垃圾装入密封容器后带走
  B. 将各楼层垃圾焚烧后装入密封容器带走
  C. 将施工垃圾洒水后沿临边窗户倾倒至地面后集中处理
  D. 将施工垃圾从电梯井倾倒至地面后集中处理

【例5】施工过程水污染的防治措施不妥当的有(　　)。
  A. 控制污水的排放
  B. 施工现场的临时食堂,用餐人数在 100 人以上的,应设置简易有效的隔油池,使产生的污水经过隔油池后再排入市政污水管网
  C. 施工现场现制水磨石作业产生的污水,禁止随地排放
  D. 可将某些有毒有害废弃物作土方回填

【例6】下列关于施工现场进行强噪声施工作业的说法正确的有（　　）。
　　A. 居民密集区进行强噪声施工作业时，要严格控制施工作业时间
　　B. 确系特殊情况必须昼夜施工时，可以昼夜施工
　　C. 一般晚10点到早6点之间停止强噪声作业
　　D. 确系特殊情况必须昼夜施工时，尽量采取降低噪声措施
　　E. 确系特殊情况必须昼夜施工时，应会同建设单位找当地居委会、村委会或当地居民协调，求得群众谅解

【例7】《中华人民共和国环境保护法》和《中华人民共和国环境影响评价法》对建设工程项目环境保护的基本要求有（　　）。
　　A. 应满足项目所在区域环境质量、相应环境功能区划和生态功能区划标准或要求
　　B. 对可能严重影响项目所在地居民生活环境质量的项目，环保总局必须举行听证会
　　C. 开发利用自然资源的项目，必须采取措施保护生态环境
　　D. 建设工程项目中防治污染的设施，必须与主体工程同时设计、同时施工、同时投产使用
　　E. 防止污染的设施必须经原审批环境影响报告书的环境保护行政主管部门验收合格后，该建设工程项目方可投入生产或使用

参考答案

1. C； 2. B； 3. D；
4. A 【高大建筑物清理施工垃圾时，要使用封闭式的容器处理高空废弃物】；
5. D； 6. ACDE； 7. ACDE。

1Z206000 建设工程合同与合同管理

☞ **考点分布及解析**

此章最近两年的考试分值在 27～28 分。其中相对更加重要的部分是"1Z206020 建设工程合同的内容"（6～8 分）、"1Z206040 建设工程施工合同风险、工程保险和工程担保"（4～6 分），"1Z206050 建设工程施工合同实施"（4～5 分）、"1Z206060 建设工程索赔"（3～7 分）、"1Z206070 国际建设工程施工承包合同"（3～4 分）。这次本章修订较多，"1Z206020 建设工程合同的内容"中施工承包合同、项目总承包合同和工程监理合同全面修改，"1Z206040 建设工程施工合同风险、工程保险和工程担保"中施工合同风险和工程保险都是新增内容，且工程担保也有较大修改。"1Z206070 国际建设工程施工承包合同"也有较多新增内容。其他各节都有修订。

1Z206010 建设工程施工招标与投标

☞ **考点精要**

一、施工招标

（一）招标条件

建设工程施工招标应该具备的条件包括：

1. 招标人已经依法成立；
2. 初步设计及概算应当履行审批手续的，已经批准；
3. 招标范围、招标方式和招标组织形式等应当履行核准手续的，已经核准；
4. 有相应资金或资金来源已经落实；有招标所需的设计图纸及技术资料。

（二）招标投标项目的确定

按照我国的《招标投标法》，以下项目宜采用招标的方式确定承包人：

1. 大型基础设施、公用事业等关系社会公共利益、公众安全的项目；
2. 全部或者部分使用国有资金投资或者国家融资的项目；
3. 使用国际组织或者外国政府资金的项目。

（三）招标方式的确定

1. 《招标投标法》规定，招标分公开招标和邀请招标两种方式。

2. 根据《中华人民共和国招标投标法实施条例》第八条,国有资金占控股或者主导地位的依法必须进行招标的项目,应当公开招标;但有下列情形之一的,可以邀请招标:

(1) 技术复杂、有特殊要求或者受自然环境限制,只有少量潜在投标人可供选择;

(2) 采用公开招标方式的费用占项目合同金额的比例过大。

招标人采用邀请招标方式,应当向三个以上具备承担招标项目的能力、资信良好的特定的法人或者其他组织发出投标邀请书。

(四) 自行招标与委托招标

1. 招标人可自行办理招标事宜,也可以委托招标代理机构代为办理招标事宜。招标人自行办理招标事宜,应当具有编制招标文件和组织评标的能力,即招标人具有与招标项目规模和复杂程度相适应的技术、经济等方面的专业人员。

2. 招标人不具备自行招标能力的,必须委托具备相应资质的招标代理机构代为办理招标事宜。

3. 工程招标代理机构资格分为甲、乙两级。其中乙级工程招标代理机构只能承担工程投资额1亿元以下的工程招标代理业务。

4. 工程招标代理机构可以跨省、自治区、直辖市承担工程招标代理业务。

(五) 招标信息的发布与修正

1. 招标信息的发布

(1) 资格预审公告和招标公告应在国务院发展改革部门依法指定的媒介发布。在不同媒介发布的同一招标项目的资格预审公告或者招标公告的内容应当一致。指定媒介发布依法必须进行招标的项目的境内资格预审公告、招标公告,不得收取费用。

(2) 编制依法必须进行招标的项目的资格预审文件和招标文件,应当使用国务院发展改革部门会同有关行政监督部门制定的标准文本。

(3) 招标人或其委托的招标代理机构应至少在一家指定的媒介发布招标公告。

(4) 招标人应当按招标公告或者投标邀请书规定的时间、地点出售招标文件或资格预审文件。自招标文件或者资格预审文件出售之日起至停止出售之日止,最短不得少于5日。

(5) 招标人发售资格预审文件、招标文件收取的费用应当限于补偿印刷、邮寄的成本支出,不得以营利为目的。对于所附的设计文件,招标人可以向投标人酌收押金;开标后退还设计文件的,应向投标人退还押金。

(6) 招标文件或者资格预审文件售出后,不予退还。招标人不得擅自终止招标。

2. 招标信息的修正

如果招标人在招标文件已经发布之后,发现有问题需要进一步澄清或修改,必须依据以下原则进行:

(1) 时限:应当在招标文件要求提交投标文件截止时间至少15日前发出;

(2) 形式:所有澄清文件必须以书面形式进行;

(3) 全面:所有澄清文件必须直接通知所有招标文件收受人。

(六) 资格预审

1. 通过资格预审的申请人少于3个的,应当重新招标。

2. 招标人不得以不合理的条件限制、排斥潜在投标人或者投标人。

(七) 标前会议

会议结束后,招标人应将会议纪要用书面通知的形式发给每一个投标人。会议纪要和答复函件形成招标文件的补充文件,都是招标文件的有效组成部分。与招标文件具有同等法律效力。当补充文件与招标文件内容不一致时,应以补充文件为准。

(八)评标

(1) 评标分为评标的准备、初步评审、详细评审、编写评标报告等过程。

(2) 初步评审主要是进行符合性审查,即重点审查投标书是否实质上响应了招标文件的要求。审查内容包括:投标资格审查、投标文件完整性审查、投标担保的有效性、与招标文件是否有显著的差异和保留等。如果报价计算有误,大小写不一致的以大写为准,单价与数量的乘积之和不一致的以单价为准,正本和副本不一致的以正本为准。

(3) 详细评审是评标的核心,是对标书进行实质性审查,包括技术评审和商务评审。

(4) 评标方法可以采用评议法、综合评分法或评标价法。

(5) 评标委员会推荐的中标候选人应当限定在1至3人,并标明排列顺序。

二、施工投标的内容

1. 研究招标文件:

(1) 研究招标文件的重点应放在投标者须知、合同条款、设计图纸、工程范围及工程量表上,还要研究技术规范要求,看是否有特殊的要求。

(2) "投标人须知"包括工程概况、招标内容、招标文件的组成、投标文件的组成、报价的原则、招标投标时间安排等关键的信息。

2. 复核工程量:

(1) 对于单价合同,尽管是以实测工程量结算工程款,但投标人仍应根据图纸仔细核算工程量,当发现相差较大时,投标人应向招标人要求澄清。

(2) 对于总价合同,如果业主在投标前对争议工程量不予更正,而且是对投标者不利的情况,投标者在投标时要附上声明:工程量表中某项工程量有错误,施工结算应按实际完成量计算。

3. 选择施工方案:施工方案应由投标人的技术负责人主持制定。

4. 正式投标:投标人在投标截止日之前所提交的投标是有效的,超过该日期之后就会被视为无效投标。在招标文件要求提交投标文件的截止日期后送达的投标文件,招标人可以拒收。

三、合同的谈判与签约

1. 招标人通过媒体发布招标公告,或向符合条件的投标人发出招标文件,为要约邀请;投标人根据招标文件内容在约定的期限内向招标人提交投标文件,为要约;招标人通过评标确定中标人,发出中标通知书,为承诺。

2. 合同谈判时,可对技术要求等进行进一步的讨论和确认。

3. 价格调整条款:无论是单价合同还是总价合同,都可以确定价格调整条款,即是否调整以及如何调整等。

4. 工期和维修期

(1) 对于具有较多单项工程的建设项目工程,可在合同中明确允许分部位或分批提交业主验收,并从该批验收时起开始计算该部分的维修期。

(2) 由于<u>工程变更</u>、恶劣的气候影响,以及"<u>作为一个有经验的承包人无法预料的工程施工条件的变化</u>"等原因对工期产生不利影响时,<u>应该给予承包人要求合理延长工期的权利</u>。

(3) 应当对维修工程的范围、维修责任及维修期的开始和结束时间有明确的规定,<u>承包人应该只承担由于材料和施工方法及操作工艺等不符合合同规定而产生的缺陷</u>。

(4) <u>承包人应力争以维修保函来代替业主扣留的保留金</u>。

5. 在合同谈判阶段双方谈判的结果一般以《合同补遗》的方式,有时也可以以《合同谈判纪要》形式,形成书面文件。

6. 对于<u>违反法律的条款</u>,即使由<u>合同双方达成协议并签了字,也不受法律保障</u>。

7. 双方在合同谈判结束后,应按上述内容和形式形成一个完整的合同文本草案,经双方代表认可后形成正式文件。双方核对无误后,由双方代表草签,至此合同谈判阶段即告结束。

☞ 典型考题

【例1】建设工程项目施工招标必须具备的条件之一是( )。
　　A. 评标细则已经审查并获批准
　　B. 应当履行审批手续的初步设计及概算已获批准
　　C. 应当履行审批手续的初步设计图及预算已获批准
　　D. 施工招标文件及标底已编制完成

【例2】国有资金占控股或者主导地位的依法必须进行招标的项目,应当公开招标,但( )可以邀请招标。
　　A. 涉及国家安全而不适宜招标的项目
　　B. 施工企业自建自用工程,且该施工企业资质等级符合工程要求的项目
　　C. 采用公开招标方式的费用占项目合同金额的比例过大
　　D. 在建工程追加的附属小型工程,原中标人仍具备承包能力的项目

【例3】根据我国《招标投标法》,若招标人需要对已发出的招标文件进行必要的澄清或者修改,应当至少在招标文件中规定的投标文件截止时间的( )日前以书面形式通知所有投标文件收受人。
　　A. 14　　　　B. 15　　　　C. 28　　　　D. 30

【例4】根据我国有关法规规定,下列关于招标文件出售的说法中,正确的是( )。
　　A. 自招标文件出售之日起至停止出售之日止,最短不得少于20日
　　B. 对招标文件的收费应合理,遵循微利的原则
　　C. 招标人在售出招标文件后,可随时终止招标
　　D. 招标文件售出后,不予退还

【例5】根据我国现行招标投标的有关规定,下列说法( )正确。
　　A. 招标人必须委托招标代理机构代为办理招标事宜
　　B. 工程招标代理机构的资格分为甲、乙两级
　　C. 乙级工程招标代理机构只能承担工程投资额5 000万以下的工程招标代理业务
　　D. 乙级工程招标代理机构不可以跨省、自治区、直辖市承担业务

【例6】 在建设工程合同的订立过程中,投标人根据招标内容在约定期限内向招标人提交投标文件,此为(　　)。
  A. 要约邀请　　　B. 要约　　　C. 承诺　　　D. 承诺生效

【例7】 在签订合同的谈判中,为了防范货币贬值或者通货膨胀风险,招标人和投标人一般通过(　　)约定风险分担方式。
  A. 确定价格调整条款　　　B. 确定合同价格条款
  C. 调整工程范围　　　　　D. 确定合同款支付方式

【例8】 下列项目中,适宜采用招标方式确定承包人的有(　　)。
  A. 使用外商资金的项目
  B. 污水排放项目
  C. 大型体育场馆
  D. 采用专用技术作为施工主要技术的工程项目
  E. 国家融资项目

【例9】 施工单位中标后与建设工程项目招标人进行合同谈判后达到一致的内容,应以(　　)方式确定下来作为合同的附件。
  A. 合同补遗　　　　　　　B. 合同谈判纪要
  C. 协议书　　　　　　　　D. 投标补充文件
  E. 工程变更文件

☞ **参考答案**

1. B; 2. C; 3. B; 4. D; 5. B; 6. B; 7. A;
8. BCE【要点:使用外国政府资金的项目】; 9. AB。

1Z206020 建设工程合同的内容

☞ **考点精要**

一、根据《中华人民共和国合同法》,勘察合同、设计合同、施工承包合同属于建设工程合同,工程监理合同、咨询合同等属于委托合同

二、施工承包合同
1. 《建设工程施工合同(示范文本)》(GF—2013—0201)适用于房屋建筑工程、土木工程、线路管道和设备安装工程、装修工程等建设工程的施工发承包活动。
2. 施工合同示范文本一般由以下3部分组成:协议书、通用条款、专用条款。
3. 合同通用条款规定的优先顺序为:
(1) 合同协议书;
(2) 中标通知书(如果有);
(3) 投标函及其附录(如果有);

(4) 专用合同条款及其附件；

(5) 通用合同条款；

(6) 技术标准和要求；

(7) 图纸；

(8) 已标价工程量清单或预算书；

(9) 其他合同文件。

4. 词语定义：

(1) 开工日期：包括计划开工日期和实际开工日期。计划开工日期是指合同协议书约定的开工日期；实际开工日期是指监理人按照第 7.3.2 项〔开工通知〕约定发出的符合法律规定的开工通知中载明的开工日期。

(2) 竣工日期：包括计划竣工日期和实际竣工日期。计划竣工日期是指合同协议书约定的竣工日期；实际竣工日期按照第 13.2.3 项〔竣工日期〕的约定确定。

(3) 工期：是指在合同协议书约定的承包人完成工程所需的期限，包括按照合同约定所作的期限变更。

(4) 基准日期：招标发包的工程以投标截止日前 28 天的日期为基准日期，直接发包的工程以合同签订日前 28 天的日期为基准日期。

(5) 天：除特别指明外，均指日历天。合同中按天计算时间的，开始当天不计入，从次日开始计算，期限最后一天的截止时间为当天 24:00 时。

5. 施工承包合同中发包方的责任与义务以及承包人的主要义务见表 6-1。

表 6-1 施工承包合同发包方和承包人的义务

发包方的责任与义务	承包人的主要义务
(1) 向承包人免费提供图纸，并组织承包人、监理人和设计人进行图纸会审和设计交底； (2) 对化石、文物的保护。 (3) 负责取得出入施工现场所需的批准手续和全部权利，以及取得因施工所需修建道路、桥梁以及其他基础设施的权利，并承担相关手续费用和建设费用。 (4) 应提供场外交通设施的技术参数和具体条件。场外交通设施无法满足工程施工需要的，由发包人负责完善并承担相关费用。 (5) 应提供场内交通设施的技术参数和具体条件，并应按照专用合同条款的约定向承包人免费提供满足工程施工所需的场内道路和交通设施。 (6) 办理法律规定由其办理的许可、批准或备案，包括但不限于建设用地规划许可证、建设工程规划许可证、建设工程施工许可证等。 (7) 应最迟于开工日期 7 天前向承包人移交施工现场。 (8) 应负责提供施工所需要的条件，包括： • 将施工用水、电力、通讯线路等施工所必需的条件接至施工现场内； • 保证向承包人提供正常施工所需要的进入施工现场的交通条件； • 协调处理施工现场周围地下管线和邻近建筑物、构筑物、古树名木的保护工作，并承担相关费用； • 按照专用合同条款约定应提供的其他设施和条件。 (9) 在移交施工现场前向承包人提供施工现场及工程施工所必需的有关基础资料，并对所提供资料的真实性、准确性和完整性负责。 (10) 在收到承包人要求提供资金来源证明的书面通知后 28 天内，向承包人提供能够按照合同约定支付合同价款的相应资金来源证明。发包人要求承包人提供履约担保的，发包人应当向承包人提供支付担保。 (11) 支付合同价款。 (12) 组织竣工验收。 (13) 与承包人、由发包人直接发包的专业工程的承包人签订施工现场统一管理协议，作为专用合同条款的附件。	(1) 办理法律规定应由承包人办理的许可和批准，并将办理结果书面报送发包人留存； (2) 按法律规定和合同约定完成工程，并在保修期内承担保修义务； (3) 按法律规定和合同约定采取施工安全和环境保护措施，办理工伤保险，确保工程及人员、材料、设备和设施的安全； (4) 按合同约定的工作内容和施工进度要求，编制施工组织设计和施工措施计划，并对所有施工作业和施工方法的完备性和安全可靠性负责。 (5) 在进行合同约定的各项工作时，不得侵害发包人与他人使用公用道路、水源、市政管网等公共设施的权利，避免对邻近的公共设施产生干扰。承包人占用或使用他人的施工场地，影响他人作业或生活的，应承担相应责任； (6) 负责施工场地及其周边环境与生态的保护工作； (7) 采取施工安全措施，确保工程及其人员、材料、设备和设施的安全，防止因工程施工造成的人身伤害和财产损失； (8) 将发包人按合同约定支付的各项价款专用于合同工程，且应及时支付其雇用人员工资，并及时向分包人支付合同价款； (9) 按照法律规定和合同约定编制竣工资料，完成竣工资料立卷及归档，并按专用合同条款约定的竣工资料的套数、内容、时间等要求移交发包人。 (10) 应履行的其他义务。

【发包方的责任和义务只是通用条款规定,若专用条款有其他约定的,按照专用条款的约定。】

6. 进度控制的主要条款内容:

(1) 承包人应提交详细的施工进度计划,施工进度计划不符合合同要求或与工程的实际进度不一致的,承包人应向监理人提交修订的施工进度计划,并附具有关措施和相关资料,由监理人报送发包人。除专用合同条款另有约定外,发包人和监理人应在收到修订的施工进度计划后7天内完成审核和批准或提出修改意见。发包人和监理人对承包人提交的施工进度计划的确认,不能减轻或免除承包人根据法律规定和合同约定应承担的任何责任或义务。

(2) 监理人应在计划开工日期7天前向承包人发出开工通知,工期自开工通知中载明的开工日期起算。

(3) 工期延误和暂停施工:学会区分是发包人(或监理人)还是承包人的责任,由责任方承担增加的费用和(或)延误的工期。

(4) 实际竣工日期:工程经竣工验收合格的,以承包人提交竣工验收申请报告之日为实际竣工日期,并在工程接收证书中载明;因发包人原因,未在监理人收到承包人提交的竣工验收申请报告42天内完成竣工验收,或完成竣工验收不予签发工程接收证书的,以提交竣工验收申请报告的日期为实际竣工日期;工程未经竣工验收,发包人擅自使用的,以转移占有工程之日为实际竣工日期。

7. 质量控制的主要条款内容:

(1) 承包人应对施工人员进行质量教育和技术培训,定期考核施工人员的劳动技能,严格执行施工规范和操作规程。

(2) 承包人应按照法律规定和发包人的要求,对材料、工程设备以及工程的所有部位及其施工工艺进行全过程的质量检查和检验,并作详细记录,编制工程质量报表,报送监理人审查。承包人还应按照法律规定和发包人的要求,进行施工现场取样试验、工程复核测量和设备性能检测,提供试验样品、提交试验报告和测量成果以及其他工作。

(3) 监理人的检查和检验,不免除或减轻承包人按照合同约定应当承担的责任。

(4) 承包人应当对工程隐蔽部位进行自检,并经自检确认是否具备覆盖条件。工程隐蔽部位经承包人自检确认具备覆盖条件的,承包人应在共同检查前48小时书面通知监理人检查。监理人应按时到场并对隐蔽工程及其施工工艺、材料和工程设备进行检查。经监理人检查确认质量符合隐蔽要求,并在验收记录上签字后,承包人才能进行覆盖。

(5) 承包人覆盖工程隐蔽部位后,发包人或监理人对质量有疑问的,可要求承包人对已覆盖的部位进行钻孔探测或揭开重新检查,承包人应遵照执行,并在检查后重新覆盖恢复原状。经检查证明工程质量符合合同要求的,由发包人承担由此增加的费用和(或)延误的工期,并支付承包人合理的利润;经检查证明工程质量不符合合同要求的,由此增加的费用和(或)延误的工期由承包人承担。

(6) 承包人私自将工程隐蔽部位覆盖的,监理人有权指示承包人钻孔探测或揭开检查,无论工程隐蔽部位质量是否合格,由此增加的费用和(或)延误的工期均由承包人承担。

(7) 缺陷责任期自实际竣工日期起计算,合同当事人应在专用合同条款约定缺陷责任期的具体期限,但该期限最长不超过24个月。

(8) 工程保修期从工程竣工验收合格之日起算,具体分部分项工程的保修期由合同当事人在专用合同条款中约定,但不得低于法定最低保修年限。

8. 费用控制:

1) 预付款:

(1) 预付款的支付至迟应在开工通知载明的开工日期7天前支付。预付款应当用于材料、工程设备、施工设备的采购及修建临时工程、组织施工队伍进场等。

(2) 除专用合同条款另有约定外,预付款在进度付款中同比例扣回。在颁发工程接收证书前,提前解除合同的,尚未扣完的预付款应与合同价款一并结算。

(3) 发包人要求承包人提供预付款担保的,承包人应在发包人支付预付款7天前提供预付款担保,专用合同条款另有约定除外。

(4) 发包人在工程款中逐期扣回预付款后,预付款担保额度应相应减少,但剩余的预付款担保金额不得低于未被扣回的预付款金额。

2) 工程量的计量按月进行。

3) 除专用合同条款另有约定外,进度款的付款周期应与计量周期保持一致。(审核时间间隔都为7天)

4) 支付分解表:

(1) 总价合同:承包人应根据第7.2款〔施工进度计划〕约定的施工进度计划、签约合同价和工程量等因素对总价合同按月进行分解,编制支付分解表。承包人应当在收到监理人和发包人批准的施工进度计划后7天内,将支付分解表及编制支付分解表的支持性资料报送监理人。监理人应在收到支付分解表后7天内完成审核并报送发包人。发包人应在收到经监理人审核的支付分解表后7天内完成审批,经发包人批准的支付分解表为有约束力的支付分解表。

(2) 单价合同:单价合同的总价项目,由承包人根据施工进度计划和总价项目的总价构成、费用性质、计划发生时间和相应工程量等因素按月进行分解,形成支付分解表,其编制与审批参照总价合同支付分解表的编制与审批执行。

三、物资采购合同的内容

(一) 建筑材料采购合同的主要内容

1. 约定质量标准的一般原则:

(1) 按颁布的国家标准执行;

(2) 没有国家标准的而有部颁标准的则按照部颁标准执行;

(3) 没有国家标准和部颁标准为依据时,可按照企业标准执行;

(4) 没有上述标准或虽有上述标准但采购方有特殊要求,按照双方在合同中约定的技术条件、样品或补充的技术要求执行。

2. 包装物一般应由建筑材料的供货方负责供应。

3. 交货期限:

(1) 供货方负责送货的,以采购方收货戳记的日期为准;

(2) 采购方提货的,以供货方按合同规定通知的提货日期为准;

(3) 凡委托运输部门或单位运输、送货或代运的产品,一般以供货方发运产品时承运单位签发的日期为准,<u>不是以向承运单位提出申请的日期为准</u>。

4. 价格：

(1) 有国家定价的材料,应<u>按国家定价执行</u>；

(2) 按规定应由国家定价的但国家尚无定价的材料,其价格应报请物价主管部门<u>批准</u>；

(3) <u>不属于国家定价的产品,可由供需双方协商确定价格</u>。

5. 违约责任：

(1) <u>发生逾期交货情况</u>,要按照合同约定,依据逾期交货部分货款总价计算违约金。<u>对约定由采购方自提货物的,若发生采购方的其他损失,其实际开支的费用也应由供货方承担</u>。比如,采购方已按期派车到指定地点接收货物,而供货方不能交付时,派车损失应由供货方承担。

(2) <u>对于提前交货的情况</u>,如果属于采购方自提货物,采购方接到提前提货通知后,可以根据自己的实际情况拒绝提前提货。对于供货方提前发运或交付的货物,采购方仍可按合同规定的时间付款,而且对<u>多交货部分</u>,以及不符合合同规定的产品,在代为保管期内实际支出的保管、保养费由供货方承担。

(3) 供货方不能全部或部分交货,<u>应按合同约定的违约金比例乘以不能交货部分货款来计算违约金</u>。如果违约金不足以偿付采购方的实际损失,采购方还可以另外提出补偿要求。

(4) 供货方交付的货物品种、型号、规格、质量不符合合同约定,如果采购方同意利用,<u>应当按质论价</u>；采购方不同意使用时,由供货方负责<u>包换</u>或<u>包修</u>。

(二) 设备采购合同的主要内容

合同价款的支付一般分三次：

1. 设备制造前,采购方支付设备价格的<u>10%</u>作为预付款。

2. 供货方按照交货顺序在规定的时间内将货物送达交货地点,采购方支付该设备的<u>80%</u>。

3. 剩余的<u>10%</u>作为设备保证金,待保证期满,采购方签发最终验收证书后支付。

四、施工专业分包合同的内容

(一) 专业工程承包单位的资质

《建筑业企业资质管理规定》,规定了<u>专业承包序列企业的资质设二至三个等级,60 个资质类别</u>。

(二) 专业工程分包合同的主要内容

分包合同内容的特点：既要保持与主合同条件中相关分包工程部分的规定的一致性,又要区分负责实施分包工程的当事人变更后的两个合同之间的差异。

(三) 工程承包人(总承包单位)的主要责任和义务

1. 分包人对总包合同的了解：<u>承包人应提供总包合同(有关承包工程的价格内容除外)供分包人查阅</u>。

2. 项目经理应按分包合同的约定,及时向分包人提供所需的指令、批准、图纸并履行其他约定的义务,否则分包人应在约定时间后 24 小时内将具体要求、需要的理由及延误的后果通知承包人,项目经理在收到通知后 48 小时内不予答复,应承担因延误造成的损失。

3. 承包人的工作：

(1) 向分包人提供与分包工程相关的各种证件、批件和各种相关资料,向分包人提供具备施工条件的施工场地;

(2) 组织分包人参加发包人组织的图纸会审,向分包人进行设计图纸交底;

(3) 提供合同专用条款中约定的设备和设施,并承担因此发生的费用;

(4) 随时为分包人提供确保分包工程的施工所要求的施工场地和通道等,满足施工运输的需要,保证施工期间的畅通;

(5) 负责整个施工场地的管理工作,协调分包人与同一施工场地的其他分包人之间的交叉配合,确保分包人按照经批准的施工组织设计进行施工。

(四) 专业工程分包人的主要责任和义务

1. 分包人对有关分包工程的责任

除合同条款另有约定,分包人应履行并承担总包合同中与分包工程有关的承包人的所有义务与责任。

2. 分包人与发包人的关系

分包人须服从承包人转发的发包人或工程师与分包工程有关的指令。未经承包人允许,分包人不得以任何理由与发包人或工程师发生直接工作联系,分包人不得直接致函发包人或工程师,也不得直接接受发包人或工程师的指令。

3. 承包人指令

分包人拒不执行指令,承包人可委托其他施工单位完成该指令事项,发生的费用从应付给分包人的相应款项中扣除。

4. 分包人的工作

(1) 按照分包合同的约定,对分包工程进行设计、施工、竣工和保修。

(2) 按照合同约定的时间,完成规定的设计内容,报承包人确认后在分包工程中使用。承包人承担由此发生的费用。

(3) 在合同约定的时间内,向承包人提供年、季、月度工程进度计划及相应进度统计报表。

(4) 在合同约定的时间内,向承包人提交详细的施工组织设计。

(5) 遵守政府有关主管部门对施工场地交通、施工噪声以及环境保护和安全文明生产等的管理规定,按规定办理有关手续,并以书面形式通知承包人,承包人承担由此发生的费用。

(6) 分包人应允许承包人、发包人、工程师及其三方中任何一方授权的人员在工作时间内,合理进入分包工程施工场地或材料存放的地点,以及施工场地以外与分包合同有关的分包人的任何工作或准备的地点,分包人应提供方便;

(7) 已竣工工程在尚未交付承包人之前,分包人应负责已完分包工程的成品保护工作。

(五) 合同价款及支付

1. 分包工程合同价款应与总包合同约定的方式一致。

2. 分包合同价款与总包合同相应部分价款无任何连带关系。

分包合同约定的工程变更调整的合同价款、合同价款的调整、索赔的价款或费用以及其他约定的追加合同价款,应与工程进度款同期调整支付。

(六) 禁止转包或再分包

1. 分包人不得将其承包的分包工程转包给他人,也不得将其承包的分包工程的全部或部分再分包给他人,否则将被视为违约,并承担违约责任。

2. 分包人经承包人同意可以将劳务作业再分包给具有相应劳务分包资质的劳务分包企业。

3. 分包人应对再分包的劳务作业的质量等相关事宜进行督促和检查,并承担相关连带责任。

五、施工劳务分包合同的内容

(一) 承包人的主要义务

对劳务分包合同条款中规定的承包人的主要义务归纳如下。

1. 组建与工程相适应的项目管理班子,全面履行总(分)包合同,组织实施项目管理的各项工作,对工程的工期和质量向发包人负责。

2. 完成劳务分包人施工前期的下列工作:

(1) 向劳务分包人交付具备本合同项下劳务作业开工条件的施工场地;

(2) 满足劳务作业所需的能源供应、通信及施工道路畅通;

(3) 向劳务分包人提供相应的工程资料;

(4) 向劳务分包人提供生产、生活临时设施。

3. 负责编制施工组织设计,统一制定各项管理目标,组织编制年、季、月施工计划、物资需用量计划表,实施对工程质量、工期、安全生产、文明施工、计量检测、实验化验的控制、监督、检查和验收。

4. 负责工程测量定位、沉降观测、技术交底,组织图纸会审,统一安排技术档案资料的收集整理及交工验收。

5. 按时提供图纸,及时交付材料、设备,所提供的施工机械设备、周转材料、安全设施保证施工需要。

6. 向劳务分包人支付劳动报酬。

7. 负责与发包人、监理、设计及有关部门联系,协调现场工作关系。

(二) 劳务分包人的主要义务

1. 未经承包人授权或允许,不得擅自与发包人及有关部门建立工作联系;自觉遵守法律法规及有关规章制度。

2. 严格按照设计图纸、施工验收规范、有关技术要求及施工组织设计精心组织施工,确保工程质量达到约定的标准,保证工期,确保施工安全,做到文明施工,承担由于自身责任造成的质量修改、返工、工期拖延、安全事故、现场脏乱造成的损失和罚款。

3. 自觉接受承包人及有关部门的管理、监督和检查;接受承包人随时检查其设备、材料保管、使用情况,及其操作人员的有效证件、持证上岗情况;与现场其他单位协调配合,照顾全局。

4. 劳务分包人须服从承包人转发的发包人及工程师的指令。

(三) 保险

1. 劳务分包人施工开始前,承包人应获得发包人为施工场地内的自有人员及第三人人员生命财产办理的保险,且不需劳务分包人支付保险费用。

2. 运至施工场地用于劳务施工的材料和待安装设备,由承包人办理或获得保险,且不需劳务分包人支付保险费用。

3. 承包人必须为租赁或提供给劳务分包人使用的施工机械设备办理保险,并支付保险费用。

4. 劳务分包人必须为从事危险作业的职工办理意外伤害保险,并为施工场地内自有人员生命财产和施工机械设备办理保险,支付保险费用。

5. 保险事故发生时,劳务分包人和承包人有责任采取必要的措施,防止或减少损失。

(四) 劳务报酬

1. 劳务报酬可以采用以下方式中的任何一种:

(1) 固定劳务报酬(含管理费);

(2) 约定不同工种劳务的计时单价(含管理费),按确认的工时计算;

(3) 约定不同工作成果的计件单价(含管理费),按确认的工程量计算。

2. 劳务报酬,可以采用固定价格或变动价格。

(五) 工时及工程量的确认

1. 采用固定劳务报酬方式的,施工过程中不计算工时和工程量。

2. 采用按确定的工时计算劳务报酬的,由劳务分包人每日将提供劳务人数报承包人,由承包人确认。

3. 对劳务分包人未经承包人认可,超出设计图纸范围和因劳务分包人原因造成返工的工程量,承包人不予计量。

(六) 劳务报酬最终支付

1. 全部工作完成,经承包人认可后14天内,劳务分包人向承包人递交完整的结算资料,双方按照本合同约定的计价方式,进行劳务报酬的最终支付。

2. 承包人收到劳务分包人递交的结算资料后14天内进行核实,给予确认或者提出修改意见。承包人确认结算资料后14天内向劳务分包人支付劳务报酬尾款。

3. 劳务分包人和承包人对劳务报酬结算价款发生争议时,按合同约定处理。

(七) 禁止转包或再分包

劳务分包人不得将合同项下的劳务作业转包或再分包给他人。

六、项目总承包合同的内容

1. 建设工程项目总承包与施工承包的最大不同之处在于承包商要负责全部或部分的设计,并负责物资设备的采购。

2. 建设工程项目总承包的任务应该明确规定。从时间范围上,一般可包括从工程立项到交付使用的工程建设全过程,具体可包括:勘察设计、设备采购、施工、试车(或交付使用)等内容。从具体的工程承包范围看,可包括所有的主体和附属工程、工艺、设备等。

3. 项目总承包单位(承包人)的义务和责任(《建设项目工程总承包合同示范文本(试行)》(GF—2011—0216))

(1) 按照合同约定的标准、规范、工程的功能、规模、考核目标和竣工日期,完成设计、采购、施工、竣工试验和(或)指导竣工后试验等工作,不得违反国家强制性标准、规范的规定。

(2) 应按合同约定,自费修复因承包人原因引起的设计、文件、设备、材料、部件、施工中存在的缺陷,或在竣工试验和竣工后试验中发现的缺陷。

(3) 提交相关报表。报表的类别、名称、内容、报告期、提交时间和份数,在专用条款中约定。

(4) 承包人有权根据4.6.4款承包人的复工要求、14.9款付款时间延误和17条不可抗力的约定,以书面形式向发包人发出暂停通知。凡因承包人原因的暂停,造成承包人的费用增加由其自负,造成关键路径延误的应自费赶上。

(5) 对因发包人原因给承包人带来任何损失、损害或造成工程关键路径延误的,承包人有权要求赔偿和(或)延长竣工日期。

4. 发包人的义务和权利(《建设项目工程总承包合同示范文本(试行)》(GF—2011—0216))

(1) 负责办理项目的审批、核准或备案手续,取得项目用地的使用权,完成拆迁补偿工作,使项目具备法律规定和合同约定的开工条件,并提供立项文件。

(2) 履行合同中约定的合同价格调整、付款、竣工结算义务。

(3) 有权按照合同约定和适用法律关于安全、质量、标准、环境保护和职业健康等强制性标准和规范的规定,对承包人的设计、采购、施工、竣工试验等实施工作提出建议、修改和变更,但不得违反国家强制性标准、规范的规定。

(4) 有权根据合同约定,对因承包人原因给发包人带来的任何损失和损害,提出赔偿。

(5) 发包人认为必要时,有权以书面形式发出暂停通知。因发包人原因造成的暂停,给承包人造成的费用增加,由发包人承担,造成工程关键路径延误的,竣工日期相应顺延。

5. 进度计划:

(1) 承包人负责编制项目进度计划,项目进度计划经发包人批准后实施,但发包人的批准并不能减轻或免除承包人的合同责任。

(2) 承包人应在现场施工开工15日前向发包人提交包括施工进度计划在内的总体施工组织设计。施工进度计划的开竣工时间,应符合合同协议书对施工开工和工程竣工日期的约定,并与项目进度计划的安排协调一致。发包人需承包人提交关键单项工程和(或)关键分部分项工程施工进度计划的,在专用条款中约定提交的份数和时间。

6. 技术与设计:

(1) 承包人负责提供生产工艺技术(含专利技术、专有技术、工艺包)和(或)建筑设计方案(含总体布局、功能分区、建筑造型和主体结构等)时,应对所提供的工艺流程、工艺技术数据、工艺条件、软件、分析手册、操作指导书、设备制造指导书和其他资料要求,和(或)总体布局、功能分区、建筑造型及其结构设计等负责。

(2) 发包人应提供项目基础资料和现场障碍资料,并对其真实性、准确性、齐全性和及时性负责。承包人无法核实发包人所提供的项目基础资料中的数据、条件和资料的,发包人有义务给予进一步确认。

7. 工程物资:

(1) 由发包人负责提供的工程物资,发包人负责组织工程物资的采购,负责运抵现场,并对其需用量、质量检查结果和性能负责。

(2) 在履行合同过程中,由于国家新颁布的强制性标准、规范,造成发包人负责提供的工程物资(包括建筑构件等)不符合新颁布的强制性标准时,由发包人负责修复或重新订货。如委托承包人修复,作为变更处理。

(3) 承包人根据合同约定提供的工程物资,在运抵现场的交货地点并支付了采购进度款,其所有权转为发包人所有。在发包人接收工程前,承包人有义务对工程物资进行保管、维护和保养,未经发包人批准不得运出现场。

8. 施工:

表 6-2　项目总承包合同发包人和承包人的义务

发包人的义务	承包人的义务
(1) 提供基准坐标资料 (2) 审查总体施工组织设计 (3) 提供进场条件和确定进场日期 (4) 提供临时用水、用电等和节点铺设 (5) 办理开工等批准手续 (6) 办理施工过程中须由发包人办理的批准 (7) 提供施工障碍资料 (8) 对于新发现的施工障碍,承包人可提交变更申请,对于承包人的合理请求发包人应予以批准。施工障碍导致工程关键路径延误的,竣工日期相应顺延 (9) 职业健康、安全、环境保护管理计划确认	(1) 放线 (2) 施工组织设计 (3) 提交临时占地资料 (4) 临时用水、用电等(7.2.4) (5) 协助发包人办理开工等批准手续 (6) 施工过程中需通知办理的批准 (7) 提供施工障碍资料 (8) 对在施工过程中新发现的场地周围及临近影响施工的建筑物、构筑物、文物建筑、古树、名木,以及地下管线、线缆、构筑物、文物、化石和坟墓等,立即采取保护措施,并及时通知发包人

七、工程监理合同的内容

1. 工程监理合同文件由<u>协议书、中标通知书(适用于招标工程)或委托书(适用于非招标工程)、投标文件(适用于招标工程)或监理与相关服务建议书(适用于非招标工程)、专用条件、通用条件、附录</u>组成。合同签订后实施过程中双方依法签订的补充协议也是合同文件的组成部分。

2. 监理工作内容(《建设工程监理合同(示范文本)》(GF—2012—0202))

(1) 收到工程设计文件后编制监理规划,并在第一次工地会议<u>7 天前</u>报委托人。根据有关规定和监理工作需要,<u>编制监理实施细则</u>;

(2) 熟悉工程设计文件,并参加由委托人主持的图纸会审和设计交底会议;

(3) <u>参加由委托人主持的第一次工地会议;主持监理例会</u>并根据工程需要主持或参加专题会议;

(4) <u>审查施工承包人提交的施工组织设计</u>,重点审查其中的质量安全技术措施、专项施工方案与工程建设强制性标准的符合性;

(5) <u>检查施工承包人工程质量、安全生产管理制度及组织机构和人员资格</u>;

(6) 检查施工承包人专职安全生产管理人员的配备情况;

(7) <u>审查施工承包人提交的施工进度计划</u>,核查承包人对施工进度计划的调整;

(8) 检查施工承包人的试验室;

(9) <u>审核施工分包人资质条件</u>;

(10) 查验施工承包人的施工测量放线成果;

(11) 审查工程开工条件,对条件具备的<u>签发开工令</u>;

(12) 审查施工承包人报送的工程材料、构配件、设备质量证明文件的有效性和符合性,并按规定对用于工程的材料采取平行检验或见证取样方式进行抽检；

（13）审核施工承包人提交的工程款支付申请，签发或出具工程款支付证书，并报委托人审核、批准；

（14）在巡视、旁站和检验过程中，发现工程质量、施工安全存在事故隐患的，要求施工承包人整改并报委托人；

（15）经委托人同意，签发工程暂停令和复工令；

（16）审查施工承包人提交的采用新材料、新工艺、新技术、新设备的论证材料及相关验收标准；

（17）验收隐蔽工程、分部分项工程；

（18）审查施工承包人提交的工程变更申请，协调处理施工进度调整、费用索赔、合同争议等事项；

（19）审查施工承包人提交的竣工验收申请，编写工程质量评估报告；

（20）参加工程竣工验收，签署竣工验收意见；

（21）审查施工承包人提交的竣工结算申请并报委托人；

（22）编制、整理工程监理归档文件并报委托人。

3. 监理人可根据工程进展和工作需要调整项目监理机构人员。监理人更换总监理工程师时，应提前7天向委托人书面报告，经委托人同意后方可更换；监理人更换项目监理机构其他监理人员，应以相当资格与能力的人员替换，并通知委托人。

4. 监理的职责：

（1）当委托人与承包人之间发生合同争议时，监理人应协助委托人、承包人协商解决。

（2）在紧急情况下，为了保护财产和人身安全，监理人所发出的指令未能事先报委托人批准时，应在发出指令后的24小时内以书面形式报委托人。

【重点关注：不同合同中，合同双方的责任与义务要学会区分。重点是施工承包合同。】

典型考题

【例1】我国《建设工程施工合同示范文本》由（　　）三部分组成。
　　A. 协议书、合同条款和工程图纸　　B. 协议书、合同条款和专用条款
　　C. 合同条款、专用条款和工程图纸　　D. 协议书、通用条款和专用条款

【例2】根据《建设工程施工合同（示范文本）》（GF—2013—0201），提供施工现场及工程施工所必需的有关基础资料，并对所提供资料的真实性、准确性和完整性负责是（　　）的责任和义务。
　　A. 发包人　　B. 设计单位　　C. 承包人　　D. 监理人

【例3】施工承包合同实施中，双方当事人对工程质量有争议，可以提请双方同意且具备相应资质的工程质量鉴定机构鉴定，所需要的费用以及因此造成的损失，由（　　）承担。
　　A. 发包人　　B. 承包人
　　C. 责任方　　D. 发包人与承包人分担

【例4】某工程承包人于2004年5月1日按合同规定向发包人提交了竣工验收申请报告，但

直到7月中旬,发包人一直未完成竣工验收,则( )。
- A. 承包人应再次提交竣工验收报告
- B. 承包人可以自行组织竣工验收
- C. 承包人承担意外责任
- D. 以提交竣工验收申请报告的日期为实际竣工日期

【例5】在签订建筑材料采购合同时,对不属于国家定价的产品,可由( )确定价格。
- A. 市场价格
- B. 供需双方协商
- C. 报请物价主管部门
- D. 参考市场价格

【例6】某建筑材料采购合同中,约定由需方负责提货,则交货日期应是( )。
- A. 以需方收货戳记的日期为准
- B. 以供方按合同规定通知的提货日期为准
- C. 以承运单位签发的日期为准
- D. 以供方向承运单位提出申请的日期为准

【例7】某工程项目发包人与承包人签订了施工合同,承包人与分包人签订了专业工程分包合同,在分包合同履行过程中,分包人的正确做法是( )。
- A. 未经承包人允许,分包人不得以任何理由与发包人或工程师发生直接工作联系
- B. 分包人可以直接致函发包人或工程师
- C. 分包人可以直接接受发包人或工程师的指令
- D. 分包人无须接受承包人转发的发包人或工程师与分包工程有关的指令

【例8】劳务分包合同中,劳务分包人应( )。
- A. 负责工程测量定位、沉降观测、技术交底
- B. 自行准备有关的生产、生活临时设施
- C. 协调与发包人、监理、设计及有关部门的工作关系
- D. 承担由于自身责任造成的质量修改、返工、工期拖延、安全事故所造成的损失及各种罚款

【例9】劳务分包合同中,全部工作完成,经( )认可后14天内,劳务分包人向工程承包人递交完整的结算资料。
- A. 发包人
- B. 设计人
- C. 工程承包人
- D. 工程师

【例10】建设工程施工劳务合同中,由劳务分包人负责办理,并支付保险费用的是( )。
- A. 工程承包人租赁或提供给劳务分包人使用的施工机械设备
- B. 运至施工场地用于劳务施工的材料和待安装设备
- C. 第三方人员生命财产
- D. 施工场内劳务分包人自有人员生命财产和施工机械设备

【例11】根据《建设工程施工劳务分包合同(示范文本)》,劳务分包人在施工现场内使用的安全保护用品,应由( )负责供应。
- A. 劳务分包人
- B. 工程承包人
- C. 工程发包人
- D. 安全生产监督管理部门

【例12】根据《建设工程施工劳务分包合同(示范文本)》,工程承包人应在确认劳务分包人递

交的结算资料后( )天内向劳务分包人支付劳务报酬尾款。
A. 7　　　　　　　B. 14　　　　　　　C. 28　　　　　　　D. 30

【例13】根据《中华人民共和国合同法》,下列合同中属于建设工程合同的有( )。
A. 勘察合同
B. 设计合同
C. 施工承包合同
D. 工程监理合同
E. 咨询合同

【例14】根据《建设工程施工合同(示范文本)》(GF—2013—0201),关于合同文件的优先解释顺序,正确的有( )。
A. 投标函优先于合同专用条款
B. 合同专用条款优先于技术标准和要求
C. 技术标准和要求优先于图纸
D. 已标价工程量清单优先于图纸
E. 已标价工程量清单优先于其他合同文件

【例15】根据施工合同示范文本规定,( )属于发包人应完成的工作。
A. 按合同规定组织竣工验收
B. 向承包人提供场内交通设施的技术参数和具体条件
C. 办理法律规定由其办理的许可、批准或备案
D. 对所有施工作业和施工方法的完备性和安全可靠性负责
E. 编制竣工资料,完成竣工资料立卷及归档

【例16】施工承包合同中的实际竣工日期是指( )。
A. 工程经竣工验收合格的,以承包人提交竣工验收申请报告之日为实际竣工日期
B. 发包人组织竣工验收的日期
C. 发包人对竣工验收给予认可或提出修改意见的日期
D. 工程未经竣工验收,发包人擅自使用的,以转移占有工程之日为实际竣工日期
E. 因发包人原因,未在监理人收到承包人提交的竣工验收申请报告42天内完成竣工验收,以提交竣工验收申请报告的日期为实际竣工日期

【例17】某工程项目施工过程中,工程师对已同意承包人覆盖的隐蔽工程质量有怀疑,指示承包人进行重新检验。检验结果表明该部分施工质量未达到合同约定的质量标准,但满足行业规范的要求。下述说法正确的有( )。
A. 承包人有权拒绝工程师重新检验的要求
B. 工程师应判定质量合格
C. 承包人损失的工期和费用均不予补偿
D. 应补偿承包人费用,但工期不顺延
E. 承包人应自费对该部分工程进行修复

【例18】有关分包人与发包人的关系,下述表述正确的是( )。
A. 分包人应服从发包人下达的与分包工程有关的指令
B. 任何情况下,分包人均不得与发包人或工程师发生直接工作联系
C. 经承包人授权,分包人可以与发包人或工程师发生直接工作联系

D. 分包人应服从工程师下达的与分包工程有关的指令

E. 分包人须服从承包人转发的发包人或工程师下达的与分包工程有关的指令

【例19】专业工程分包合同中,属于分包人的工作有( )。

A. 按合同约定的时间,完成规定的设计内容,报工程师确认后在分包工程中使用

B. 遵守政府有关主管部门对施工场地交通、施工噪音以及环境保护和安全文明生产等的管理规定,按规定办理有关手续

C. 协调与同一施工场地其他分包人之间的交叉配合

D. 已竣工工程未交付承包人之前,负责已完分包工程的成品保护工作

E. 在合同约定的时间内,向承包人提交详细施工组织设计

【例20】施工专业分包合同示范文本中,工程承包人的义务包括( )。

A. 向分包人提供与分包工程相关的各种证件、批件和各种相关资料

B. 提供完整的总包合同供分包人查阅

C. 负责整个施工场地的管理工作

D. 提供分包合同专用条款中约定的设备和设施,并承担因此发生的费用

E. 为分包人提供确保分包工程的施工所要求的施工场地和通道

【例21】关于监理人的工作内容,下列说法正确的是( )。

A. 当发现工程设计不符合设计合同约定的质量标准时,有权通知设计人更正

B. 验收隐蔽工程、分部分项工程

C. 经委托人同意,签发工程暂停令和复工令

D. 审核施工承包人提交的工程款支付申请

E. 无需征得委托人同意,有权发布停工令

☞ 参考答案

1. D; 2. A; 3. C; 4. D; 5. B; 6. B; 7. A; 8. D; 9. C; 10. D; 11. B; 12. B; 13. ABC; 14. ABCE; 15. ABC; 16. ADE; 17. CE; 18. CE; 19. BDE; 20. ACDE; 21. BCD。

1Z206030 合同计价方式

☞ 考点精要

一、单价合同的运用

1. 单价合同的特点是<u>单价优先</u>,<u>当总价和单价的计算结果不一致时,以单价为准调整总价</u>。实际工程款的支付也将以<u>实际完成工程量乘以合同单价进行计算</u>。

2. <u>业主和承包商都不存在工程量方面的风险</u>,在招标前,发包单位无需对工程范围作出完整的、详尽的规定,从而可以缩短招标准备时间。

3. <u>采用单价合同对业主的不足之处是:</u>

（1）业主需要安排专门力量来核实已经完成的工程量，需要在施工过程中花费不少精力，协调工作量大。

（2）用于计算应付工程款的实际工程量可能超过预测的工程量，即实际投资容易超过计划投资，对投资控制不利。

4. 单价合同又分为固定单价合同和变动单价合同。

5. 当采用变动单价合同时，合同双方可以约定一个估计的工程量，当实际工程量发生较大变化时可以对单价进行调整，同时还应该约定如何对单价进行调整；当然也可以约定，当通货膨胀达到一定水平或者国家政策发生变化时，可以对哪些工程内容的单价进行调整以及如何调整等。

6. 固定单价合同适用于工期较短、工程量变化幅度不会太大的项目。

二、总价合同的运用

1. 总价合同又分固定总价合同和变动总价合同两种。

2. 固定总价合同

1）承包商承担了全部的工作量和价格的风险。因此，承包商在报价时应对一切费用的价格变动因素以及不可预见因素都做充分的估计，并将其包含在合同价格之中。

2）承包商的风险主要有两个方面：一是价格风险，二是工作量风险。价格风险有报价计算错误、漏报项目、物价和人工费上涨等；工作量风险有工程量计算错误、工程范围不确定、工程变更或者由于设计深度不够所造成的误差等。

3）对业主而言，对投资控制有利；承包商承担了较大的风险，业主的风险较小。但是，工程变更和不可预见的困难也常常引起合同双方的纠纷或者诉讼，最终导致其他费用的增加。

4）在固定总价合同中还可以约定，在发生重大工程变更、累计工程变更超过一定幅度或者其他特殊条件下可以对合同价格进行调整。

5）固定总价合同适用于以下情况：

（1）工程量小、工期短，估计在施工过程中环境因素变化小，工程条件稳定并合理；

（2）工程设计详细，图纸完整、清楚，工程任务和范围明确；

（3）工程结构和技术简单，风险小；

（4）投标期相对宽裕，承包商可以有充足的时间详细考察现场、复核工程量，分析招标文件，拟订施工计划。

3. 变动总价合同

1）由于通货膨胀等原因而使所使用的工、料成本增加时，可以按照合同约定对合同总价进行相应的调整。当然，一般由于设计变更、工程量变化和其他工程条件变化所引起的费用变化也可以进行调整。

2）在工程施工承包招标时，施工期限一年左右的项目一般实行固定总价合同，通常不考虑价格调整问题，以签订合同时的单价和总价为准，物价上涨的风险全部由承包商承担。但是对建设周期一年半以上的工程项目，则应考虑下列因素引起的价格变化问题：

（1）劳务工资以及材料费用的上涨；

（2）其他影响工程造价的因素，如运输费、燃料费、电力等价格的变化；

(3) 外汇汇率的不稳定；

(4) 国家或者省、市立法的改变引起的工程费用的上涨。

4. 总价合同的应用

一般在施工图设计完成，施工任务和范围比较明确，业主的目标、要求和条件都清楚的情况下采用总价合同。

5. 总价合同是总价优先，承包商报总价，双方商讨并确定合同总价，最终也按总价结算。

三、成本加酬金合同的运用

1. 成本加酬金合同中，工程施工的最终合同价格将按照工程的实际成本再加上一定的酬金进行计算。

2. 采用这种合同，承包商不承担任何价格变化或工程量变化的风险，这些风险主要由业主承担，对业主的投资控制很不利。

3. 成本加酬金合同的适用条件

(1) 工程特别复杂，工程技术、结构方案不能预先确定，或者尽管可以确定工程技术和结构方案，但是不可能进行竞争性的招标活动并以总价合同或单价合同的形式确定承包商；

(2) 时间特别紧迫，如抢险、救灾工程，来不及进行详细的计划和商谈。

4. 对业主而言，这种合同形式也有一定优点，如：

(1) 可以通过分段施工缩短工期，而不必等待所有施工图完成才开始招标和施工；

(2) 可以减少承包商的对立情绪，承包商对工程变更和不可预见条件的反应会比较积极和快捷；

(3) 可以利用承包商的施工技术专家，帮助改进或弥补设计中的不足；

(4) 业主可以根据自身力量和需要，较深入地介入和控制工程施工和管理；

(5) 也可以通过确定最大保证价格约束工程成本不超过某一限值，从而转移一部分风险。

5. 成本加酬金合同的形式：(1) 成本加固定费用合同；(2) 成本加固定比例费用合同；(3) 成本加奖金合同（奖金根据成本估算指标制定）；(4) 最大成本加费用合同（非代理型CM模式）。

6. 实行施工总承包管理模式或CM模式时，业主与施工总承包管理单位或CM单位的合同一般采用成本加酬金合同。

四、三种合同的比较

如表6-3所示。

表6-3 三种合同的对比分析

	单价合同	总价合同	成本加酬金合同
风险承担	业主和承包商都不存在工程量方面的风险	固定总价合同,承包商承担了全部的工作量和价格的风险	承包商不承担任何价格变化或工程量变化的风险,这些风险主要由业主承担
投资控制	对业主投资控制不利,且业主协调工作量大	对业主投资控制有利	对业主的投资控制很不利

☞ 典型考题

【例1】固定单价合同适用于( )的项目。
　A. 工期长,工程量变化幅度很大
　B. 工期长,工程量变化幅度不太大
　C. 工期短,工程量变化幅度不太大
　D. 工期短,工程量变化幅度很大

【例2】关于成本加酬金合同的特点和应用,下列说法正确的是( )。
　A. 采用该计价方式不利于业主方的投资控制
　B. 采用该计价方式不利于业主方的进度控制
　C. 该计价方式不宜用于项目管理合同
　D. 该计价方式不宜用于施工总承包管理合同

【例3】下列关于建设工程承包合同的说法中,正确的是( )。
　A. 总价合同不允许对合同总价进行调整
　B. 与单价合同相比,总价合同对施工单位更有利
　C. 与总价合同相比,单价合同对业主更有利
　D. 建设工程合同中可以混合采用单价与包干计价方式

【例4】下列合同形式中,承包商承担最大风险的是( )。
　A. 固定单价合同　　　　　B. 成本加固定费用合同
　C. 最大成本加费用合同　　D. 固定总价合同

【例5】对于单价合同计价方式,确定结算工程款的依据是( )。
　A. 实际工程量和实际单价　　B. 合同工程量和合同单价
　C. 实际工程量和合同单价　　D. 合同工程量和实际单价

【例6】单价合同对于承包商而言不存在( )风险。
　A. 工程量　　B. 价格　　C. 设计错误　　D. 环境变化

【例7】成本加酬金合同的形式主要包括( )。
　A. 成本加固定比例费用合同　　B. 成本加固定费用合同
　C. 成本加固定奖金合同　　　　D. 最大成本加费用合同
　E. 成本加奖金合同

☞ 参考答案

1. C; 2. A;
3. D 【可以用排除法,选项A中,总价合同中的变动总价合同允许对合同总价进行调整,因此A不对。与单价合同相比,总价合同对业主更有利,特别是固定总价合同,承包商承担了价格和工程量风险,因此B不对。与总价合同相比,单价合同对承包商更有利,因为工程量是按实际结算的,因此C不对】;
4. D; 5. C; 6. A; 7. ABDE。

1Z206040 建设工程施工合同风险管理、工程保险和工程担保

考点精要

一、工程合同风险
 1. 合同风险是指合同中的以及由合同引起的不确定性。
 2. 按合同风险产生的原因分，可以分为合同工程风险（客观原因和非主观故意导致的）和合同信用风险（主观原因导致的）。
 3. 按合同的不同阶段进行划分，可以将合同风险分为合同订立风险和合同履约风险。
 4. 工程合同风险产生的主要原因在于合同的不完全性特征，即合同是不完全的。

二、施工合同风险的类型包括项目外界环境风险，项目组织成员资信和能力风险和管理风险
 【学会区分具体风险属于哪个类别，如业主的能力风险属于项目组织成员资信和能力风险，承包商投标策略错误属于管理风险。】

三、工程风险分配的原则：应该按照效率原则和公平原则进行
 1. 从工程整体效益出发，最大限度发挥双方的积极性，尽可能做到：
 （1）谁能最有效地（有能力和经验）预测、防止和控制风险，或能有效地降低风险损失，或能将风险转移给其他方面，则应由他承担相应的风险责任；
 （2）承担者控制相关风险是经济的，即能够以最低的成本来承担风险损失，同时他管理风险的成本、自我防范和市场保险费用最低，同时又是有效、方便、可行的；
 （3）通过风险分配，加强责任，发挥双方管理和技术革新的积极性等。
 2. 公平合理，责权利平衡，体现在：
 （1）承包商提供的工程（或服务）与业主支付的价格之间应体现公平，这种公平通常以当地当时的市场价格为依据；
 （2）风险责任与权利之间应平衡；
 （3）风险责任与机会对等，即风险承担者同时应能享有风险控制获得的收益和机会收益；
 （4）承担的可能性和合理性，即给风险承担者以风险预测、计划、控制的条件和可能性。
 3. 符合现代工程管理理念。
 4. 符合工程惯例，即符合通常的工程处理方法。

四、工程保险
 1. 保险合同内部都有除外责任条款，属于免赔责任，比较一致的有：
 （1）投保人故意行为所造成的损失；
 （2）因被保险人不忠实履行约定该义务所造成的损失；
 （3）战争或军事行为所造成的损失；
 （4）保险责任范围以外，其他原因所造成的损失。
 2. 工程保险是对以工程建设过程中所涉及的财产、人身和建设各方当事人之间权利义务

关系为对象的保险的总称；是对建筑工程项目、安装工程项目及工程中的施工机具、设备所面临的各种风险提供的经济保障；是业主和承包商为了工程项目的顺利实施，以建设工程项目，包括建设工程本身、工程设备和施工机具以及与之有关联的人作为保险对象，向保险人支付保险费，由保险人根据合同约定对建设过程中遭受自然灾害或意外事故所造成的财产和人身伤害承担赔偿保险金责任的一种保险形式。投保人将威胁自己的工程风险通过按约缴纳保险费的办法转移给保险人(保险公司)。如果事故发生，投保人可以通过保险公司取得损失补偿，以保证自身免受或少收损失。其好处是付出一定的小量保险费，换得遭受大量损失时得到补偿的保障，从而增强抵御风险的能力。

3. 业主和承包商投保后仍须预防灾害和事故，尽量避免和减少风险危害。工程保险并不能解决所有的风险问题，只是转移了部分重大风险可能带来的损害。

4. 工程保险的种类：投保范围包括工程一切险、第三者责任险、人身意外伤害险、承包人设备保险等。

5. 工程一切险包括建筑工程一切险、安装工程一切险两类。投保人办理保险时应以双方名义共同投保。国内工程通常由项目法人办理保险，国际工程一般要求承包人办理保险。如果承包商不愿投保一切险，也可以就承包商的材料、机具设备、临时工程、已完工程等分别进行保险，但应征得业主的同意。一般来说，集中投保一切险，可能比分别投保的费用要少。

6. 第三者责任险是指由于施工的原因导致项目法人和承包人以外的第三人受到财产损失或人身伤害的赔偿。第三者责任险的被保险人也应是项目法人和承包人。该险种一般附加在工程一切险中。

7. 人身意外伤害险：从事危险作业的工人和职员办理意外伤害保险。此项保险义务分别由发包人、承包人负责对本方参与现场施工的人员投保。

8. 承包人设备保险：保险的范围包括承包人运抵施工现场的施工机具和准备用于永久工程的材料及设备。我国的工程一切险包括此项保险内容。

9. 执业责任：以设计人、咨询人(监理人)的设计、咨询错误或员工工作疏漏给业主或承包商造成的损失为保险标的。

10. CIP保险："一揽子保险"，由业主或承包商统一购买"一揽子保险"，保障范围覆盖业主、承包商及所有分包商，内容包括劳工赔偿、雇主责任险、一般责任险、建筑工程一切险、安装工程一切险。

五、工程担保

1. 我国担保法规定的担保方式有五种：保证、抵押、质押、留置和定金。
2. 工程担保中大量采用的是第三方担保，即保证担保。
3. 建设工程中经常采用的担保种类有：投标担保、履约担保、支付担保、预付款担保、工程保修担保等。

六、投标担保

1. 投标担保可以采用银行保函、担保公司担保书、同业担保书和投标保证金担保方式，多数采用银行投标保函和投标保证金担保方式，具体方式由招标人在招标文件中规定。

2. 《工程建设项目施工招标投标办法》规定：施工投标保证金的数额一般不得超过投标总价的 2%，但最高不得超过 80 万元人民币。投标保证金有效期应当超出投标有效期三十天。

3. 《中华人民共和国招标投标法实施条例》：投标保证金不得超过招标项目估算价的 2%。投标保证金有效期应当与投标有效期一致。

4. 根据《工程建设项目勘察设计招标投标办法》规定，招标文件要求投标人提交投标保证金的，保证金数额一般不超过勘察设计费投标报价的 2%，最多不超过 10 万元人民币。

5. 投标担保的主要目的是保护招标人不因中标人不签约而蒙受经济损失。投标担保的另一个作用是，在一定程度上可以起筛选投标人的作用。

七、履约担保

1. 履约担保的有效期始于工程开工之日，终止日期则可以约定为工程竣工交付之日或者保修期满之日。

2. 履约担保的形式：银行保函、履约担保书和履约保证金的形式，也可以采用同业担保的方式，即由实力强、信誉好的承包商为其提供履约担保，但应当遵守国家有关企业之间提供担保的有关规定，不允许两家企业互相担保或多家企业交叉互保。在保修期内，工程保修担保可以采用预留保留金的方式。

3. 银行履约保函是由商业银行开具的担保证明，通常为合同金额的 10% 左右。银行保函分为有条件的银行保函和无条件的银行保函。

4. 履约担保书由担保公司或者保险公司开具，当承包人在执行合同过程中违约时，开出担保书的担保公司或者保险公司用该项担保金去完成施工任务或者向发包人支付完成该项目所实际花费的金额。但该金额必须在保证金的担保金额之内。

5. 保留金一般为每次工程进度款的 10%，总额限制在合同价款的 5%。

6. 履约保证金额的大小取决于招标项目的类型和规模。

7. 根据《中华人民共和国招标投标法实施条例》第五十八条，招标文件要求中标人提交履约保证金的，中标人应当按照招标文件的要求提交。履约保证金不得超过中标合同金额的 10%。

8. FIDIC《土木工程施工合同条件》对履约担保的规定：

（1）承包人应在收到中标函之后 28 天内，按投标书附件中注明的金额取得担保，并将此保函交给业主。该保函采取本条件附件中的格式或由业主和承包人双方同意的格式。提供担保的机构须经业主同意。

（2）在发出缺陷责任证书之后，即不应对该担保提出索赔，并应在上述缺陷责任证书发出后 14 天内将该保函退还给承包人。

八、预付款担保的内容

1. 一般为合同金额的 10%，如果发包人有要求，承包人应该向发包人提供预付款担保。

2. 预付款担保的形式：银行保函或发包人与承包人约定的其他形式。

3. 预付款担保的主要形式是银行保函。

4. 预付款担保的担保金额也相应逐月减少。

5. 预付款担保也可由担保公司提供保证担保，或采取抵押等担保形式。

6. 预付款担保的主要作用在于保证承包人能够按合同规定进行施工,偿还发包人已支付的全部预付金额。

九、支付担保的内容

1. 支付担保的形式:
(1) 银行保函;
(2) 履约保证金;
(3) 担保公司担保。

2. 发包人的支付担保应是金额担保,实行履约金分段滚动担保。

3. 支付担保的额度为工程合同总额的 20%～25%。

4. 支付担保的作用在于,通过对业主资信状况进行严格审查并落实各项担保措施,确保工程费用及时支付到位。

5. 《建设工程施工合同(示范文本)》规定:除专用合同条款另有约定外,发包人要求承包人提供履约担保的,发包人应当向承包人提供支付担保。支付担保可以采用银行保函或担保公司担保等形式,具体由合同当事人在专用合同条款中约定。

☞ 典型考题

【例1】根据《工程建设项目施工招标投标办法》,施工投标保证金的数额一般不得超过投标总价的 2%,最高不超过( )万元人民币。
  A. 80   B. 90   C. 100   D. 120

【例2】建设工程履约担保的有效期始于( )之日。
  A. 合同签订   B. 合同生效
  C. 承包人收到工程预付款   D. 工程开工

【例3】在建设工程项目中,履约保证金一般( )。
  A. 不得超过中标合同金额的 10%   B. 中标合同金额的 10%～30%
  C. 不得超过中标合同金额的 20%   D. 中标合同金额的 30%～50%

【例4】建设工程施工预付款担保的主要形式是( )。
  A. 银行保函   B. 支票   C. 现金   D. 汇票

【例5】预付款担保的主要作用是( )。
  A. 促使承包商履行合同约定,保护业主的合法权益
  B. 确保工程费用及时支付到位
  C. 保证承包人能够按合同规定进行施工,偿还发包人已支付的全部预付金额
  D. 保护招标人不因中标人不签约而蒙受经济损失

【例6】建设工程项目工程款的支付担保是指( )提供的担保。
  A. 发包人向承包人   B. 承包人向发包人
  C. 发包人向建设行政主管部门   D. 承包人向建设行政主管部门

【例7】投标担保的形式可以有( )。

A. 银行保函　　　B. 同业担保书　　　C. 承兑汇票　　　D. 投标保证金
E. 担保公司担保书

【例8】根据FIDIC《土木工程施工合同条件》,下列关于履约担保的表述中,正确的有(　　)。
A. 承包人应在收到中标函28天内提交履约担保
B. 银行保函的货币种类必须是本国货币
C. 提供机构必须经发包人同意
D. 在缺陷责任证书发出14天内应将履约担保退还承包人
E. 因提供履约担保所发生的费用应由发包人负担

☞ **参考答案**

1. A；2. D；3. A；4. A；5. C；6. A；7. ABDE；8. ACD。

1Z206050 建设工程合同实施

☞ **考点精要**

一、施工合同分析的作用
(1) 分析合同中的漏洞,解释有争议的内容;
(2) 分析合同风险,制定风险对策;
(3) 合同任务分解、落实。

二、建设工程施工合同分析的内容

1. 承包人的主要任务
(1) 承包人的总任务,即合同标的。承包人在设计、采购、制作、试验、运输、土建施工、安装、验收、试生产、缺陷责任期维修等方面的主要责任,施工现场的管理,给业主的管理人员提供生活和工作条件等责任。
(2) 工作范围。它通常由合同中的工程量清单、图纸、工程说明、技术规范所定义。
(3) 关于工程变更的规定。通常要作工程变更工作流程图,并交付相关的职能人员。工程变更的补偿范围一般以合同金额的百分比表示,这个百分比越大,承包人的风险越大。

2. 发包人的责任
这里主要分析发包人(业主)的合作责任。其责任通常有如下几方面:
(1) 业主雇用工程师并委托其在授权范围内履行业主的部分合同责任;
(2) 对平行的承包人和供应商之间的责任界限作出划分,裁决争执并承担管理和协调失误造成的损失;
(3) 及时作出承包人履行合同所必需的决策,如下达指令、履行各种批准手续、作出认可等;
(4) 提供施工条件,如及时提供设计资料、图纸、施工场地、道路等;
(5) 按合同规定及时支付工程款,及时接收已完工程等。

3. 合同价格

对合同的价格,应重点分析以下几个方面:

(1) 合同所采用的计价方法及合同价格所包括的范围;
(2) 工程量计量程序,工程款结算(包括进度付款、竣工结算、最终结算)方法和程序;
(3) 合同价格的调整,即费用索赔的条件、价格调整方法,计价依据,索赔有效期规定;
(4) 拖欠工程款的合同责任。

4. 在合同分析中,应对重要的验收要求、时间、程序以及验收所带来的法律后果作说明

三、施工合同交底的任务

1. 由合同管理人员在对合同的主要内容进行分析、解释和说明的基础上,通过组织项目管理人员和各个工程小组学习合同条文和合同总体分析结果,使大家熟悉合同中的主要内容、规定、管理程序,了解合同双方的合同责任和工作范围,各种行为的法律后果等。

2. 项目经理或合同管理人员应将各种任务或事件的责任分解,落实到具体的工作小组、人员或分包单位。合同交底的目的和任务如下:

(1) 对合同的主要内容达成一致理解;
(2) 将各种合同事件的责任分解落实到各工程小组或分包人;
(3) 将工程项目和任务分解,明确其质量和技术要求以及实施的注意要点等;
(4) 明确各项工作或各个工程的工期要求;
(5) 明确成本目标和消耗标准;
(6) 明确相关事件之间的逻辑关系;
(7) 明确各个工程小组(分包人)之间的责任界限;
(8) 明确完不成任务的影响和法律后果;
(9) 明确合同有关各方(如业主、监理工程师)的责任和义务。

四、施工合同实施的控制

1. 合同跟踪

(1) 施工合同跟踪的含义:一是承包单位的合同管理职能部门对合同执行者(项目经理部或项目参与人)的履行情况进行的跟踪、监督和检查,二是合同执行者(项目经理部或项目参与人)本身对合同计划的执行情况进行的跟踪、检查与对比。在合同实施过程中二者缺一不可。

(2) 跟踪的对象:承包的任务;工程小组或分包人的工程和工作;业主和其委托的工程师的工作。

(3) 可以将工程施工任务分解交由不同的工程小组或发包给专业分包完成,工程承包人必须对这些工程小组或分包人及其所负责的工程进行跟踪检查、协调关系,提出意见、建议或警告,保证工程总体质量和进度。

(4) 对专业分包人的工作和负责的工程,总承包商负有协调和管理的责任,并承担由此造成的损失,所以专业分包人的工作和负责的工程必须纳入总承包工程的计划和控制中,防止因分包人工程管理失误而影响全局。

2. 合同实施的偏差分析内容包括

(1) 产生偏差的原因分析；

(2) 合同实施偏差的责任分析；

(3) 合同实施趋势分析：包括最终的工程状况；承包商将承担什么样的后果；最终工程经济效益（利润）水平。

3. 合同实施偏差处理措施

(1) 组织措施，如增加人员投入，调整人员安排，调整工作流程和工作计划等；

(2) 技术措施，如变更技术方案，采用新的高效率的施工方案等；

(3) 经济措施，如增加投入，采取经济激励措施等；

(4) 合同措施，如进行合同变更，签订附加协议，采取索赔手段等。

五、工程变更管理

1. 工程变更的范围（根据 FIDIC 施工合同条件）：

(1) 改变合同中所包括的任何工作的数量；

(2) 改变任何工作的质量和性质；

(3) 改变工程任何部分的标高、基线、位置和尺寸；

(4) 删减任何工作，但要交他人实施的工作除外；

(5) 任何永久工程需要的任何附加工作、工程设备、材料或服务；

(6) 改动工程的施工顺序或时间安排。

2. 根据我国《建设工程施工合同（示范文本）》(GF—2013—0201)第10.1 变更的范围：

(1) 增加或减少合同中任何工作，或追加额外的工作；

(2) 取消合同中任何工作，但转由他人实施的工作除外；

(3) 改变合同中任何工作的质量标准或其他特性；

(4) 改变工程的基线、标高、位置和尺寸；

(5) 改变工程的时间安排或实施顺序。

3. 工程变更的程序：

1) 提出工程变更：根据工程实施的实际情况，承包商、业主方、设计方都可以根据需要提出工程变更。

2) 工程变更的批准：

(1) 承包商提出的工程变更，应该交予工程师审查并批准；由设计方提出的工程变更应该与业主协商或经业主审查并批准；由业主方提出的工程变更，涉及设计修改的应该与设计单位协商，并一般通过工程师发出。工程师发出工程变更的权力，一般会在施工合同中明确约定，通常在发出变更通知前应征得业主批准。

(2) 工程师和承包人就变更价格和工期补偿达成一致意见之前有必要先行发布变更指示，先执行工程变更工作，然后再就变更价格和工期补偿进行协商和确定。

4. 工程变更的责任分析与补偿要求：

(1) 由于业主要求、政府部门要求、环境变化、不可抗力、原设计错误等导致的设计修改，应该由业主承担责任。由此所造成的施工方案的变更以及工期的延长和费用的增加应该向业主索赔。

（2）由于承包人的施工过程、施工方案出现错误、疏忽而导致设计的修改，应该由承包人承担责任。

（3）由于承包人的施工过程、施工方案本身的缺陷而导致了施工方案的变更，由此所引起的费用增加和工期延长应该由承包人承担责任。

业主向承包人授标前（或签订合同前），可以要求承包人对施工方案进行补充、修改或作出说明，以便符合业主的要求。在授标后（或签订合同后）业主为了加快工期、提高质量等要求变更施工方案，由此所引起的费用增加可以向业主索赔。

六、施工分包管理的方法

1. 施工分包分为专业工程分包和劳务作业分包两种。
2. 对施工分包单位进行管理的责任主体：

（1）施工分包单位的选择可由业主指定，也可以在业主同意的前提下由施工总承包或者施工总承包管理单位自主选择，其合同既可以与业主签订，也可以与施工总承包或者施工总承包管理单位签订。

（2）对施工分包单位进行管理的第一责任主体是施工总承包单位或施工总承包管理单位。

3. 分包管理的内容：

（1）分包管理的内容包括成本控制、进度控制、质量控制、安全管理、信息管理、人员管理、合同管理等。

（2）对于业主指定分包，如果不是由业主直接向分包支付工程款，则要把握分包工程款的支付时间，一定要在收到业主的工程款之后才能支付。

（3）应该在承包人和分包人自检合格的基础上提交业主方检查和验收。

（4）着重对分包单位的操作人员和管理人员进行技术培训和质量教育。

4. 分包管理的方法：

（1）对每一个分包人都有负责管理的部门或人员，实行对口管理。

（2）分包单位的选择应该经过严格考察，并经业主和工程监理机构的认可，其资质类别和等级应该符合规定。

（3）要对分包单位的劳动力组织及计划安排进行审批和控制。

（4）要责成分包单位建立责任制。

（5）对加工构件的分包人，可委派驻厂代表负责对加工厂的进度和质量进行监督。

（6）应该建立工程例会制度，及时反映和处理分包单位施工过程中出现的各种问题。

（7）建立合格材料、制品、配件等的分供方档案库，并对其进行考核、评价，确定信誉好的短名单分供方。

（8）对于有多个分包单位同时进场施工的项目，可以采取工程质量、安全或进度竞赛活动。

七、施工合同履行过程中的诚信自律

1. 诚信行为记录由各省、自治区、直辖市建设行政主管部门在当地建筑市场诚信信息平台上统一公布。其中,不良行为记录信息的公布时间为行政处罚决定做出后 7 日内,公布期限一般为 6 个月至 3 年;良好行为记录信息公布期限一般为 3 年,法律、法规另有规定的从其规定。

2. 不良行为记录除在当地发布外,还将由住房和城乡建设部统一在全国发布,公布期限与地方确定的公布期限相同。

3. 省、自治区和直辖市建设行政主管部门负责审查整改结果,对整改确有实效的,由企业提出申请,经批准,可缩短其不良行为记录信息公布期限,但公布期限最短不得少于 3 个月。同时将整改结果列于相应不良行为记录后,供有关部门和社会公众查询;对拒不整改的单位,信息发布部门可延长其不良行为记录信息的公布期限。

☞ 典型考题

【例 1】在合同分析中,应明确工程变更的补偿范围,工程变更补偿范围通常以合同金额一定的百分比表示,百分比越大,则(　　)。
 A. 合同金额越高　　　　　　　　B. 承包商利润越高
 C. 承包商的风险越大　　　　　　D. 对承包商的补偿越多

【例 2】对建设工程施工合同中发包人的责任进行分析时,主要分析其(　　)。
 A. 报批责任　　B. 监督责任　　C. 合作责任　　D. 组织责任

【例 3】施工合同交底是指由合同管理人员组织相关人员(　　)。
 A. 参与起草合同条款　　　　　　B. 参与合同谈判和合同签订
 C. 研究分析合同中的不妥之处　　D. 学习合同的主要内容和合同分析结果

【例 4】合同分析的目的和作用主要体现在(　　)等方面。
 A. 根据合同要求制订投标策略
 B. 分析合同中的漏洞,制订履行合同的对策
 C. 分析合同风险,制订风险管理对策
 D. 分解合同任务,并落实到具体的部门、人员
 E. 总结合同执行情况,完善竣工验收报告

【例 5】施工合同分析中,对合同价格的分析重点体现在(　　)。
 A. 合同所采用的计价方法　　　　B. 工程量计量程序
 C. 合同价格的调整　　　　　　　D. 工程量计量方法
 E. 拖欠工程款的合同责任

【例 6】施工合同交底的主要目的和任务有(　　)。
 A. 将各种合同事件的责任分解落实到各工程小组或分包人
 B. 明确各项工作或各个工程的工期要求
 C. 明确各个工程小组(分包人)之间的责任界限
 D. 争取对自身有利的合同条款
 E. 明确完不成任务的影响和法律后果

【例 7】施工合同签订后,承包人应对施工合同进行跟踪,跟踪的对象包括(　　)等。
 A. 业主的工作　　　　　　　　　B. 工程师的工作

C. 设计人的工作   D. 承包人的工作

E. 工程分包人的工作

【例8】下述关于分包管理的方法中,正确的说法包括( )。

A. 对每一个分包人都有负责管理的部门,实行对口管理

B. 分包单位的选择应该经过严格考察

C. 对加工构件的分包人,必须委派驻厂代表负责对加工厂的进度和质量进行监督

D. 应该建立工程例会制度

E. 对于有多个分包单位同时进场施工的项目,可以采取工程质量、安全或进度竞赛活动

【例9】关于建筑市场各方主体的不良行为记录,下列说法正确的是( )。

A. 不良行为记录除在当地方发布外,还将由住房和城乡建设部统一在全国发布

B. 不良行为记录由省、自治区和直辖市建设行政主管部门负责审查整改结果

C. 不良行为记录整改确实有效的,由企业提出申请,经批准,可缩短其不良行为记录信息公布期限

D. 对拒不整改的单位,信息发布部门可延长其不良行为记录信息的公布期限

E. 整改结果应列于相应不良行为记录后,但不得供有关社会公众查询

参考答案

1. C；2. C；3. D；4. BCD；5. ABCE；6. ABCE；7. ABDE；8. ABDE；9. ABCD。

1Z206060 建设工程索赔

考点精要

一、索赔的起因

1. <u>合同对方违约</u>,不履行或未能正确履行合同义务与责任;
2. <u>合同错误</u>,如合同条文不全、错误、矛盾等,设计图纸、技术规范错误等;
3. <u>合同变更</u>;
4. <u>工程环境变化</u>,包括法律、物价和自然条件的变化等;
5. <u>不可抗力因素</u>,如恶劣气候条件、地震、洪水、战争状态等。

二、索赔的分类

1. 按索赔有关当事人分类

(1) 承包人与发包人之间的索赔;

(2) 承包人与分包人之间的索赔;

(3) 承包人或发包人与供货人之间的索赔;

(4) 承包人或发包人与保险人之间的索赔。

2. 按照索赔目的和要求分类

(1) 工期索赔；

(2) 费用索赔。

3. 承包商向业主的索赔

(1) 因合同文件引起的索赔；

(2) 有关工程施工的索赔：如地质条件变化引起的索赔，增减工程量引起的索赔；

(3) 关于价款方面的索赔：如货币贬值导致的索赔；

(4) 关于工期的索赔；

(5) 特殊风险和人力不可抗拒灾害的索赔：如暴动等；

(6) 工程暂停、终止合同的索赔；

(7) 财务费用补偿的索赔。

三、反索赔

1. 反索赔就是反驳、反击或者防止对方提出的索赔，不让对方索赔成功或者全部成功。一般认为，索赔是双向的，业主和承包商都可以向对方提出索赔要求，任何一方也都可以对对方提出的索赔要求进行反驳和反击，这种反击和反驳就是反索赔。

2. 反索赔的工作内容包括：一是防止对方提出索赔，二是反击或反驳对方的索赔要求。

3. 对索赔报告的反击或反驳要点包括：

(1) 索赔要求或报告的时限性；

(2) 索赔事件的真实性；

(3) 干扰事件的原因、责任分析、索赔理由分析；

(4) 索赔证据分析；

(5) 索赔值审核。

四、索赔成立的前提条件

索赔的成立，应该同时具备以下三个前提条件：

(1) 与合同对照，事件已造成了承包人工程项目成本的额外支出，或直接工期损失；

(2) 造成费用增加或工期损失的原因，按合同约定不属于承包人的行为责任或风险责任；

(3) 承包人按合同规定的程序和时间提交索赔意向通知和索赔报告。

以上三个条件必须同时具备，缺一不可。

五、索赔的依据

1. 合同文件：合同履行中，发包人与承包人有关工程的洽商、变更等书面协议或文件应视为合同文件的组成部分。

2. 法律、法规。

3. 工程建设惯例。

六、索赔证据

1. 书证。2. 物证。3. 证人证言。4. 视听材料。5. 被告人供述和有关当事人陈述。

6. 鉴定结论。 7. 勘验、检验笔录。

七、索赔的方法

1. 索赔意向通知

在工程实施过程中发生索赔事件以后,或者承包人发现索赔机会,首先要提出索赔意向,这是索赔工作程序的第一步。

索赔意向通知要简明扼要地说明索赔事由发生的时间、地点、简单事实情况描述和发展动态、索赔依据和理由、索赔事件的不利影响等。

2. 索赔文件的提交

提出索赔的一方应该在合同规定的时限内向对方提交正式的书面索赔文件。例如,FIDIC合同条件和我国《建设工程施工合同(示范文本)》(GF—2013—0201)都规定,承包人必须在发出索赔意向通知后的28天内或经过工程师同意的其他合理时间内向工程师提交一份详细的索赔文件和有关资料。如果干扰事件对工程的影响持续时间长,承包人则应按工程师要求的合理间隔(一般为28天),提交中间索赔报告,并在干扰事件影响结束后的28天提交一份最终索赔报告。否则将失去该事件请求补偿的索赔权利。

3. 索赔文件的主要内容包括以下几个方面

(1) 总述部分;

(2) 论证部分;

(3) 索赔款项(和/或工期)计算部分;

(4) 证据部分。

八、索赔费用的组成

1. 人工费的索赔包括:

(1) 完成合同之外的额外工作所花费的人工费用;

(2) 由于非承包商责任的工效降低所增加的人工费用;

(3) 超过法定工作时间加班劳动;

(4) 法定人工费增长以及非承包商责任工程延期导致的人员窝工费和工资上涨费等。

如图6-1所示。

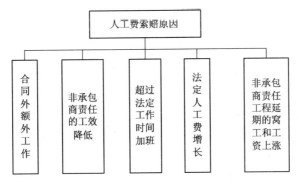

图6-1 人工费索赔

2. 材料费：

(1) 由于索赔事项材料实际用量超过计划用量而增加的材料费；

(2) 由于客观原因材料价格大幅度上涨；

(3) 由于非承包商责任工程延期导致的材料价格上涨和超期储存费用。

(4) 材料费中应包括运输费、仓储费以及合理的损耗费用。

如图 6-2 所示。

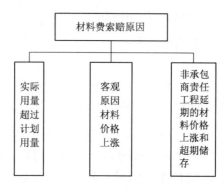

图 6-2 材料费索赔

3. 施工机械使用费：

(1) 由于完成额外工作增加的机械使用费；

(2) 非承包商责任工效降低增加的机械使用费；

(3) 由于业主或监理工程师原因导致机械停工的窝工费。窝工费的计算：如系租赁设备，一般按实际租金和调进调出费的分摊计算；如系承包商自有设备，一般按台班折旧费计算。

如图 6-3 所示。

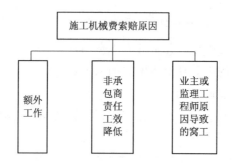

图 6-3 施工机械费索赔

4. 分包费用：分包人的索赔费，一般也包括人工、材料、机械使用费的索赔。分包商的索赔应如数列入总承包商的索赔款总额以内。

5. 现场管理费：指承包商完成额外工程、索赔事项工作以及工期延长期间的现场管理费，包括管理人员工资、办公、通信、交通费等。

6. 利息：在索赔款额的计算中，经常包括利息。利息的索赔通常发生于下列情况：拖期付款的利息；错误扣款的利息。一般按照以下四种算法：

(1) 按当时的银行贷款利率;

(2) 按当时的银行透支利率;

(3) 按合同双方协议的利率;

(4) 按中央银行贴现率加三个百分点。

7. 利润。一般来说,由于工程范围的变更、文件有缺陷或技术性错误、业主未能提供现场等引起的索赔,承包商可以列入利润。一般监理工程师很难同意在工程暂停的费用索赔中加进利润损失。索赔利润的款额计算通常是与原报价单中的利润百分率保持一致。

九、索赔费用的计算方法

1. 索赔费用的计算方法有:实际费用法、总费用法和修正的总费用法。

2. 实际费用法是计算工程索赔时最常用的一种方法,以承包商为某项索赔工作所支付的实际开支为依据,向业主要求费用补偿。用实际费用法计算时,在直接费的额外费用部分的基础上,再加上应得的间接费和利润,即是承包商应得的索赔金额。

3. 总费用法就是当发生多次索赔事件以后,重新计算该工程的实际总费用,实际总费用减去投标报价时的估算总费用,即为索赔金额,即:

$$索赔金额 = 实际总费用 - 投标报价估算总费用$$

4. 修正的总费用法是对总费用法的改进,即在总费用计算的原则上,去掉一些不合理的因素,使其更合理。

十、工期延误的分类

1. 按照索赔要求和结果划分:可索赔延误和不可索赔延误。

2. 如果延误时间少于该工作的总时差,业主一般不会给予工期顺延,但可能给予费用补偿。

3. 按照延误事件之间的关联性划分:

(1) 单一延误;

(2) 共同延误;

(3) 交叉延误。

1 和 3 两种分类方法之间没有必然联系。

十一、《建设工程施工合同(示范文本)》(GF—2013—0201)确定的可以顺延工期的条件

在合同履行过程中,因下列情况导致工期延误和(或)费用增加的,由发包人承担由此延误的工期和(或)增加的费用,且发包人应支付承包人合理的利润:

(1) 发包人未能按合同约定提供图纸或所提供图纸不符合合同约定的;

(2) 发包人未能按合同约定提供施工现场、施工条件、基础资料、许可、批准等开工条件的;

(3) 发包人提供的测量基准点、基准线和水准点及其书面资料存在错误或疏漏的;

(4) 发包人未能在计划开工日期之日起 7 天内同意下达开工通知的;

(5) 发包人未能按合同约定日期支付工程预付款、进度款或竣工结算款的;

(6) 监理人未按合同约定发出指示、批准等文件的;

(7) 专用合同条款中约定的其他情形。

因发包人原因未按计划开工日期开工的,发包人应按实际开工日期顺延竣工日期,确保实际工期不低于合同约定的工期总日历天数。因发包人原因导致工期延误需要修订施工进度计划的,按照第7.2.2项〔施工进度计划的修订〕执行。

【发包人或监理人的原因导致的工期延误。】

十二、工期索赔的分析和计算方法

1. 工期索赔的分析包括延误原因分析、延误责任的界定、网络计划(CPM)分析、工期索赔的计算等。

2. 工期索赔的计算方法:(1)直接法;(2)比例分析法(看书中计算示例);(3)网络分析法。

☞ 典型考题

【例1】建设工程中的反索赔是相对索赔而言的,反索赔的提出者(　　)。
  A. 仅限发包方　　　　　　　　　B. 仅限承包方
  C. 发包方和承包方均可　　　　　D. 仅限监理方

【例2】关于建设工程索赔成立的条件,下列说法中正确的是(　　)。
  A. 导致索赔的事件必须是对方的过错,索赔才能成立
  B. 只要对方有过错,不管是否造成损失,索赔都可以成立
  C. 只要索赔事件的事实存在,在合同有效期内任何时候提出索赔都可以成立
  D. 不按照合同规定的程序提交索赔报告,索赔不能成立

【例3】建设工程索赔中,承包商计算索赔费用时最常用的方法是(　　)。
  A. 总费用法　　　　　　　　　　B. 修正的总费用法
  C. 实际费用法　　　　　　　　　D. 修正的实际费用法

【例4】工程施工工程中发生了索赔事件,承包人首先要做的是(　　)。
  A. 向监理工程师提交索赔证据
  B. 提出索赔意向通知
  C. 提交索赔报告
  D. 与业主就索赔事项进行谈判

【例5】某工程采用实际费用法计算承包商的索赔金额,由于主体结构施工受到干扰的索赔事件发生后,承包商应得的索赔金额中除可索赔的直接费外,还应包括(　　)。
  A. 应得的措施费和间接费　　　　B. 应得的间接费和利润
  C. 应得的现场管理费和分包费　　D. 应得的总部管理费和分包费

【例6】由于非承包商责任造成承包商自有机械设备窝工,其索赔费按(　　)计算。
  A. 台班费　　　　　　　　　　　B. 台班折旧费
  C. 折算租金　　　　　　　　　　D. 折算租金乘以规定的降效系数

【例7】关于工期索赔,下列说法正确的是(　　)。

A. 单一延误是可索赔延误   B. 共同延误是不可索赔延误

C. 交叉延误可能是可索赔延误   D. 非关键线路延误是不可索赔延误

【例8】非承包商原因导致非关键线路上的某项工作延误,如延误时间小于该项工作的总时差,则对此项延误的补偿是( )。

A. 业主既应给予工期顺延,也应给予费用补偿

B. 业主一般不会给予工期顺延,但给予费用补偿

C. 业主不会给予工期顺延,也不给予费用补偿

D. 业主一般不会给予工期顺延,但可能给予费用补偿

【例9】发生索赔事项,索赔费用的计算方法有( )等。

A. 综合费用法   B. 实际费用法

C. 总费用法   D. 修正的总费用法

E. 实物费用法

【例10】对由于( )等原因引起的索赔,承包商可索赔人工费部分。

A. 工效降低增加的劳动   B. 完成合同之外的工作

C. 工程延期致使人员窝工   D. 法定人工费增长

E. 超过法定工作时间加班劳动

【例11】在建设工程项目施工索赔中,可索赔的材料费包括( )。

A. 非承包商原因导致材料实际用量超过计划用量而增加的费用

B. 因政策调整导致材料价格上涨的费用

C. 非承包商原因导致的材料价格上涨

D. 因承包商提前采购材料而发生的超期储存费用

E. 由业主原因造成的材料损耗费

【例12】在建设工程项目施工过程中,施工机械使用费的索赔款项包括( )。

A. 因机械故障停工维修而导致的窝工费

B. 因监理工程师指令错误导致机械停工的窝工费

C. 非承包商责任导致工效降低增加的机械使用费

D. 因机械操作工患病停工而导致的机械窝工费

E. 由于完成额外工作增加的机械使用费

【例13】承包商可以向业主索赔利润的情况有( )。

A. 工程范围变更   B. 文件有缺陷

C. 分部工程延期施工   D. 文件技术性错误

E. 业主未能提供现场

参考答案

1. C; 2. D; 3. C; 4. B; 5. B; 6. B; 7. C; 8. D; 9. BCD; 10. BDE;
11. ABCE; 12. BCE; 13. ABDE。

1Z206070 国际建设工程施工承包合同

☞ **考点精要**

一、国际工程承包合同通常使用国际通用的合同示范文本,著名的标准合同文本有 **FIDIC 合同**(国际咨询工程师联合会)、**ICE 合同**(英国土木工程师学会)、**JCT 合同**(英国合同审定联合会)、**AIA 合同**(美国建筑师学会)、**AGC 合同**(美国总承包商协会)等。合同管理是整个项目管理的核心,合同双方对合同的内容和条款非常重视

二、国际工程承包合同通常采用总价合同或单价合同,有时也采用成本加酬金合同

三、FIDIC 系列合同条件
(1)《施工合同条件》(简称"新红皮书")。该合同主要用于由发包人设计的或由咨询工程师设计的房屋建筑工程和土木工程的施工项目。合同计价方式属于单价合同。
(2)《永久设备和设计—建造合同条件》(简称"新黄皮书")。适用于由承包商做绝大部分设计的工程项目。合同计价采用总价合同方式,合同价格可调整(法规规定的变化或物价波动)。
(3)《EPC 交钥匙项目合同条件》(简称"银皮书")。适用于在交钥匙的基础上进行的工程项目的设计和施工。合同计价采用固定总价方式,只有在某些特定风险出现时才调整价格。
(4)《简明合同格式》。合同计价可以采用单价合同、总价合同或者其他方式。

四、英国 JCT 合同条件
JCT 的建筑工程合同条件(JCT98)用于业主和承包商之间的施工总承包合同,主要适用于传统的施工总承包,属于总价合同。另外还有适用于 DB 模式、MC 模式的合同条件。JCT98 主要用于传统采购模式,也可以用于 CM 采购模式,共有 6 种不同的版本。

五、美国 AIA 系列合同条件
1. AIA 文件分为 A、B、C、D、G、INT 六个系列。其中:
A 系列,是关于业主与承包人之间的合同文件;
B 系列,是关于业主与建筑师之间的合同文件;
C 系列,是关于建筑师与提供专业服务的咨询机构之间的合同文件;
D 系列,是建筑师行业所用的有关文件;
G 系列,是合同和办公管理中使用的文件和表格。
2. 每个系列又有不同的标准合同文件。
3. AIA 合同条件主要用于私营的房屋建筑工程,在美洲地区具有较高的权威性,应用广泛。
4. AIA 系列合同中的文件 A201,即施工合同通用条件,类似于 FIDIC 的土木工程施工合同条件,是 AIA 系列合同中的核心文件。

5. AIA 合同中的建筑师类似于 FIDIC 红皮书中的工程师,是业主与承包商的联系纽带,是施工期间业主的代表,在合同规定的范围内有权代表业主行事。

6. AIA 合同将保险分为三部分,即承包商责任保险、业主责任保险、财产保险。与 FIDIC 红皮书相比,AIA 合同中业主明显地要承担更多的办理保险、支付保费方面的义务。

六、施工承包合同争议的解决方式

1. 国际工程施工承包合同争议解决的方式一般包括协商、调解、仲裁或诉讼。
2. 协商解决争议是最常见也是最有效的方式。

七、仲裁

1. 仲裁的地点通常有以下三种选择。
(1) 在工程所在国仲裁:这是比较常见的选择。
(2) 在被诉方所在国仲裁。
(3) 在合同中约定的第三国。
2. 仲裁的效力:在我国,仲裁实行一裁终局制。
3. 仲裁的特点:仲裁程序效率高,周期短,费用少;保密性;专业化。

八、DAB(争端裁决委员会)方式

1. 在 FIDIC 合同中采用的是 DAB 方式。
2. 合同双方经过协商,选定 DAB。
3. DAB 一般由一人、三人或者五人组成。其任命包括:
(1) 常任争端裁决委员会。
(2) 特聘争端裁决委员会,由只在发生争端时任命的一名或三名成员组成,他们的任期通常在 DAB 对该争端发出其最终决定时期满。
(3) 由工程师兼任。
4. DAB 的成员一般为工程技术和管理方面的专家,与业主、承包商没有任何经济利益及业务联系。
5. DAB 的报酬:业主和承包商应该按照支付条件各自支付其中的一半。
6. DAB 的优点:
(1) DAB 委员可以在项目开始时就介入项目,了解项目管理情况及其存在的问题。
(2) DAB 委员公正性、中立性的规定通常情况下可以保证他们的决定不带有任何主观倾向或偏见。
(3) 周期短,可以及时解决争议。
(4) DAB 的费用较低。
(5) DAB 委员是发包人和承包人自己选择的,其裁决意见容易为他们所接受。
(6) 由于 DAB 提出的裁决不是强制性的,不具有终局性,合同双方或一方对裁决不满意,仍然可以提请仲裁或诉讼。

九、施工承包合同的订立：招标是国际工程承包合同订立的最主要形式

典型考题

【例1】FIDIC 系列合同条件中，采用固定总价方式计价，只有在出现某些特定风险时才能调整价格的合同是（　　）。
　　A. 施工合同条件
　　B. EPC 交钥匙项目合同条件
　　C. 永久设备和设计—建造合同条件
　　D. 简明合同格式

【例2】美国建筑师学会（AIA）的合同条件主要用于（　　）工程。
　　A. 房屋建筑　　　B. 铁路和公路　　　C. 石油化工　　　D. 大型基础设施

【例3】采用 DAB 方式解决合同纠纷时，下列说法中正确的有（　　）。
　　A. DAB 的委员一般是工程施工、法律和合同方面具有经验的专家
　　B. DAB 的委员与发包人之间不得有任何经济利益关系
　　C. DAB 的委员可以由一人、三人或者五人组成
　　D. 可及时解决纠纷，但费用较高
　　E. 支付给 DAB 成员的费用由业主和承包商按照支付条件各自支付其中的一半

【例4】国际工程承包合同争议解决的方式包括（　　）。
　　A. 协商　　　　　B. 调解　　　　　C. 仲裁　　　　　D. 诉讼
　　E. 单方解除合同

【例5】对于 FIDIC 新红皮书的说法，正确的是（　　）。
　　A. 可用于发包人设计的房屋建筑工程
　　B. 可用于咨询工程师设计的房屋建筑工程
　　C. 可用于发包人设计的土木工程
　　D. 可用于咨询工程师设计的土木工程
　　E. 可用于承包人设计的房屋建筑工程

参考答案

　　1. B；2. A；3. ABCE；4. ABCD；5. ABCD。

1Z207000 建设工程项目信息管理

考点分布及解析

此章最近两年的考试分值在 2~4 分。今年没有修订。

1Z207010 建设工程项目信息管理的目标和任务

考点精要

一、项目信息管理的目的：旨在通过有效的项目信息传输的组织和控制为项目建设的增值服务

二、信息管理手册

各方都应编制各自的信息管理手册，以规范信息管理工作。信息管理手册的主要内容包括：

(1) 信息管理的任务（信息管理任务目录）；
(2) 信息管理的任务分工表和管理职能分工表；
(3) 信息的分类；
(4) 信息的编码体系和编码；
(5) 信息输入输出模型；
(6) 各项信息管理工作的工作流程图；
(7) 信息流程图；
(8) 信息处理的工作平台及其使用规定；
(9) 各种报表和报告的格式，以及报告周期；
(10) 项目进展的月度报告、季度报告、年度报告和工程总报告的内容及其编制；
(11) 工程档案管理制度；
(12) 信息管理的保密制度等。

三、信息管理部门的工作任务

1. 负责编制信息管理手册，在项目实施过程中进行信息管理手册的必要修改和补充，并检查和督促其执行；

2. 负责协调和组织项目管理班子中各个工作部门的信息处理工作；
3. 负责信息处理工作平台的建立和运行维护；
4. 与其他工作部门协同组织收集信息、处理信息和形成各种反映项目进展和项目目标控制的报表和报告；
5. 负责工程档案管理等。

四、信息技术的核心手段是基于互联网的信息处理平台

☞ **典型考题**

【例1】建设工程项目信息管理的最终目的是（　　）。
　　A. 通过项目信息搜集的有效组织和控制为项目参与各方的沟通搭建平台
　　B. 通过项目信息传输的有效组织和控制为项目建设的增值服务
　　C. 通过项目信息存储的有效组织和控制为项目运行期的维护保养提供依据
　　D. 通过项目信息处理的有效组织和控制为项目业主方协调各方关系提供依据

【例2】为了实现有序和科学的项目信息管理，应由（　　）。
　　A. 业主方编制统一的信息管理职能分工表
　　B. 业主方和项目参与各方编制各自的信息管理手册
　　C. 业主方制定统一的信息安全管理规定
　　D. 业主方制定统一的信息管理保密制度

【例3】建设工程项目管理应重视利用信息技术的手段进行信息管理，其核心的手段是（　　）。
　　A. 服务于信息处理的应用软件　　B. 收发电子邮件的专用软件
　　C. 基于网络的信息处理平台　　D. 基于企业内部信息管理的网络系统

【例4】信息管理部门的工作任务包括（　　）。
　　A. 负责编制信息管理手册
　　B. 负责协调项目管理班子中各个工作部门的信息处理工作
　　C. 负责信息处理工作平台的建立和运行维护
　　D. 负责工程档案管理
　　E. 负责项目管理组织结构编码

【例5】建设工程项目信息管理手册的主要内容包括（　　）等。
　　A. 信息的编码体系和编码　　B. 信息输入输出模型
　　C. 工程档案管理制度　　D. 各种报表和报告格式
　　E. 信息应用效果分析

☞ **参考答案**

1. B；2. B；3. C；4. ABCD；5. ABCD。

1Z207020 建设工程项目信息的分类、编码和处理方法

考点精要

一、项目信息的分类

建设工程项目有各种信息,如图 7-1 所示。

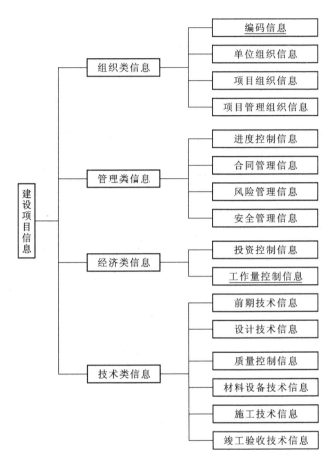

图 7-1 建设项目的信息

可以从不同的角度对建设工程项目的信息进行分类,如:

1. 按项目管理工作的对象,即按项目的分解结构,如子项目 1、子项目 2 等进行信息分类;
2. 按项目实施的工作过程,如设计准备、设计、招标投标和施工过程等进行信息分类;
3. 按项目管理工作的任务,如投资控制、进度控制、质量控制等进行信息分类;
4. 按信息的内容属性,如组织类信息、管理类信息、经济类信息、技术类信息和法规类信息。

二、项目信息编码的方法

(1) 项目的结构编码,依据项目结构图对项目结构的每一层的每一个组成部分进行编码。

(2) 项目管理组织结构编码,依据项目管理的组织结构图,对每一个工作部门进行编码。
(3) 项目实施的工作项编码应覆盖项目实施的工作任务目录的全部内容。
(4) 项目的投资项编码(业主方)/成本项编码(施工方),它并不是概预算定额确定的分部分项工程的编码,它应综合考虑概算、预算、标底、合同价和工程款的支付等因素,建立统一的编码,以服务于项目投资目标的动态控制。
(5) 项目的进度项(进度计划的工作项)编码,应综合考虑不同层次、不同深度和不同用途的进度计划工作项的需要,建立统一的编码,服务于项目进度目标的动态控制。

三、项目信息处理的方法

基于网络的信息处理平台由一系列硬件和软件构成:

建设工程项目的业主方和项目参与各方往往分散在不同的地点,或不同的城市,或不同的国家,因此其信息处理应考虑充分利用远程数据通信的方式,如:

1. 通过电子邮件收集信息和发布信息;2. 通过基于互联网的项目专用网站;或通过基于互联网的项目信息门户;3. 召开网络会议;4. 基于互联网的远程教育与培训等。

【重点关注:投资项编码考虑的因素。】

☞ **典型考题**

【例1】关于建设工程项目信息编码,下列说法正确的是( )。
    A. 项目的投资项编码,应按概预算定额确定的分部分项工程编码进行编码
    B. 项目实施的工作项编码,是对施工过程的编码,应覆盖项目施工全过程
    C. 项目管理组织结构编码,应依据项目管理的组织结构图,对每一个工作部门进行编码
    D. 项目的进度项编码,应根据不同层次、不同深度的进度计划工作项的需要分别建立不同的编码

【例2】基于网络的信息处理平台是由一系列的( )构成。
    A. 硬件和软件   B. 文档资料   C. 专用网站   D. 计算机网络

【例3】对建设项目投资项(或者成本项)信息进行编码时,适宜的做法是( )。
    A. 综合考虑投资方、承包商要求进行编码
    B. 综合考虑概算、预算、标底、合同价、工程款支付等因素建立编码
    C. 根据概算定额确定的分部分项工程进行编码
    D. 根据预算定额确定的分部分项工程进行编码

【例4】为了满足建设工程项目施工成本管理的要求,项目成本项编码时应考虑的因素包括( )。
    A. 投资估算   B. 概预算
    C. 合同价   D. 工程款支付
    E. 计价程序

【例5】建设工程项目信息可以按( )进行分类。

A. 项目管理工作的对象 B. 项目实施的工作过程
C. 项目规模的大小 D. 项目管理工作的任务
E. 项目信息的内容属性

【例6】建设工程项目信息,按其内容属性可分为( )。
A. 资源类信息 B. 组织类信息
C. 管理类信息 D. 技术类信息
E. 经济类信息

参考答案

1. C; 2. A; 3. B; 4. BCD; 5. ABDE; 6. BCDE。

1Z207030 建设工程管理信息化及建设工程项目管理信息系统的功能

考点精要

一、管理信息化的意义

信息技术在工程管理中的开发和应用的意义在于:

(1)"信息存储数字化和存储相对集中"有利于项目信息的检索和查询,有利于数据和文件版本的统一,并有利于项目的文档管理;

(2)"信息处理和变换的程序化"有利于提高数据处理的准确性,并可提高数据处理的效率;

(3)"信息传输的数字化和电子化"可提高数据传输的抗干扰能力,使数据传输不受距离限制并可提高数据传输的保真度和保密性;

(4)"信息获取便捷"、"信息透明度提高"以及"信息流扁平化"有利于项目各参与方之间的信息交流和协同工作。

二、项目信息门户

1. 项目信息门户既不同于项目管理信息系统,也不同于管理信息系统,是一个网站,是项目各参与方信息交流、共同工作、共同使用和互动的管理工具。

2. 业主方是项目信息门户的主持者,也可以委托代表其利益的工程顾问公司作为项目信息门户的主持者。

三、项目管理信息系统主要用于项目的目标控制,是项目进展的跟踪和控制系统

四、企业的管理信息系统主要用于企业的人、财、物、产、供、销的管理

【重点关注:项目信息门户、项目管理信息系统和企业管理信息系统的不同。】

五、工程项目管理信息系统的功能。

(1) 投资控制(业主方)；

(2) 成本控制(施工方)；

(3) 进度控制；

(4) 合同管理。

☞ **典型考题**

【例1】项目管理信息系统是基于计算机的项目管理的信息系统,主要用于项目的(　　)。
  A. 信息检索和查询　　　　　　B. 目标控制
  C. 人、财、物的管理　　　　　D. 信息收集和存储

【例2】建设工程的项目信息门户是基于互联网技术的重要管理工具。可以作为一个建设工程服务的项目信息门户主持者的是(　　)。
  A. 建设行政主管部门　　　　　B. 设计单位
  C. 业主委托的工程顾问公司　　D. 施工单位

【例3】关于项目信息门户,下列说法正确的是(　　)。
  A. 项目信息门户是一种项目管理信息系统(PMIS)
  B. 项目信息门户是一种企业管理信息系统(MIS)
  C. 项目信息门户主要用于项目法人的人、财、物、产、供、销的管理
  D. 项目信息门户可以为一个建设工程的各参与方服务

☞ **参考答案**

1. B；2. C；3. D。

2016年一级建造师"建设工程项目管理"科目模拟试题(一)(附参考答案)

一、单项选择题(共70题,每题1分,每题的备选项中,只有一个最符合题意)

1. 在项目目标动态控制中,属于项目目标控制准备工作的是( )。
   A. 收集项目目标的实际值
   B. 确定目标控制的计划值
   C. 将实际值与计划值比较
   D. 找出实际值与计划值的偏差

2. 矩阵组织结构适宜用于( )。
   A. 地区分散的组织系统
   B. 地区集中的组织系统
   C. 小的组织系统
   D. 大的组织系统

3. 如果一个进度计划系统是由总进度计划、项目子系统进度计划、项目子系统的单项工程进度计划组成。该进度计划系统是由( )的计划组成的计划系统。
   A. 不同功能
   B. 不同项目参与方
   C. 不同深度
   D. 不同周期

4. 在国际工程承包合同中,根据工程项目的规模和复杂程度,DAB争端裁决委员会的任命有多种方式,只有在发生争端时任命的是( )。
   A. 常任争端裁决委员会
   B. 特聘争端裁决委员会
   C. 工程师兼任的委员会
   D. 业主指定争端委员会

5. 我国业主方主要通过( )选择设计方案和设计单位。
   A. 设计竞赛
   B. 设计招标
   C. 直接委托
   D. 设计竞赛与设计招标结合

6. 环境管理体系标准中,环境是指( )。
   A. 组织运行活动的外部存在
   B. 各种天然的和经过人工改造的自然因素的总和
   C. 废水、废气、废渣的存在和分布情况
   D. 周边大气、阳光和水分布的总称

7. 业主方的项目管理服务于业主的利益,其项目管理的投资目标是指项目的( )。
   A. 总费用目标
   B. 总成本目标
   C. 总投资目标
   D. 总利润目标

8. 项目人力资源管理的目的是( ),以实现项目目标。
   A. 调动所有项目参与人的积极性
   B. 降低项目的人力成本
   C. 建立广泛的人际关系
   D. 调动与项目相关的所有人员的积极性

9. 损失控制和安全管理人员的能力方面带来的风险属于( )。
   A. 经济和管理风险
   B. 技术风险

C. 组织风险 D. 工程环境风险

10. 施工组织设计按照编制对象,可分为施工组织总设计、单位工程施工组织设计和( )。
    A. 分部工程施工组织设计 B. 分项工程施工组织设计
    C. 施工方案 D. 分部分项工程施工组织设计

11. 建设工程管理包括决策阶段的开发管理,实施阶段的项目管理和使用阶段的( )。
    A. 使用管理 B. 运行管理 C. 物业管理 D. 设施管理

12. 建设工程项目管理规划由( )编制。
    A. 业主方 B. 设计方 C. 施工方 D. 监理方

13. 建设工程项目的实施阶段策划的主要任务是确定如何组织该项目的( )。
    A. 开发或建设 B. 可行性 C. 施工 D. 全过程管理

14. 施工成本计划通常有三类指标,即( )。
    A. 拟完工作预算成本指标、已完工作预算成本指标和成本降低率指标
    B. 成本计划的数量指标、质量指标和效益指标
    C. 预算成本指标、计划成本指标和实际成本指标
    D. 人、财、物成本指标

15. 关于项目质量控制系统,以下说法正确的是( )。
    A. 项目质量控制系统的目标是某一建筑企业的质量管理目标
    B. 项目质量控制系统仅服务于某一个承包企业或组织机构
    C. 项目质量控制系统是一次性的质量工作系统
    D. 项目质量控制系统的有效性需进行第三方认证

16. 下列工程担保中,以保护承包人合法权益为目的的是( )。
    A. 投标担保 B. 支付担保 C. 履约担保 D. 预付款担保

17. 编制施工成本计划时,施工成本可按成本构成分解为人工费、材料费、施工机具使用费、( )。
    A. 企业管理费 B. 直接费和间接费
    C. 规费和企业管理费 D. 间接费、利润和税金

18. 施工成本计划按其作用,可以分为( )、指导性成本计划和实施性成本计划。
    A. 投标成本计划 B. 预算成本计划
    C. 竞争性成本计划 D. 施工成本计划

19. 反映一个组织系统中各项工作之间逻辑关系的是( )。
    A. 组织结构模式 B. 任务分工表 C. 项目结构图 D. 工作流程图

20. 反映的信息量少,一般在项目的较高管理层应用的施工成本偏差分析法是( )。
    A. 排列图法 B. 表格法 C. 横道图法 D. 曲线法

21. 在施工成本的各种核算方法中,业务核算比( )。
    A. 会计核算和统计核算的范围广
    B. 会计核算的范围窄,比统计核算的范围广
    C. 会计核算的范围广,比统计核算的范围窄
    D. 会计核算和统计核算的范围窄

22. 在建设工程项目进度控制工作中,分析和论证进度目标的目的是分析和论证(　　)。
   A. 进度目标的合理性及实现的可能性
   B. 进度目标实现措施的经济性和可操作性
   C. 进度目标与成本目标、质量目标的匹配性
   D. 进度目标与成本目标、质量目标的一致性

23. 施工安全技术措施应能够在每个施工工序之中得到贯彻实施,既要考虑保证安全要求,又要考虑现场环境条件和施工技术条件能够做到,反映了施工安全技术措施的(　　)。
   A. 针对性和可操作性　　　　　　　　B. 针对性和全面性
   C. 可行性和可操作性　　　　　　　　D. 可行性和全面性

24. 反映一个组织系统中各子系统之间指令关系的是(　　)。
   A. 组织结构图　　B. 职能分工表　　C. 项目合同图　　D. 工作流程图

25. 论证建设工程项目总进度目标,需要进行①总进度计划的编制;②进度计划系统结构分析;③项目结构的分析等多项工作。仅就上述三项工作而言,其正确的顺序为(　　)。
   A. ①—②—③　　B. ②—③—①　　C. ③—①—②　　D. ③—②—①

26. 已知某工作 $i-j$ 的持续时间为4天,其 i 节点的最早开始时间为第18天,最迟开始时间为第21天,则该工作的最早完成的时间为(　　)。
   A. 18天　　　　B. 21天　　　　C. 22天　　　　D. 25天

27. 在工程网络计划中,当计划工期等于计算工期时,关于关键工作的判定条件不正确的是(　　)。
   A. 该工作的总时差为零
   B. 该工作与其紧后工作之间的时间间隔为零
   C. 该工作的最早开始时间与最迟开始时间间隔为零
   D. 该工作的最早开始时间与最迟开始时间相等

28. 关于进度计划调整的说法,正确的是(　　)。
   A. 根据计划检查的结果在必要时进行计划的调整
   B. 网络计划中某项工作进度超前,不需要进行计划的调整
   C. 非关键线路上的工作不需要进行调整
   D. 当某项工作实际进度拖延的时间超过其总时差时,只需要考虑总工期的限制

29. FIDIC系列合同条件中,采用固定总价方式计价,只有在出现某些特定风险时才能调整价格的合同是(　　)。
   A. 施工合同条件　　　　　　　　　　B. EPC交钥匙项目合同条件
   C. 永久设备和设计——建造合同条件　　D. 简明合同格式

30. 下列各项措施中,(　　)是建设工程项目进度控制的技术措施。
   A. 确定各类进度计划的审批程序　　　B. 选择工程承发包模式
   C. 优选项目设计、施工方案　　　　　D. 选择合理的合同结构

31. 由于非承包商责任造成承包商自有机械设备窝工,其索赔费按(　　)计算。
   A. 台班费　　　　　　　　　　　　　B. 台班折旧费
   C. 折算租金　　　　　　　　　　　　D. 折管租金乘以规定的降效系数

32. 某分项工程计划完成工程量 3 000 m³,计划成本 15 元/m³,实际完成工程量 2 500 m³,实际成本 20 元/m³。则该分项工程的施工进度偏差( )。
   A. 拖后 7 500 元　　B. 提前 7 500 元　　C. 拖后 12 500 元　　D. 提前 12 500 元

33. 建设工程项目进度控制的经济措施包括( )。
   A. 优化项目设计方案　　　　　　　　B. 分析和论证项目进度目标
   C. 编制资源需求计划　　　　　　　　D. 选择项目承发包模式

34. 某工程双代号网络计划如下图所示,图中的错误是( )。

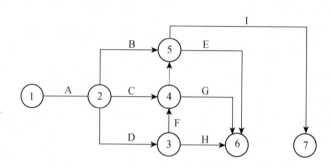

   A. 有多个起点节点　　　　　　　　　B. 有多个终点节点
   C. 有双向箭头联线　　　　　　　　　D. 有循环回路

35. 施工质量计划的审批,包括企业内部的审批和( )的审查。
   A. 建设单位　　　　　　　　　　　　B. 项目监理机构
   C. 建设行政主管部门　　　　　　　　D. 项目经理部

36. 可用于分析造成质量问题主次因素的方法是( )。
   A. 排列图法　　B. 调查表法　　C. 鱼刺图法　　D. 直方图法

37. 某工程网络计划中,工作 M 的总时差为 7 天,自由时差为 5 天。在计划执行情况的检查中,发现只有工作 M 的实际进度拖后了 4 天,则关于工作 M 实际进度的说法,正确的是( )。
   A. 使总工期拖后 1 天,使后续工作最早开始时间拖后 1 天
   B. 不影响总工期,也不影响后续工作的正常进行
   C. 使总工期拖后 1 天,但不影响后续工作的正常进行
   D. 不影响总工期,但使后续工作最早开始时间拖后 1 天

38. 以下关于质量控制的解释正确的是( )。
   A. 质量控制就是质量管理
   B. 质量控制就是建设方的质量控制
   C. 只要具备相关作业技术能力,就能产生合格的质量
   D. 质量控制包括建设、勘察、设计、施工、监理各方的质量控制活动

39. 建设工程项目质量的形成过程,体现细化到目标实现的系统过程,而质量目标的决策是( )的职能。
   A. 建设单位　　　　　　　　　　　　B. 设计单位
   C. 项目管理咨询单位　　　　　　　　D. 建设项目工程总承包单位

40. 质量管理的 PDCA 循环中,"D"的职能是( )。
   A. 将质量目标值通过投入产出活动转化为实际值
   B. 对质量检查中的问题或不合格及时采取措施纠正
   C. 确定质量目标和制定实现质量目标的行动方案
   D. 对计划执行情况和结果进行检查

41. 在 GB/T 19000 质量管理体系中,质量记录应完整地反映质量活动实施、验证和评审的情况,并记载关键活动的过程参数,达到( )的效果
   A. 事中控制　　　B. 持续改进　　　C. 可追溯　　　D. 可存档

42. 在双代号时标网络计划中,波形线表示的是工作的( )。
   A. 自由时差　　　B. 关键线路　　　C. 总时差　　　D. 逻辑关系

43. 某建筑材料采购合同中,委托运输部门运输、送货或代运的产品,其交货期限一般以( )为准。
   A. 需方收货戳记的日期　　　　　B. 供方按合同规定通知的提货日期
   C. 承运单位签发的日期　　　　　D. 供方向承运单位提出申请的日期

44. 建设工程项目质量的影响因素包括人的因素、( )、材料因素、方法因素和环境因素。
   A. 机械因素　　　　　　　　　　B. 设备因素
   C. 物资因素　　　　　　　　　　D. 机械设备因素

45. 对直方图的分布位置与质量控制标准的上下限范围进行比较时,如质量特性数据分布( ),说明质量能力偏大、不经济。
   A. 偏下限　　　　　　　　　　　B. 充满上下限
   C. 居中且边界与上下限有较大距离　D. 超出上下限

46. 当发生索赔事件时,按照索赔的程序,承包人首先应( )。
   A. 向政府建设主管部门报告
   B. 收集索赔证据、计算经济损失和工期损失
   C. 以书面形式向工程师提出索赔意向通知
   D. 向工程师提出索赔报告

47. 施工过程质量验收分为( )的质量验收。
   A. 检验批、分项工程、分部工程、单位工程
   B. 分项工程、分部工程、单位工程
   C. 检验批、分项工程、分部工程、隐蔽工程、单位工程
   D. 检验批、分部工程、单位工程

48. 建设工程项目施工成本管理的组织措施之一是( )。
   A. 编制施工成本控制工作流程图　　B. 制定施工方案并对其进行分析论证
   B. 进行工程风险分析并制定防范性对策　D. 防止和处理施工索赔

49. 建设单位应当自建设工程竣工验收合格之日起( )日内,将建设工程竣工验收报告和规划、公安消防、环保等部门出具的认可文件或准许使用文件,报建设行政主管部门或者其他相关部门备案。
   A. 45　　　　　B. 30　　　　　C. 7　　　　　D. 15

50. 根据施工合同示范文本的规定,图纸会审和设计交底应由( )组织。
    A. 总监理工程师   B. 发包方   C. 承包人   D. 设计单位

51. 在建设工程项目决策阶段,建设单位职业健康安全与环境管理的任务是( )。
    A. 对环境保护和安全设施的设计提出建议
    B. 办理有关安全和环境保护的各种审批手续
    C. 对生产安全事故的防范提出指导意见
    D. 将保证安全施工的措施报有关管理部门备案

52. 某工地发生触电事故,一方面要进行人的安全用电操作教育,同时现场也要设置漏电开关、对配电箱、用电线路进行防护改造。此项工作属于安全事故隐患治理的( )原则。
    A. 重点治理原则   B. 冗余安全度治理原则
    C. 单项隐患综合治理原则   D. 动态治理原则

53. 质量虽未达到规范、标准或设计规定的要求,存在一定的缺陷,但采取整修等措施后可以达到要求的质量标准,又不影响使用功能或外观的要求时,可采取( )方法。
    A. 加固处理   B. 返工处理   C. 不作处理   D. 返修处理

54. 实际费用法是工程费用索赔中最常用的一种计算方法,该方法的计算原则是( )。
    A. 以承包商为某项索赔工作所支付的实际开支为依据
    B. 以承包商为某项索赔工作所支付的含税工程造价为依据
    C. 以承包商为某项索赔工作所支付的直接工程费为依据
    D. 以承包商为某项索赔工作所支付的直接费为依据

55. 一次事故中死亡4人的事故属于( )。
    A. 重伤事故   B. 死亡事故   C. 重大伤亡事故   D. 特大伤亡事故

56. 建设工程安全事故应急预案中,针对基坑开挖可能发生的事故,相关应急保障而制定的计划或方案属于( )。
    A. 综合应急预案   B. 专项应急预案
    C. 现场处置方案   D. 现场应急预案

57. 工程建设过程中的污染主要包括对施工场界内的污染和对周围环境的污染。对施工场界内的污染防治属于( )问题。
    A. 安全监督   B. 职业健康安全   C. 施工安全生产   D. 环境保护

58. 施工现场搅拌站废水,现制水磨石的污水,电石(碳化钙)的污水应( )。
    A. 通过现场沉淀池合格后再排放   B. 直接排出场外
    C. 根据施工方便随意排放   D. 直接排放

59. 建设工程项目管理信息系统(PMIS)是利用计算机辅助进行项目管理的信息系统,它( )。
    A. 主要用于项目的人、财、物的管理   B. 主要用于企业的产、供、销的管理
    C. 是项目进展的跟踪和控制系统   D. 是项目信息门户(PIP)的一种方式

60. 按现行规定,建设工程项目允许采用邀请招标方式的情形是( )。
    A. 因潜在投标人多而导致招标工作量太大的
    B. 因潜在投标人不了解信息而导致投标人太少的
    C. 公开招标程序过于繁琐的

D. 受自然环境限制,只有少量潜在投标人可供选择

61. 下列职业健康安全管理体系要素中,不属于核心要素的是( )。
   A. 职业健康安全方针
   B. 对危险源辨识、风险评价和控制措施的确定
   C. 运行控制
   D. 文件控制

62. 招标人通过媒体发布招标公告,这是( )。
   A. 要约邀请   B. 要约   C. 承诺   D. 承诺生效

63. 根据《建设工程施工劳务分包合同(示范文本)》,劳务分包人的义务之一是( )。
   A. 负责编制施工组织设计   B. 组织编制年、季、月施工计划
   C. 负责与监理、设计及有关部门联系   D. 做好已完工程部分的成品保护工作

64. 施工场界环境噪声排放限制中,昼间产生的噪声不得超过( )dB。
   A. 70   B. 75   C. 85   D. 95

65. 与总价合同计价方式相比较,单价合同的特点是( )。
   A. 业主的风险较小,承包人将承担较多的风险
   B. 评标时易于迅速确定最低报价的投标人
   C. 在施工进度上能极大地调动承包人的积极性
   D. 作业的协调工作量大,对投资控制不利

66. 根据《工程建设项目施工招标投标办法》,施工投标保证金的数额一般不得超过投标总价的2%,最高不超过( )万元人民币。
   A. 80   B. 90   C. 100   D. 120

67. 国际工程承包合同的争议解决应该首选( )方式。
   A. 协商   B. 调解   C. 仲裁   D. 诉讼

68. 根据《诚信行为管理办法》,不良行为记录信息公布期限一般为( )。
   A. 1～3年   B. 3个月～3年   C. 3年以上   D. 6个月～3年

69. 施工合同交底是指由合同管理人员组织相关人员( )。
   A. 学习合同的主要内容和合同分析结果   B. 参与起草合同条款
   C. 参与合同谈判和合同签订   D. 研究分析合同中的不妥之处

70. 非承包商原因导致非关键线路上的某项工作延误,如延误时间小于该项工作的总时差,则对此项延误的补偿是( )。
   A. 业主既应给予工期顺延,也应给予费用补偿
   B. 业主一般不会给予工期顺延,但给予费用补偿
   C. 业主不会给予工期顺延,也不给予费用补偿
   D. 业主一般不会给予工期顺延,但可能给予费用补偿

二、多项选择题(共30题,每题2分。每题的被选项中,有2个或2个以上符合题意,至少有1个错项。错选,本题不得分;少选,所选的每个选项得0.5分)

71. 组织分工反映了一个组织系统中各子系统或各元素的( )。

A. 指令关系 B. 工作任务分工
C. 管理职能分工 D. 静态组织关系
E. 动态组织关系

72. 下列关于质量风险控制的说法,正确的是( )。
A. 设计单位严格进行施工图审查和现场地质核对
B. 施工单位要对施工人员进行针对性的岗前质量风险教育培训
C. 监理单位编制质量风险管理监理实施细则
D. 建设单位对建设工程项目质量风险控制实施动态管理
E. 设计单位做好方案比选工作

73. 投资的计划值和实际值是相对的,相对于工程款支付,( )可作为投资的计划值。
A. 工程概算 B. 工程预算 C. 工程合同价 D. 工程决算
E. 工程结算价

74. 建设工程施工质量的事后控制是指( )。
A. 质量活动的检查和监控 B. 质量活动结果的评价和认定
C. 质量活动的行为约束 D. 工序质量控制
E. 工序质量偏差的纠正

75. 属于施工方项目管理的任务有( )。
A. 施工安全管理 B. 施工合同管理
C. 施工信息管理 D. 施工成本管理
E. 建设项目与外部环境的协调

76. 单位工程质量验收的要求包括( )。
A. 对涉及结构安全和使用功能的重要分部工程应进行抽样检测
B. 质量控制资料应完整
C. 参加工程施工质量验收的各方人员应具备规定的资格
D. 所含分部工程中有关安全、节能、环境保护和主要功能的检验资料应完整
E. 主要使用功能的抽查结果应符合相关专业质量验收规范的规定

77. 根据《建设工程项目管理规范》,项目经理的权限包括( )。
A. 参与合同签订 B. 制定内部计酬办法
C. 参与选择物资供应单位 D. 主持项目经理部工作
E. 主持选择物资供应单位

78. 施工成本计划的编制方法有( )。
A. 按施工成本组成编制 B. 按施工项目组成编制
C. 按质量要求编制 D. 按施工进度编制
E. 按技术规范要求编制

79. 施工成本控制的程序,包括( )。
A. 管理行为控制程序 B. 管理过程控制程序
C. 指标控制程序 D. 指标管理程序
E. 管理人员控制程序

80. 施工成本控制的方法包括( )。
    A. 基本的分析方法   B. 综合成本的分析方法
    C. 比较法   D. 成本项目的分析方法
    E. 差额计算法

81. 与施工总承包模式相比,施工总承包管理模式的特点有( )等。
    A. 可以边设计边施工
    B. 施工总承包管理合同实行总造价包干,有利于降低工程造价
    C. 分包单位的选择和分包合同的签订,都要经过总承包管理单位的认可
    D. 分包合同价对业主透明
    E. 分包单位的工程款可以由业主直接支付

82. 一个建设项目可以由下列( )不同项目参与方的计划构成进度计划。
    A. 施工进度计划   B. 设计进度计划
    C. 年度进度计划   D. 业主方的进度计划
    E. 采购和供货进度计划

83. 信息编码是信息处理的一项重要基础工作,施工单位在进行建设工程项目成本项统一编码时,应综合考虑的因素包括( )。
    A. 工程款支付   B. 标底价
    C. 施工成本分析   D. 投标价
    E. 合同价

84. 在工程网络计划中,关键线路是指( )的线路。
    A. 双代号网络计划中没有虚箭线
    B. 双代号时标网络计划中没有波形线
    C. 单代号网络计划中工作时间间隔为零
    D. 单代号网络计划中全由关键工作连起来
    D. 双代号网络计划中持续时间最长

85. 质量手册的基本内容一般应包括( )。
    A. 企业的质量方针和质量目标   B. 组织机构及质量职责
    C. 体系要素或基本控制程序   D. 质量手册的发行数量
    E. 质量手册的评审、修改和控制的管理办法

86. 施工合同交底的主要目的和任务有( )。
    A. 将各种合同事件的责任分解落实到各工程小组或分包人
    B. 明确各项工作或各个工程的工期要求
    C. 明确各个工程小组(分包人)之间的责任界限
    D. 争取对自身有利的合同条款
    E. 明确完不成任务的影响和法律后果

87. 在工程项目施工阶段,项目监理机构的主要工作任务有( )。
    A. 督促施工单位及时整理各种文件和资料,受理单位工程竣工验收报告,并提出意见
    B. 核验分部分项工程和单位工程质量评定表

167

C. 审查施工单位提交的施工组织设计

D. 组织工程预验收,参加业主组织的竣工验收

E. 进行巡视、旁站和平行检验

88. 某质量事故发生后,对该事故进行调查,在经过事故报告、事故调查、事故的原因分析后,后续的工作还包括( )。

A. 事故处理的鉴定验收　　　　　B. 提交事故处理报告

C. 进行事故处理　　　　　　　　D. 制定事故处理的方案事故处理

E. 进行事故深度调查

89. 下列关于发包人支付担保的阐述中,正确的有( )。

A. 可由担保公司提供担保

B. 担保的额度为工程合同价总额的10%

C. 实行履约金分段滚动担保

D. 支付担保的主要作用是确保工程费用及时支付到位

E. 实行支付担保的担保合同应作为施工承包合同的附件

90. 现场质量检查方法之一的目测法,其检查手段有( )。

A. 看　　　　　　　　　　　　　B. 靠

C. 摸　　　　　　　　　　　　　D. 敲

E. 照

91. 《建设工程安全生产管理条例》第二十五条规定:( )等特种作业人员,必须按照国家有关规定经过专门的安全作业培训,并取得特种作业操作资格证书后,方可上岗作业。

A. 垂直运输机械作业人员　　　　B. 登高架设作业人员

C. 建筑外墙抹灰作业人员　　　　D. 起重信号工

E. 起重机械安装拆卸工

92. 与网络计划相比较,横道图进度计划法具有( )特点。

A. 适用于手工编制计划　　　　　B. 工作之间的逻辑关系表达清楚

C. 能够确定计划的关键工作和关键线路　　D. 调整工作量大

E. 适应大型项目的进度计划系统

93. 关于监理人的工作内容,下列说法正确的是( )。

A. 当发现工程设计不符合设计合同约定的质量标准时,有权通知设计人更正

B. 验收隐蔽工程、分部分项工程

C. 经委托人同意,签发工程暂停令和复工令

D. 审核施工承包人提交的工程款支付申请,

E. 无需征得委托人同意,有权发布停工令

94. 下列关于工程一切险的说法,正确的是( )。

A. 工程一切险险包括建筑工程一切险、安装工程一切险两类

B. 国内工程,工程一切险通常由承包人办理保险

C. 国际工程,工程一切险一般要求承包人办理保险

D. 集中投保一切险,可能比分别投保的费用要少

E. 集中投保一切险,可能比分别投保的费用要多

95. 下列关于建设工程现场职业健康安全卫生的要求,说法正确的是( )。
   A. 宿舍内应保证有必要的生活空间,室内净高不得小于2.6 m
   B. 办公区和生活区应设密闭式垃圾容器
   C. 食堂必须有卫生许可证
   D. 施工现场应设专职或兼职保洁员
   E. 施工现场宿舍必须设置可开启式窗户

96. 在国际上,对项目经理的地位和作用,以及特征描述正确的是( )。
   A. 项目经理是项目管理班子的负责人
   B. 项目经理是一个管理岗位
   C. 项目经理是项目组织系统中的管理者,具有人事权、财权、物资采购权
   D. 项目经理的主要任务是项目目标的控制
   E. 项目经理是企业法定代表人在项目上的代表人

97. 施工质量控制的依据包括( )。
   A. 共同性依据
   B. 专门技术性依据
   C. 项目性依据
   D. 项目专用性依据
   E. 专门性依据

98. 劳务分包合同中,有关保险的下述表述中错误的是( )。
   A. 劳务分包人开始施工前,工程承包人应获得发包人为施工场地内的自有人员及第三方员生命财产办理的保险
   B. 保险事故发生时,劳务分包人和工程承包人有责任采取必要的措施,防止或减少损失
   C. 运至施工场地用于劳务施工的材料和待安装设备,由工程承包人办理或获得保险,劳务分包人支付保险费用
   D. 劳务分包人须为从工程承包人处租赁的施工机械设备办理保险,并支付保险费用
   E. 工程承包人须为施工场地内劳务分包人自有人员生命财产和施工机械设备办理保险,并支付保险费用

99. 根据我国《企业伤亡事故分类标准》(GB 6441—86),下列伤害事故中,属于"机械伤害"的有( )。
   A. 高处小型机械坠落砸伤地面作业人员
   B. 搅拌机械传动装置断裂甩出伤人
   C. 汽车倾覆造成人员伤亡
   D. 电动切割机械防护不当造成操作人员受伤
   E. 起重机吊物坠落砸伤作业人员

100. 成本加酬金合同的形式主要包括( )。
   A. 成本加固定比例费用合同
   B. 成本加固定费用合同
   C. 成本加固定奖金合同
   D. 最大成本加费用合同
   E. 成本加奖金合同

参 考 答 案

一、单项选择题

1. B； 2. D； 3. C； 4. B； 5. B； 6. A； 7. C； 8. A； 9. C； 10. C； 11. D；
12. A； 13. A； 14. B； 15. C；

16. B 【四个选项中，只有B是业主支付给承包人的】；

17. A； 18. C； 19. D； 20. C； 21. A； 22. A； 23. C； 24. A； 25. D；

26. C 【要点：$ES_i=18$ $LS_i=21$ $D_{i-j}=4$ $EF=ES+D=18+4=22$】；

27. B；

28. A 【当关键线路的实际进度比计划进度提前时，若不拟提前工期，应选用资源占用量大或者直接费用高的后续关键工作，适当延长其持续时间，以降低其资源强度或费用，所以选项B不对。非关键工作时差的调整应在其时差的范围内进行，以便更充分地利用资源、降低成本或满足施工的需要，所以选项C不对。当某项工作的实际进度拖延的时间超过其总时差时，若对进度计划进行调整，需要考虑总工期的限制和网络计划中后续工作的限制条件，所以选项D不对】；

29. B； 30. C； 31. B；

32. A 【要点：$SV=$预算单价×(已完成工作量−计划工作量)$=15×(2\,500-3\,000)=-7\,500$】；

33. C； 34. B； 35. B； 36. A； 37. B； 38. D； 39. A； 40. A； 41. C；
42. A； 43. C； 44. A； 45. C； 46. C； 47. A； 48. A； 49. D； 50. B；
51. B； 52. C； 53. D； 54. A； 55. D； 56. C； 57. B； 58. A； 59. C；
60. D； 61. D； 62. A； 63. D； 64. A； 65. D； 66. A； 67. A； 68. D；
69. A； 70. D。

二、多项选择题

71. BCD； 72. BCDE； 73. ABC； 74. BE； 75. ABCD； 76. BDE； 77. ABCD；
78. ABD； 79. AC； 80. ABD； 81. ACDE； 82. BDE； 83. AE； 84. BE；
85. ABCE； 86. ABCE；

87. BE 【选项A和D属于竣工验收阶段的工作，选项C属于施工准备阶段的工作】；

88. ABD；

89. ACDE 【要点：担保的额度为工程合同价总额的20～25%】；

90. ACDE； 91. ABDE； 92. AD； 93. BCD； 94. ACD； 95. BCDE； 96. ABD；
97. ABD； 98. CDE； 99. BD； 100. 7. ABDE。

2016年一级建造师"建设工程项目管理"科目模拟试题(二)(附参考答案)

一、单项选择题(共70题,每题1分,每题的备选项中,只有一个最符合题意)

1. 建设工程项目管理指的是至项目开始到项目完成,通过(　　)使项目的目标得以实现。
   A. 项目控制和项目协调
   B. 项目组织和项目控制
   C. 项目策划和项目控制
   D. 项目策划和项目组织

2. 索赔成立的前提条件不包括(　　)。
   A. 与合同对照,事件已经造成承包人实际损失
   B. 造成损失的原因,不属于承包人的行为责任或风险责任
   C. 承包人按合同规定的程序和时间提交索赔意向通知和索赔报告
   D. 索赔额计算正确

3. 某建设工程内规模不大,参与单位不多,为了提高管理效率,避免矛盾指令对整个系统运行的影响,最适合采用的组织结构模式是(　　)。
   A. 线性组织结构模式
   B. 职能组织结构模式
   C. 矩阵组织结构模式
   D. 传统的组织结构模式

4. 预付款担保的主要形式是(　　)。
   A. 履约保证金
   B. 担保公司担保
   C. 银行保函
   D. 履约担保书

5. 关于施工过程质量验收的内容,下列说法中正确的是(　　)。
   A. 检验批、分项工程、分部工程均由监理工程师或建设单位项目技术负责人组织相关人员进行验收
   B. 检验批、分项工程、分部工程均由总监理工程师或建设单位项目负责人组织相关人员进行验收
   C. 单位工程、分部工程、分项工程验收时均需对观感进行验收
   D. 检验批验收合格的条件是主控项目和一般项目抽检合格并且具有完整的施工操作依据,质量检查记录

6. 当关键线路的实际进度比计划进度拖后时,应在尚未完成的关键工作中,选择(　　)的工作,压缩其作业持续时间。
   A. 资源强度小或费用低
   B. 资源强度小且持续时间短
   C. 资源强度大或持续时间短
   D. 资源强度大且费用高

7. 建设工程项目策划的目的是(　　)。
   A. 定义项目开发或建设的任务和意义

B. 确定如何组织该项目的开发或建设

C. 为项目建设的决策和实施增值

D. 为项目建设增值

8. 建设工程项目的业主和参与各方都有进度控制的任务,各方(   )。

   A. 控制的目标相同,但控制的时间范畴不同

   B. 控制的目标不同,但控制的时间范畴相同

   C. 控制的目标和时间范畴均相同

   D. 控制的目标和时间范畴各不相同

9. 采用工程总承包模式的建设项目,发包人可以将(   )等一系列工作全部发包给一家承包单位。

   A. 勘察、设计、施工和监理　　　　　　B. 勘察、设计、施工、采购

   C. 资金筹措、设计、监理　　　　　　　D. 可行性研究、资金筹措、勘察设计

10. 工地发生触电事故,既要检查用电线路,又要对人员进行安全用电教育,这体现了建设工程安全隐患处理的(   )原则。

    A. 冗余安全度治理原则　　　　　　　　B. 单项隐患综合治理原则

    C. 事故直接隐患与间接隐患并治原则　　D. 重点治理原则

11. 对建设工程施工合同中发包人的责任进行分析时,主要分析其(   )。

    A. 报批责任　　B. 监督责任　　C. 合作责任　　D. 组织责任

12. 根据《建设工程项目管理规范》(GB/T 50326-2006),项目管理规划大纲应由(   )组织编制。

    A. 项目经理　　　　　　　　　　　　　B. 项目技术负责人

    C. 组织的管理层　　　　　　　　　　　D. 企业技术负责人

13. 项目目标控制包括主动控制和动态控制,下列各项中,属于主动控制的是(   )。

    A. 针对可能导致目标偏离的因素采取预防措施

    B. 定期进行项目目标的计划值和实际值的比较

    C. 当发现项目目标偏离时采取纠偏措施

    D. 分析目标的实际值与计划值之间存在偏差的原因

14. 质量管理体系的八项原则之一是(   )。

    A. 以顾客为关注焦点　　　　　　　　　B. 价值增值原则

    C. 基于过程的决策方法　　　　　　　　D. 动态反馈控制

15. 下列关于我国施工企业项目经理的说明,正确的是(   )。

    A. 注册建造师能否担任施工项目经理,由建设行政主管部门决定

    B. 项目经理是施工企业的法定代表人在工程项目上的代表人

    C. 项目经理是一个专业人士,建造师是一种工作岗位的名称

    D. 注册建造师只能担任施工项目经理

16. 下列影响工程项目的风险中,属于环境风险的是(   )。

    A. 组织结构模式　　　　　　　　　　　B. 现场防火设施的可用性

    C. 岩土地质条件　　　　　　　　　　　D. 工程物资

17. 下列关于施工组织设计的说法,错误的是( )。
    A. 施工组织设计按编制对象,可分为施工组织总设计、单位工程施工组织设计和施工方案
    B. 施工组织总设计以单位工程为主要对象
    C. 施工方案以分部分项工程或专项工程为主要对象
    D. 单位工程施工组织设计以单位工程为主要对象

18. 系统的目标决定了系统的组织,这是组织论的一个重要结论,所以( )是项目管理的目标能否实现的决定性因素。
    A. 方法　　　　B. 组织　　　　C. 工具　　　　D. 措施

19. 关于施工预算和施工图预算,下列说法中正确的是( )。
    A. 施工预算的编制以预算定额为主要依据,既适用于建设单位,又适用于施工单位
    B. 施工预算机具费是计价定额综合确定的,施工图预算的施工机具费指施工作业发生的施工机械、仪器仪表使用费或其租赁费
    C. 施工预算是施工企业组织生产的依据,施工图预算主要用于投标报价
    D. 施工预算的人工费、材料费和机械费一般比施工图预算要高

20. 项目风险管理包括项目实施全过程的风险识别、( )、风险响应和风险控制。
    A. 风险评估　　B. 风险对策　　C. 风险评价　　D. 项目保险

21. 为了实现进度目标,应选择合理的合同结构,以避免过多的合同交界面而影响工程的进展,这属于进度控制的( )。
    A. 组织措施　　B. 管理措施　　C. 经济措施　　D. 技术措施

22. 在施工成本管理的措施中,( )是其他各类措施的前提和保障。
    A. 组织措施　　B. 技术措施　　C. 经济措施　　D. 合同措施

23. 关于线性组织结构,正确的说法是( )。
    A. 有多个矛盾的指令源　　　　　　B. 只有唯一的指令源
    C. 有两个指令源　　　　　　　　　D. 适用于特大的组织系统

24. 对大中型工程项目,按项目组成编制施工成本计划时,其总成本分解的顺序是( )。
    A. 单项工程成本—单位(子单位)工程成本—分部(子分部)工程成本—分项工程成本
    B. 单位(子单位)工程成本—单项工程成本—分部(子分部)工程成本—分项工程成本
    C. 分项工程成本—分部(子分部)工程成本—单项工程成本—单位(子单位)工程成本
    D. 分部(子分部)工程成本—分项工程成本—单项工程成本—单位(子单位)工程成本

25. 某土方工程业主与施工单位签订了土方施工合同,合同约定的土方工程量为 2 800 m³,合同期为 20 天,合同约定:工程量增加 10% 以内为施工方应承担的工期风险。施工过程中,因地下出现了大量淤泥,致使土方量增加到 3 500 m³,则施工方可提出的工期索赔值为( )天。
    A. 5　　　　　B. 4　　　　　C. 3　　　　　D. 2

26. 年度成本分析的依据是( )。
    A. 当月(季)的成本报表　　　　　B. 当年的成本报表
    C. 当年的进度报表　　　　　　　D. 当年的施工日志

27. 建设工程项目进度计划系统是由多个相互(　　)的进度计划组成的系统,它是项目进度控制的依据。
    A. 独立　　　　　B. 平行　　　　　C. 关联　　　　　D. 搭接
28. 编制成本计划时,施工成本可以按成本构成分解为(　　)。
    A. 人工费、材料费、施工机具使用费和企业管理费
    B. 人工费、材料费、施工机具使用费、规费和企业管理费
    C. 人工费、材料费、施工机具使用费、规费和间接费
    D. 人工费、材料费、施工机具使用费、间接费、利润和税金
29. 大型建设工程项目总进度目标论证的核心工作是(　　)。
    A. 编制总进度纲要　　　　　　　　B. 编制总进度规划
    C. 分析总进度目标实现的可能性　　D. 提出应采取的措施
30. 施工成本控制的依据一般不包括(　　)。
    A. 投资估算　　　B. 进度报告　　　C. 工程变更　　　D. 工程承包合同
31. 总时差指的是在不影响(　　)的前提下,本工作可利用的机动时间。
    A. 紧后工作　　　B. 持续时间　　　C. 紧前工作　　　D. 总工期
32. 关于设计任务委托模式,下列表述错误的是(　　)。
    A. 国际上,工业发达国家设计单位的组织体制和中国有区别,多数是专业设计事务所而不是综合设计院
    B. 国际上建筑师事务所往往起着主导作用,其他专业设计事务所则配合做相应的设计工作
    C. 我国业主方主要是通过设计招标选择设计单位
    D. 国际上是通过设计招标与设计竞赛相结合的方式选择设计单位
33. 根据《建设工程项目管理规范》的规定,下列不属于项目管理实施规划的内容的是(　　)。
    A. 总体工作计划　　　　　　　　B. 项目采购与资源管理规划
    C. 项目目标控制措施　　　　　　D. 职业健康安全和环境管理计划
34. 某工程双代号网络计划如下图所示,其关键线路有(　　)条。

    A. 1　　　　　　　B. 2　　　　　　　C. 3　　　　　　　D. 4
35. 招标人通过媒体发布招标公告,或向符合条件的投标人发出招标文件,此为(　　)。
    A. 要约　　　　　B. 要约邀请　　　C. 承诺　　　　　D. 承诺生效

36. 施工安全控制程序包括：①安全技术措施计划的落实和实施；②编制建设工程项目安全技术措施计划；③安全技术措施计划的验证；④确定每项具体建设工程项目的安全目标；⑤持续改进。其正确顺序是（　　）。
    A. ②→④→①→③→⑤
    B. ④→②→①→③→⑤
    C. ④→②→③→①→⑤
    D. ②→③→④→①→⑤

37. 进度控制工作包含了大量的组织和协调工作，而（　　）是组织和协调的重要手段。
    A. 非正式沟通　　B. 正式沟通　　C. 会议　　D. 信息沟通

38. 质量控制和质量管理的关系是（　　）。
    A. 质量控制是质量管理的一部分
    B. 质量管理是质量控制的一部分
    C. 质量管理和质量控制相互独立
    D. 质量管理和质量控制相互包容

39. 某工程网络计划中，工作 M 的总时差为 5 天，自由时差为 3 天。在计划执行情况的检查中，发现只有工作 M 的实际进度拖后了 4 天，则关于工作 M 实际进度的说法，正确的是（　　）。
    A. 使总工期拖后 1 天，使紧后工作最早开始时间拖后 1 天
    B. 不影响总工期，也不影响紧后工作的正常进行
    C. 使总工期拖后 1 天，但不影响紧后工作的正常进行
    D. 不影响总工期，但使紧后工作最早开始时间拖后 1 天

40. 对施工生产要素施工环境的控制主要是采取（　　）的控制方法。
    A. 动态控制　　B. 预测预防　　C. 跟踪管理　　D. 技术控制

41. 关于施工技术准备工作的质量控制的说法，错误的是（　　）。
    A. 施工技术准备是指在正式开展施工作业活动前进行的技术准备工作
    B. 施工准备工作出错会影响施工进度和作业质量，甚至直接导致质量事故的发生
    C. 施工技术准备工作主要在室外进行
    D. 施工技术准备工作主要有组织设计交底和图纸审查、绘制各种施工详图、编制施工作业技术指导书等

42. 安全预警信号采用橙色时表示的安全状况是（　　）。
    A. 安全状况特别严重
    B. 受到事故的严重威胁
    C. 处于事故的上升阶段
    D. 生产活动处于正常状态

43. 根据《工程建设项目施工招标投标办法》规定，投标保证金的有效期应当（　　）。
    A. 超出投标有效期 28 天
    B. 超出投标有效期 30 天
    C. 和投标截止日期相同
    D. 招投标双方约定

44. 工程开工前，监督机构要审查按建设程序规定的、必须办理的各项建设（　　）是否齐全完备。
    A. 备案手续　　B. 交工手续　　C. 开工手续　　D. 行政手续

45. 环保行政主管部门应在收到申请环保设施竣工验收之日起（　　）日内完成验收。
    A. 15　　B. 30　　C. 45　　D. 60

46. 通过对施工质量的验收签证、设计变更控制及纠正施工中所发现的设计问题，采纳变更设计的合理化建议等，保证竣工项目的各项施工结果与设计文件（包括变更文件）所规定的

标准相一致,这是( )的质量控制目标。
A. 咨询单位　　　B. 设计单位　　　C. 建设单位　　　D. 监理单位

47. 某化工建设工程在项目决策阶段,需要依法办理各种有关安全与环境保护方面的审批手续的单位应该是( )。
A. 地方政府　　　B. 建设单位　　　C. 施工单位　　　D. 施工承包商

48. 建设工程项目质量管理的 PDCA 循环中,质量计划阶段的主要任务是( )。
A. 明确质量目标并制定实现目标的行动方案
B. 展开工程项目的施工作业技术活动
C. 对计划实施过程进行科学管理
D. 对质量问题进行原因分析,采取措施予以纠正

49. 下列( )是针对特定的潜在事件和紧急情况发生时所采取措施的计划安排,是应急响应的行动指南。
A. 应急预案　　　B. 应急措施　　　C. 应包响应　　　D. 应急指南

50. 对于采用单价合同的招标工程,如投标书中有明显的数字计算错误,业主要做修改再评标,当总价和单价的计算结果不一致时,正确的做法是( )。
A. 分别调整单价和总价
B. 按市场价调整单价
C. 以总价为准调整单价
D. 以单价为准调整总价

51. 国家规定重大伤亡事故是指一次死亡( )的安全事故。
A. 1~2 人
B. 3(含 3)~10 人
C. 10(含 10)~30 人
D. 30(含 30)~50 人

52. 在施工过程中,甲承包商按监理的要求暂停施工后,监理工程师没有及时对甲承包商提出的复工申请作出答复,导致甲承包商无法及时复工,则承担违约责任的是( )。
A. 监理工程师
B. 发包人
C. 甲承包商
D. 劳务分包人

53. 按照我国保险制度,建安工程一切险( )。
A. 由承包人担保
B. 包含执业责任险
C. 包含人身意外伤害险
D. 投保人应以双方名义共同投保

54. 美国建筑师学会(AIA)的合同条件主要用于( )工程。
A. 铁路和公路
B. 房屋建筑
C. 石油化工
D. 大型基础设施

55. 属于固体废弃物减量化处理方法的是( )。
A. 焚烧、热解、填埋
B. 焚烧、填埋、堆肥
C. 填埋、堆肥、热解
D. 焚烧、热解、堆肥

56. 关于施工招标,下列说法中正确的是( )。
A. 招标人对已发出的招标文件进行必要的澄清和修改,应当在招标文件要求提交投标文件截止时间至少 5 日前发出
B. 自招标文件或者资格预审文件出售之日起至停止出售之日止,最短不得少于 15 个工作日

C. 招标人自行办理招标事宜,应当具有编制招标文件和组织投标的能力
D. 拟公开招标的费用与项目的价值相比,不值得的,可以采用邀请招标方式

57. 事故调查组应当自事故发生之日起( )日内提交事故调查报告;特殊情况下,经负责事故调查的人民政府批准,提交事故调查报告的期限可以适当延长,但延长的期限最长不超过( )日。
   A. 30,30 B. 30,90 C. 30,60 D. 60,60

58. 业主在和中标人签订合后,为了赶工或改变质量标准,要求中标人对施工方案进行修改,由此引起的费用增加( )承担。
   A. 业主 B. 监理人
   C. 中标人 D. 业主和中标人共同

59. 建筑材料采购合同中,凡委托运输部门或单位运输、送货或代运的产品,交货期限一般以( )的日期为准。
   A. 需方收货戳记 B. 承运单位送达交货地点
   C. 承运单位签发 D. 供方向承运单位提出申请

60. 诚信行为记录由各省、自治区、直辖市建设行政主管部门在当地建筑市场诚信信息平台上统一公布,其中,不良行为记录信息公布期限为行政处罚决定作出后( ),公布期限为6个月至3年。
   A. 7日内 B. 14日内 C. 15日内 D. 3日内

61. 项目管理任务分工表编制的第一步是( )。
   A. 对管理任务进行详细分解 B. 对项目任务进行详细分解
   C. 定义项目经理的工作任务 D. 定义主管工作部门的工作任务

62. 某按工程量清单计价的招标工程,投标人在复核工程量清单时发现工程数量与设计文件和现场实际有较大的差异,则投标人的正确处理方式是( )。
   A. 自行调整清单数量,在附录中加以说明,并按调整后的数量投标
   B. 根据清单数量和投标人复核的数量分别报价,供业主选择
   C. 以适当的方式要求业主澄清,视结果进行投标
   D. 不予理会,按照招标文件提供的清单数量进行投标

63. 工程项目的施工方案中,施工的技术、工艺、方法和机械、设备、模具等施工手段的配置属于( )。
   A. 施工技术方案 B. 施工组织方案
   C. 施工管理方案 D. 施工控制方案

64. 下列承包商向业主提出的施工机械使用费的索赔中,工程师不予支持的是( )。
   A. 由于完成额外工作增加的机械使用费
   B. 非承包商责任工效降低增加的机械使用费
   C. 承包商原因造成的承包商自有设备台班损失费
   D. 业主或监理工程师原因导致机械停工的窝工费

65. 编码是信息处理的一项重要基础工作,进行建设工程项目的投资项目统一编码时应综合考虑的因素包括概算、预算及( )。

A. 标底、合同价和工程款的支付 B. 投标价、合同价和工程款的支付
C. 投标价、合同价和施工成本分析 D. 标底、投标价和施工成本分析

66. 按照我国现行规定,项目经理的权限包括(　　)。
    A. 签署施工承包合同 B. 进行授权范围内的利益分配
    C. 制定内部计酬办法 D. 决定项目范围内资金的投入和使用

67. 下列各类型的合同中,承包商承担风险最小的是(　　)。
    A. 单价合同 B. 固定总价合同
    C. 成本加酬金合同 D. 变动总价合同

68. 工程项目质量控制体系的建立过程,下列说法中正确的是(　　)。
    A. 建立项目质量控制体系的程序是确立质量控制网络、分析质量控制界面、编制质量控制计划、制定质量控制制度
    B. 质量控制的静态界面根据法律法规、合同条件和各参与单位之间的责任划分确定
    C. 形成建设工程项目质量控制体系的管理文件和手册,属于编制质量控制计划的工作内容
    D. 确立系统质量控制网络是项目质量控制体系建立的第一步

69. 关于工程建设监理规划,说法正确的是(　　)。
    A. 工程建设监理规划应由监理工程师主持编制
    B. 工程建设监理规划编制完成后必须经总监理工程师审核批准
    C. 工程建设监理规划应在召开第一次工地会议前开始编制
    D. 工程建设监理规划的内容包括监理工作制度

70. 职业健康安全和环境管理体系的不同点是(　　)。
    A. 管理目标 B. 不规定具体绩效标准
    C. 管理原理 D. 管理的侧重点

二、多项选择题(共30题,每题2分。每题的被选项中,有2个或2个以上符合题意,至少有1个错项。错选,本题不得分;少选,所选的每个选项得0.5分)

71. 下列关于工程项目管理基本概念的说明,正确的是(　　)。
    A. 建设工程项目的全寿命周期包括项目的可行性研究阶段、实施阶段和运营阶段
    B. 项目参与方的任务中涉及投资控制或者造价控制的包括业主方、设计方和建设项目工程总承包方
    C. 施工方的项目管理包括施工总承包方的项目管理、建设项目总承包方的项目管理和分包方的项目管理
    D. 项目参与各方项目管理工作均涉及项目实施阶段的全过程
    E. 业主方的进度目标指的是项目动用的时间目标

72. 在施工成本控制过程中,指标控制程序的内容包括(　　)。
    A. 确定施工项目成本目标及年度成本目标
    B. 收集成本数据
    C. 分析偏差原因,制定对策

D. 用成本指标考核管理行为
E. 用管理行为保证成本指标

73. 质量手册是规定企业组织建立质量管理的文件,对企业质量体系作系统、完整和概要的描述。它的基本内容一般应包括（　　）。
    A. 企业的质量方针和质量目标　　B. 组织机构及质量职责
    C. 体系要素或基本控制程序　　　D. 质量手册的发行数量
    E. 质量手册的评审、修改和控制的管理方法

74. 根据《建设工程项目管理规范》(GB/T 50326-2006),项目经理的职责有（　　）。
    A. 对资源进行动态管理
    B. 主持编制项目管理实施规划
    C. 收集工程资料,准备结算资料,参与工程竣工验收
    D. 进行整个项目的利益分配
    E. 主持项目的检查、鉴定和评奖申报工作

75. 工程网络计划中,关键工作是指（　　）的工作。
    A. 时标网络计划中无波形线　　　　B. 双代号网络计划中两端节点为关键节点
    C. 最早开始时间与最迟开始时间相差最小　　D. 最早完成时间与最迟完成时间相差最小
    E. 与紧后工作之间时间间隔为零的工作

76. 合同跟踪的对象通常包括（　　）。
    A. 承包的任务　　　　　　　　　B. 工程小组或分包人的工程和工作
    C. 业主和其委托的工程师的工作　　D. 政府质量监督部门的工作
    E. 设计单位的工作

77. 按照施工成本计划发挥的作用不同,其类型包括（　　）。
    A. 竞争性成本计划　　　　　　　B. 规划性成本计划
    C. 控制性成本计划　　　　　　　D. 指导性成本计划
    E. 实施性成本计划

78. 关于组织论和组织工具,下列说法中正确的是（　　）。
    A. 项目管理的目标能否实现的决定性因素是组织因素
    B. 组织分工包括工作任务分工和管理职能分工
    C. 组织结构模式和组织分工在项目进展的过程中可以调整,反映动态的组织关系
    D. 工作流程图是一种常用的技术工具,反映的是各项工作之间的逻辑关系,是一种动态关系
    E. 组织结构模式反映一个组织系统中各子系统或各元素之间的指令关系

79. 进行施工成本分析时,比较法的应用通常采用的形式有（　　）。
    A. 将实际指标与目标指标对比　　　B. 本期实际指标与上期实际指标对比
    C. 本期实际指标与拟完成指标对比　　D. 与本行业平均水平对比
    E. 与本行业先进水平对比

80. 关于建设项目工程总承包的内涵,下列说法中正确的是（　　）。
    A. 工程总承包企业受业主委托,按照合同约定可以对建设项目的勘察、设计、采购、施工、

试运行等实行全过程承包或若干阶段的承包

B. 工程总承包企业可以将所承包工程的部分工作发包给具有相应资质的分包企业

C. 国际上,民用建筑项目工程总承包的招标多数采用构造描述的方式

D. 采用建设项目工程总承包模式的基本出发点是实现建设生产过程的组织集成化,建设项目工程总承包的核心是达到为建设项目增值的目的

E. 工程总承包企业按合同约定对设计单位和业主负责,分包企业按照分包合同的约定对总承包企业和业主方负责

81. 按照我国现行规定,下列属于施工准备阶段建设监理工作任务的有(　　)。

A. 主持设计单位向施工单位的设计交底

B. 检查施工单位安全生产管理制度

C. 审查施工单位报送的工程材料质量证明资料

D. 检查施工单位的组织机构和人员资格

E. 审查施工单位提交的施工组织设计

82. 某分部工程时标网络计划如下图所示,当计划执行到第3周末及第6周末时,检查得到的实际进度如图中的实际进度前锋线所示。该图表明(　　)。

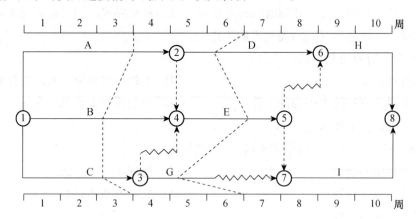

A. 工作A和工作D在第4周至第6周内实际进度正常

B. 工作B和工作E在第4周至第6周内实际进度正常

C. 第3周末检查时预计工期拖后1周

D. 第6周末检查时工作G实际进度拖后1周

E. 第6周末检查时预计工期拖后1周

83. 调整工程网络计划时,调整内容一般包括(　　)。

A. 非关键工作时差　　　　　　　　B. 关键线路长度

C. 工作组织关系　　　　　　　　　D. 工作工艺过程

E. 工作持续时间

84. 来自于全面质量管理TQC思想的三全管理包括(　　)。

A. 全面质量控制　　　　　　　　　B. 全过程质量控制

C. 全员参与质量管理　　　　　　　D. 全方位质量控制

E. 全社会质量控制

85. 双代号时标网络计划能够清楚地表明工程计划的时间进程,可以在图上直接显示出的时间参数有( )。
   A. 工作的最早开始时间
   B. 关键线路
   C. 工作的总时差
   D. 工作的最迟开始时间
   E. 工作的自由时差

86. 施工单位工序作业质量是直接形成工程质量的基础,为达到对工序作业质量控制的效果,在加强各工序和管理和质量目标控制方面应坚持的要求包括( )。
   A. 预防为主
   B. 重点控制
   C. 坚持标准
   D. 记录完整
   E. 技术复核

87. 根据《中华人民共和国合同法》,下列合同中属于建设工程合同的有( )。
   A. 勘察合同
   B. 设计合同
   C. 施工承包合同
   D. 工程监理合同
   E. 咨询合同

88. 工程项目竣工验收的依据有( )。
   A. 工程施工组织设计或施工质量计划
   B. 工程施工承包合同
   C. 批准的设计文件及施工图纸
   D. 质量检测功能性试验报告
   E. 施工质量验收规范

89. 下列施工现场噪声的控制措施中,属于从传播途径上控制的有( )。
   A. 采用低噪声设备
   B. 应用隔声结构
   C. 利用吸声材料
   D. 严禁大声喧哗
   E. 晚上10点至早上6点禁止噪声作业

90. 工期索赔的计算方法有( )。
   A. 网络分析法
   B. 修正的总费用法
   C. 比例分析法
   D. 实际费用法
   E. 分项计算法

91. 在质量管理的工具和方法中,直方图一般是用来( )。
   A. 分析生产过程质量是否处于稳定状态
   B. 找出影响质量问题的主要因素
   C. 分析生产过程质量是否处于正常状态
   D. 逐层分析质量问题产生的原因
   E. 分析质量水平是否保持在公差允许的范围内

92. 属于安全生产内部管理不良预警系统的有( )。
   A. 自然环境突变的预警
   B. 人的行为活动管理预警
   C. 政策法规变化的预警
   D. 技术变化的预警
   E. 设备管理预警

93. 关于建设工程施工现场环保措施的说法,正确的有( )。
   A. 工地茶炉必须使用电热水器
   B. 建设工程施工现场禁止搅拌混凝土
   C. 禁止将有毒有害废弃物作为土方回填
   D. 工地厕所、化粪池应采取防渗漏措施
   E. 采取资源化、无害化和减量化的思想处理固体废物

94. 关于招标信息发布与修正的说法,正确的有( )。
    A. 招标人或其委托代理机构至少应该在三家指定的媒介发布招标公告
    B. 招标人对资格预审文件的收费应该合理,应该以微利为原则
    C. 招标文件售出后,在扣除一定的费用后可以退还
    D. 招标人售出招标文件后不得擅自终止招标
    E. 招标人对于招标文件所附的设计文件可以收取押金

95. 工程项目管理信息系统中,进度控制的功能有( )。
    A. 编制资源需求量计划
    B. 根据工程进展进行施工成本预测
    C. 进度计划执行情况的比较分析
    D. 项目估算的数据计算
    E. 确定关键工作和关键路线

96. 对于建设周期一年半以上的工程项目,采用变动总价计价的施工合同,在合同中通常可以约定调整合同价款的情况包括( )。
    A. 估计工程量误差
    B. 国家政策发生变化引起工程费用上涨
    C. 劳务工资上涨
    D. 材料费用上涨
    E. 运输费变化引起的合同价款变化

97. 应用动态控制原理进行目标控制时,用于纠偏的组织措施包括( )等。
    A. 调整进度管理的方法
    B. 调整管理职能分工
    C. 调整投资控制工作流程
    D. 更换不同的软件编制施工进度计划
    E. 调整项目管理班子人员

98. 与诉讼方式比较,采用仲裁方式解决合同争议的特点有( )。
    A. 仲裁程序效率高
    B. 仲裁的费用相对较高
    C. 仲裁周期短
    D. 保密性
    E. 专业化的仲裁员

99. 单位工程施工组织设计的内容包括( )。
    A. 工程概况
    B. 作业区施工平面布置设计
    C. 主要施工方案
    D. 施工准备与资源配置计划
    E. 施工总进度计划

100. 关于建设工程施工现场的环境保护,下列说法中正确的是( )。
    A. 要使用封闭式容器处理高大建筑物的施工垃圾
    B. 施工过程中场界环境噪声排放限值昼间为 55 dB
    C. 禁止将施工废弃物作为土方回填
    D. 施工现场 100 人以上的临时食堂,污水排放时可设置隔油池
    E. 工地临时厕所应采取防渗漏措施

参考答案

一、单项选择题

1. C； 2. D； 3. A； 4. C； 5. D； 6. A； 7. C；

8. D 【业主方进度控制的任务是控制整个项目实施阶段的进度,从设计准备阶段到项目动用前的准备阶段； 设计方进度控制的任务是依据设计任务委托合同对设计工作进度的要求控制设计工作进度,并使之与招标、施工、物资采购等工作进度相协调； 施工方进度控制的任务是依据施工任务委托合同对施工进度的要求控制施工进度； 供货方进度控制的任务是根据供货合同对供货的要求控制供货进度,供货进度计划应包括供货的所有环节,如采购、加工制造、运输等,所以选择 D】；

9. B； 10. B； 11. C； 12. C； 13. A； 14. A； 15. B； 16. C； 17. B； 18. B； 19. C； 20. A； 21. B； 22. A； 23. B； 24. A；

25. C 【工期索赔值＝20×(3 500－2 800×110％)/2 800＝3 天】；

26. B； 27. C； 28. A； 29. C； 30. A； 31. D； 32. D； 33. B；

34. B 【一条是 A→D→E→I,一条是 A→D→G→J→K,共两条。这种类型的题目如果不会做,可以先把所有可能的线路都列出,然后计算总工期,总工期最长的有几条,就是几条关键线路】；

35. B； 36. B； 37. C； 38. A；

39. D 【工作 M 的实际进度拖后 4 天,小于总时差,因此不影响总工期,但同时大于自由时差,因此会使紧后工作最早开始时间拖后 4－3＝1 天】；

40. B； 41. C； 42. B； 43. B； 44. D； 45. B； 46. B； 47. B； 48. A； 49. A； 50. D； 51. A； 52. B； 53. D； 54. C； 55. D； 56. C； 57. D； 58. A； 59. C； 60. A； 61. A； 62. C； 63. A； 64. C； 65. A； 66. C； 67. C； 68. D； 69. D； 70. D。

二、多项选择题

71. BE； 72. BCDE； 73. ABCE； 74. ABC； 75. CD； 76. ABC； 77. ADE； 78. ABE； 79. ABDE； 80. ABD； 81. BDE；

82. CE 【选项 A 中,工作 D 实际进度拖后,选项 B 中,工作 B 工作进度拖后,选项 D 中,工作 G 实际进度拖后 2 周。所以只有 CE 正确】；

83. ABE； 84. ABC； 85. ABE； 86. ABCD； 87. ABC； 88. BCE； 89. BC； 90. AC； 91. ACE； 92. BE；

93. CDE 【选项 A 的正确说法为工地茶炉应尽量使用电热水器。选项 B 的正确说法为大城市市区的建设工程已不允许搅拌混凝土,在允许设置搅拌站的工地,应将搅拌站封闭严密,并在进料仓上安装防尘装置,采取可靠措施控制工地粉尘污染。所以 CDE 正确】；

94. DE； 95. ACE； 96. BCDE； 97. BCE； 98. ACDE； 99. ACD； 100. ADE。

2015年一级建造师"建设工程项目管理"科目考试真题(附参考答案)

一、单项选择题(共70题,每题1分,每题的备选项中,只有一个最符合题意)

1. "建设工程项目法人决策的理性化程度以及建筑企业经营者的经营管理理念"属于影响建设工程质量的（　　）。
   A. 管理环境因素 B. 人的因素
   C. 方法的因素   D. 社会环境因素

2. 根据《中华人民共和国招标投标法实施管理条例》(国务院令613号),投标有效期从（　　）起计算。
   A. 提交投标文件开始之日 B. 购买招标文件的截止之日
   C. 提交投标文件的截止之日 D. 招标文件规定开标之日

3. 下列工程项目策划工作中,属于建设工程项目实施阶段管理策划的是（　　）。
   A. 确定项目实施期管理总体方案
   B. 确定生产运营期设施管理总体方案
   C. 确定项目风险管理与工程保险方案
   D. 确定生产运营期经营管理总体方案

4. 关于职业健康安全与环境管理体系管理评审的说法,正确的是（　　）。
   A. 管理评审是管理体系接受政府监督的一种机制
   B. 管理评审是最高管理者对管理体系的系统评价
   C. 管理审评是管理体系自我保证和自我监督的一种机制
   D. 管理评审是第三方论证机构对管理体系的系统评价

5. 下列双代号时标网络计划中,关键线路有（　　）条。

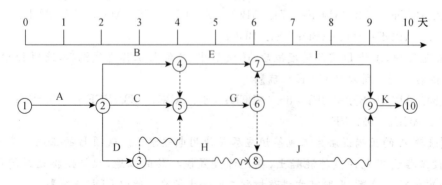

   A. 5 B. 4 C. 3 D. 2

6. 关于建设工程管理内涵的说法,正确的是（　　）。

A. 建设工程项目管理和设施管理即为建设工程管理
B. 建设工程管理是对建设工程的行政事务管理
C. 建设工程管理不涉及项目使用期的管理方对工程的管理
D. 建设工程管理工作是一种增值服务

7. 下列安全生产管理制度中,最基本,也是所有制度的核心的是( )。
 A. 安全生产教育培训制度　　B. 安全生产责任制
 C. 安全检查制度　　D. 安全措施计划制度

8. 根据建设工程项目施工成本的组成,属于直接成本的是( )。
 A. 工具用具使用费　　B. 职工教育经费
 C. 机械折旧费　　D. 管理人员工资

9. 某施工项目部根据以往项目的材料实际耗用情况,结合具体施工项目要求,制定领用材料标准控制发料。这种材料用量控制方法是( )。
 A. 定额控制　　B. 计量控制
 C. 指标控制　　D. 包干控制

10. 关于施工方项目管理目标和任务的说法,正确的是( )。
 A. 施工方项目管理仅服务于施工方本身的利益
 B. 施工方项目管理不涉及动用前准备阶段
 C. 施工方成本目标由施工企业根据其生产和经营情况自行确定
 D. 施工方不对业主方指定分包承担的目标和任务负责

11. 采用固定总价合同,承包商需承担一定风险,下列风险中,属于承包商价格风险的是( )。
 A. 设计深度不够造成的误差　　B. 工程量计算错误
 C. 工程范围不确定　　D. 漏报计价项目

12. 关于影响系统目标实现因素的说法,正确的是( )。
 A. 组织是影响系统目标实现的决定性因素
 B. 系统组织决定了系统目标
 C. 增加人员数量一定会有助于系统目标的实现
 D. 生产方法和工具的选择与系统目标实现无关

13. 关于工程监理单位工作性质的说法,正确的是( )。
 A. 工程监理单位接受业主的委托必须保证项目目标的实现
 B. 工程监理单位在组织上不能依附于监理工作的对象
 C. 工程监理单位从事监理工作的人员均应是注册监理工程师
 D. 工程监理单位以独立的第三方身份处理业主和承包商的冲突

14. 关于FIDIC《永久设备和设计——建造合同条件》内容的说法,正确的是( )。
 A. 业主委派工程师管理合同
 B. 承包商仅需负责提供设备和建造工作
 C. 合同计价采用单价合同方式,某些子项采用包干价
 D. 合同计价采用总价合同方式,合同价格不能调整

15. 某项目按施工进度编制的施工成本计划如下图,则4月份计划成本是( )万元。

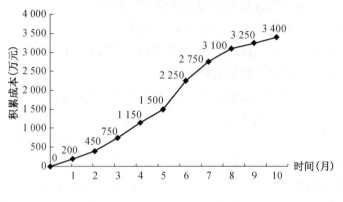

| A. 300 | B. 400 | C. 750 | D. 1 150 |

16. 某工程双代号时标网络计划如下图(时间单位:天),工作 A 的总时差为( )天。

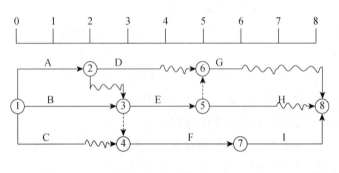

| A. 0 | B. 1 | C. 2 | D. 3 |

17. 已知工程 F 有且仅有两项并行的紧后工作 G 和 H,G 工作的最迟开始时间为第 12 天,最早开始时间为第 8 天;H 工作的最迟完成时间为第 14 天,最早完成时间为第 12 天;工作 F 与 G、H 的时间间隔分别为 4 天和 5 天,则 F 工作的总时差为( )天。

| A. 0 | B. 5 | C. 7 | D. 9 |

18. 关于施工预算、施工图预算"两算"对比的说法,正确的是( )。
   A. 施工预算的编制以预算定额为依据,施工图预算的编制以施工定额为依据
   B. "两算"对比的方法包括实物对比法
   C. 一般情况下,施工图预算的人工数量及人工费比施工预算低
   D. 一般情况下,施工图预算的材料消耗量及材料费比施工预算低

19. 关于施工安全技术措施的说法,正确的是( )。
   A. 施工安全技术措施要有针对性
   B. 施工安全技术措施必须包括固体废弃物的处理
   C. 施工安全技术措施不可以包括针对自然灾害的应急预案
   D. 施工安全技术措施可在工程开工后制定

20. 根据《建筑市场诚信行为信息管理办法》(建市[2007]9 号),建设行政主管部门市场诚信信息平台上不良行为记录的公布时间,除法律、法规另有规定的,应为行政处罚决定作出后( )日内。

| A. 14 | B. 10 | C. 7 | D. 5 |

21. 某工程的混凝土结构出现较深的裂缝,但经分析判定其不影响结构的安全和使用,正确的处理方法的是( )。
   A. 表面密封 B. 嵌缝封闭 C. 灌浆修补 D. 限制使用

22. 关于大型建设工程项目总进度目标论证的说法,正确的是( )。
   A. 大型建设工程总进度目标论证的核心工作是编制总进度纲要
   B. 大型建设工程总进度目标论证首先开展的工作是调查研究和收集资料
   C. 大型建设工程总进度目标论证应在项目的实施阶段进行
   D. 若编制的总进度计划不符合项目的总进度目标,应调整总进度目标

23. 下列施工合同风险中,属于管理风险的是( )。
   A. 业主改变设计方案 B. 对环境调查和预测的风险
   C. 自然环境的变化 D. 合同所依据环境的变化

24. 使事故责任者和广大群众了解事故发生的原因及所造成的危害,并深刻认识到搞好安全生产的重要性,从事故中吸取教训,提高安全意识,改进安全管理工作。这体现了事故处理中的( )原则。
   A. 事故原因未查清不放过
   B. 事故责任人未受到处理不放过
   C. 事故责任人和周围群众未受到教育不放过
   D. 事故没有指定切实可行的整改措施不放过

25. 某工程每月所需混凝土量相同,混凝土用量为 3 200 m³,计划 4 个月完成,混凝土综合价格为 1 000 元/m³;实际混凝土用量为 5 000 m³,用时 5 个月,从第 1 个月至第 5 个月各月混凝土价格指数(%)为 100,115,110,105,115。则根据赢得值法,前 3 个月的费用偏差为( )万元。
   A. -30 B. -25 C. -22 D. -20

26. 项目质量控制体系运行的核心机制是( )。
   A. 约束机制 B. 反馈机制 C. 持续改进机制 D. 动力机制

27. 根据《建设工程施工合同(示范文本)》(GF-2013-0201),工程未经竣工验收,发包人擅自使用的,以( )为实际竣工日期。
   A. 承包人提交竣工验收申请报告之日 B. 转移占有工程之日
   C. 监理人组织竣工初验之日 D. 发包人签发工程接收证书之日

28. 一般情况下,横道图能反映出工作的( )。
   A. 总时差 B. 最迟开始时间 C. 持续时间 D. 自由时差

29. 根据我国保险制度,关于建设工程第三者责任险的说法,正确的是( )。
   A. 被保险人是项目法人和承包人以外的第三人
   B. 赔偿范围包括承包商在工地的财产损失
   C. 被保险人是项目法人和承包人
   D. 赔偿范围包括承包商在现场从事与工作有关的职工伤亡

30. 用于表示组织系统中各子系统或各元素间指令关系的工具是( )。
   A. 项目结构图 B. 工程流程图 C. 组织结构图 D. 职能分工表

31. 关于施工现场宿舍设置的说法,正确的是( )。
    A. 室内净高 2.5 m   B. 室内通道宽度 0.8 m
    C. 每间宿舍居住 18 人   D. 使用通铺

32. 某施工总承包单位依法将自己没有足够把握实施的防水工程分包给有经验的分包单位,属于质量风险应对的( )策略。
    A. 转移   B. 规避   C. 减轻   D. 自留

33. 在应用因果分析图确定质量问题的原因时,正确做法是( )。
    A. 不同类型质量问题可以共同使用一张图分析
    B. 通常选出 1~5 项作为最主要原因
    C. 为避免干扰,只能由 QC 小组成员独立进行分析
    D. 由 QC 小组组长最终确定分析结果

34. 施工现场文明施工管理组织的第一责任人是( )。
    A. 项目经理   B. 总监理工程师   C. 业主代表   D. 项目总工程师

35. 施工技术准备工作的质量控制包括( )。
    A. 明确质量控制方法   B. 计量控制
    C. 测量控制   D. 施工平面图控制

36. 某单价合同的投标报价单中,投标人的投标书出现了明显的数字计算错误,导致总价和单价计算结果不一致,下列行为中,属于业主权利的是( )。
    A. 业主有权先作修改再评价,以总价作为最终报价结果
    B. 业主没有权利先修改后评价,可以宣布该投标人废标
    C. 业主没有权利修改再评价,可以请该投标人再报价
    D. 业主有权利先作修改再评标,以单价为准调整的总价作为最终报价结果

37. 承包商就已完工,经检验合格的工程提出支付申请,监理工程师复核后,业主批准支付申请,此工作程序属于( )流程。
    A. 物资采购工作   B. 信息处理工作
    C. 设计工作   D. 管理工作

38. 某项目施工成本数据如下表,根据差额计算法,成本降低率提高对成本降低额的影响程度为( )万元。

项目	单位	计划	实际	差额
成本	万元	220	240	20
成本降低率	%	3	3.5	0.5
成本降低额	万元	6.6	8.4	1.8

    A. 0.6   B. 0.7   C. 1.1   D. 1.2

39. 关于施工进度计划调整的说法,正确的是( )。
    A. 当资源供应发生异常时,可调整工作的工艺关系
    B. 当实际进度计划拖后时,可缩短关键工作持续时间
    C. 为充分利用资源、降低成本,应减少资源的投入

D. 任何情况下均不允许增减工作项目

40. 为赶上已拖延的施工进度,项目部决定采用混凝土泵代替原来的塔吊运输混凝土。该纠偏措施属于( )。
    A. 管理措施　　　B. 组织措施　　　C. 经济措施　　　D. 技术措施

41. 某基础工程合同价为2 000万元,合同总工期为20个月,施工过程中因设计变更,导致增加额外工程400万元,业主同意工期顺延。则承包商按造价比例法可索赔工期( )个月。
    A. 8　　　　　　B. 6　　　　　　C. 4　　　　　　D. 2

42. 编码信息、单位组织信息、项目组织信息等属于( )信息。
    A. 管理类　　　　B. 组织类　　　　C. 经济类　　　　D. 技术类

43. 下列施工检验批验收的做法中,正确的是( )。
    A. 存在一般缺陷的检验批应推倒重做
    B. 某些指标不能满足要求时,可予以验收
    C. 严重缺陷经加固处理后能满足安全使用要求,可按技术处理方案进行验收
    D. 经加固处理后仍不能满足安全使用要求的分部工程可缺项验收

44. 沟通过程的五要素包括( )。
    A. 沟通主体、沟通客体、沟通介体、沟通环境和沟通渠道
    B. 沟通主体、沟通客体、沟通介体、沟通内容和沟通渠道
    C. 沟通主体、沟通客体、沟通介体、沟通环境和沟通方法
    D. 沟通主体、沟通客体、沟通介体、沟通内容和沟通方法

45. 某工程施工检查发现外墙面砖质量不合格,经调查发现是供应商的供货质量问题,项目部决定更换供应商,该措施属于项目目标控制的( )。
    A. 管理措施　　　B. 组织措施　　　C. 经济措施　　　D. 技术措施

46. 采用工程总承包模式的大型建设工程项目,建设周期三年,其合同计价方式一般采用( )。
    A. 固定总价合同　　　　　　B. 单价合同
    C. 成本加酬金合同　　　　　D. 变动总价合同

47. 根据《建设工程项目管理规范》(GB/T50326—2006)条文中的风险等级评价估表,如果某个风险事件将对项目造成中度损失,且发生的可能性很大。则该事件的风险等级为( )级。
    A. 5　　　　　　B. 4　　　　　　C. 3　　　　　　D. 2

48. 生产经营单位应急预案未按照有关规定备案的,由县级以上( )给予警告,并处罚款。
    A. 建设主管部门　　　　　　B. 安全生产监督管理部门
    C. 建设工程质量监督机构　　D. 人民政府

49. 某工程在浇筑楼板混凝土时,发生支模架坍塌,造成3人死亡,6人重伤,经调查,系现场技术管理人员未进行技术交底所致。该工程质量事故应判定为( )。
    A. 操作责任的较大事故　　　B. 操作责任的重大事故
    C. 指导责任的较大事故　　　D. 指导责任的重大事故

50. 某网络计划如下图,逻辑关系正确的是( )。

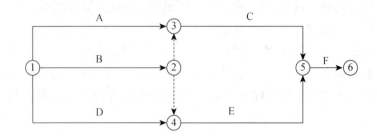

   A. E 的紧前工作是 BD
   B. A 完成后同时进行 CF
   C. AB 均完成后进行 E
   D. F 的紧前工作是 DE

51. 下列工作任务中,不属于信息管理部门的是( )。
   A. 负责编制行业信息管理规范
   B. 负责信息处理工作平台的建立和运行维护
   C. 负责工程档案管理
   D. 负责协调各部门的信息处理工作

52. 下列工程项目策划工作中,属于项目决策阶段合同策划的是( )。
   A. 组织方案设计竞赛
   B. 确定项目设计合同结构方
   C. 拟定施工合同文本
   D. 确定实施期合同结构总体方案

53. 根据《建设工程项目管理规范》(GB/T50326—2006),项目管理规划包括( )。
   A. 项目管理规划原则和内容
   B. 项目管理规划大纲和配套措施
   C. 项目管理规划大纲和实施大纲
   D. 项目管理规划大纲和实施规划

54. 根据《建设工程施工合同(示范文本)》(GF—2003—0201),承包人应在首次收到发包人要求更换项目经理的书面通知后( )天内向发包人提出书面改进报告。
   A. 28   B. 21   C. 14   D. 7

55. 关于虚工作的说法,正确的是( )。
   A. 虚工作只在双代号网络计划中存在
   B. 虚工作一般不消耗资源但占用时间
   C. 虚工作可以正确表达工作间逻辑关系
   D. 双代号时标网络计划中虚工作用波形表示

56. 运用建设工程的项目信息门户辅助施工项目进度控制,属于进度控制的( )措施。
   A. 技术   B. 管理   C. 经济   D. 组织

57. 建立项目质量控制体系时,首先开展的工作是( )。
   A. 分析质量控制界面
   B. 编制质量控制计划
   C. 制定质量控制制度
   D. 确立系统质量控制网络

58. 关于施工合同跟踪的说法,错误的是( )。
   A. 承包单位的合同管理职能部门对合同执行者的履行情况进行跟踪、监督和检查
   B. 合同执行者本身对合同计划的执行情况进行跟踪、检查和对比
   C. 合同跟踪的内容和业主是否及时给予了指令、答复等

D. 可以将工程任务发包给专业分包完成,并由专业分包对合同计划的执行进行跟踪、检查和对比

59. 政府质量监督机构对工程项目实施质量监督的第一步工作是( )。
   A. 制定质量监督工作计划　　　　　B. 抽查工程质量问题
   C. 接受建设单位申报手续　　　　　D. 建立工程质量监督方案

60. 建设工程项目在施工时盲目赶工,会导致( )。
   A. 安全事故发生的概率减小　　　　B. 施工成本增加的概率减小
   C. 文明施工实现的概率增加　　　　D. 质量事故发生的概率增加

61. 施工成本核算要求的归集"三同步"是指( )的取值范围应当一致。
   A. 形象进度、产值统计、实际成本　　B. 成本预测、成本计划、成本分析
   C. 目标成本、预算成本、实际成本　　D. 人工成本、材料成本、机械成本

62. 下列施工组织设计的内容中,属于施工部署及施工方案的是( )。
   A. 施工资源的需求计划　　　　　　B. 施工资源的优化配置
   C. 投入材料的堆场设计　　　　　　D. 施工机械的分析选择

63. 某国际工程合同额为5 000万元人民币,合同实施天数为300天;由国内某承包商总承包施工,该承包商同期总合同额为5亿人民币,同期内公司的总管理费为1 500万元;因为业主修改设计,承包商要求工期延期30天。该工程项目部在施工索赔中总部管理费的索赔额是( )万元。
   A. 50　　　　　B. 15　　　　　C. 12　　　　　D. 10

64. 在建设工程项目施工成本分析中,成本盈亏异常分析属于( )方法。
   A. 因素分析　　　　　　　　　　　B. 综合成本分析
   C. 专项成本分析　　　　　　　　　D. 成本项目分析

65. 关于钢筋保护层厚度检测的说法,正确的是( )。
   A. 检测机构部位由监理确定
   B. 梁类应抽取构件数量的2%且不少于5个构件
   C. 板类构件应抽取构件数量的5%且不少于2个构件
   D. 必须采用无损检测方法

66. 关于建设工程项目管理施工总承包管理模式的说法,正确的是( )。
   A. 施工总承包管理单位应参与全部具体工程的施工
   B. 业主进行施工总承包管理单位招标时,应先确定工程总造价
   C. 施工总承包管理单位负责所有分包合同的招标投标工作
   D. 业主不需要等待施工图设计完成后再进行施工总承包管理单位的招标

67. 关于FIDIC《EPC交钥匙项目合同条件》特点的说法,正确的是( )。
   A. 适用于承包商作大部分设计的工程项目,承包商要按照业主的要求进行设计、提供设备,以及建造其他工程
   B. 合同采用固定总价合同,只有在特定风险出现时才调整价格
   C. 业主委派工程师管理合同,监督工程进度质量
   D. 承包商承担的风险较小

68. 关于物质采购交货日期的说法,正确的是( )。
   A. 凡委托运输部门送货的,以供货方发运产品时承运单位签发的日期为准
   B. 供货方负责送货的,以供货方按合同规定通知的提货日期为准
   C. 采购方提货的,以采购方收获戳记的日期为准
   D. 凡委托运输单位代运的产品,以向承运单位提出申请的日期为准

69. 根据《建筑工程施工质量验收统一标准》(GB50300—2013),关于检验批质量验收合格的说法,正确的是( )。
   A. 可由监理员组织验收
   B. 应具有完整的施工操作依据,质量检查记录
   C. 主控项目不需全部检验合格
   D. 一般项目的检查具有否决权

70. 下列质量控制工作中,属于施工技术准备工作的是( )。
   A. 明确质量控制的重点对象
   B. 编制测量控制方案
   C. 建立施工现场计量管理的规章制度
   D. 正确安装设置施工机械设备

二、多项选择题(共30题,每题2分。每题的被选项中,有2个或2个以上符合题意,至少有1个错项。错选,本题不得分;少选,所选的每个选项得0.5分)

71. 关于沟通障碍的说法,正确的有( )。
   A. 从信息发送者的角度看,影响信息沟通的因素可能是信息译码不准确
   B. 沟通障碍来自发送者的障碍、接受者的障碍和沟通通道的障碍
   C. 沟通障碍包括组织的沟通障碍和能力的沟通障碍两种形式
   D. 从信息接受者的角度看,影响信息沟通的因素可能是心理上的障碍
   E. 选择沟通媒介不当是沟通通道障碍的一个方面

72. 根据《建筑工程施工合同(示范文本)》(GF—2013—0201),可以顺延工期的情况有( )。
   A. 发包人比计划开工日晚5天下达开工通知
   B. 发包人未按合同约定提供施工现场
   C. 发包人提供的测量基准点存在错误
   D. 监理未按合同约定发出指示、批准文件
   E. 分包商或供货商延误

73. 下列施工质量控制点的管理工作中,属于事前质量控制的有( )。
   A. 明确质量控制目标
   B. 确定质量抽样数量
   C. 质量控制人员在现场进行指导
   D. 向施工作业班组认真交底
   E. 动态跟踪管理质量控制点

74. 根据《建设工程监理规范》(GB/T50319—2013),编制工程建设监理实施细则的依据有( )。
   A. 工程建设标准
   B. 监理大纲
   C. 监理委托合同
   D. 施工组织设计
   E. 工程设计文件

75. 某项目成本及成本构成比例数据如下表,正确的有( )。

成本构成比例分析表 （单位:万元）

成本项目	预算成本		实际成本		降低成本		
	金额	比重	金额	比重	金额	占本项	占总量
一、直接成本	1 263.79	93.20%	1200.31	92.38%	63.48	5.02%	4.68%
1. 人工费	113.36	8.36%	119.28	9.18%	-5.92	-5.22%	-0.44%
2. 材料费	1 006.56	74.23%	939.67	72.32%	66.89	6.65%	4.93%
3. 机械费	87.6	6.46%	89.65	6.90%	-2.05	-2.34%	-0.15%
4. 措施费	56.27	4.15%	51.71	3.98%	4.56	8.10%	0.34%
二、间接成本	92.21	6.80%	99.01	7.62%	-6.8	-7.37%	-0.50%
总成本	1356	100.00%	1299.32	100.00%	56.68	4.18%	4.18%
比例	100%		95.82%		4.18%		

A. 成本增加比例最大的是间接成本
B. 成本降低最多的项目是机械费
C. 成本节约效益最大的是材料费
D. 成本节约做得好的是措施费
E. 直接成本增加比例最大的是人工费

76. 建设工程项目总进度目标论证的主要任务有( )。
A. 总进度规划编制
B. 工程实施条件分析
C. 工程实施策划
D. 项目总进度目标确定
E. 项目经济评价

77. 按最早开始时间编制的施工计划及各工作每月成本强度(单位:万元/月),D工作可以按最早开始时间或最迟开始时间进行安排。则4月份的施工成本计划值可以是( )万元。

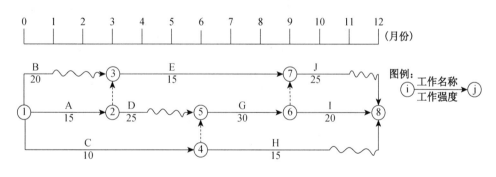

A. 60
B. 50
C. 25
D. 15
E. 10

78. 工程质量管理常用数据统计方法中,排列图方法可用于( )的数据状况描述。
A. 质量偏差
B. 质量稳定程度
C. 质量缺陷
D. 造成质量问题原因
E. 质量受控情况

79. 关于风险对策的说法,正确的有( )。
A. 编制生产安全事故应急预案是生产者安全风险规避策略
B. 招标人要求中标人提交履约担保是招标人合同风险减轻策略

C. 承包商设立质量缺陷风险基金是承包商的质量风险自留策略

D. 承包商合理安排施工工期,进度计划,避开可能发生的自然灾害是承包商质量风险规避策略

E. 依法组成联合体承接大型工程项目是承包商的风险转移策略。

80. 某工作横道图费用偏差分析如下图,正确的有( )。

项目编号	项目名称	费用参数额(万元)
010302001	实心墙砖	已完工作预算费用 40 (BCWP) 计划工作预算费用 30 (BCWS) 已完工作实际费用 50 (ACWP)

A. 费用超支

B. 进度较快

C. 效率较高

D. 可采用抽出部分人员,放慢进度的措施

E. 投入超前

81. 关于施工过程水污染预防措施的说法,正确的有( )。

A. 禁止将有毒有害废弃物作土方回填

B. 施工现场搅拌站废水经沉淀池合格后也不能用于工地洒水降尘

C. 现制水磨石的污水必须经沉淀池沉淀合格后再排放

D. 现场存放油料,必须对库房地面进行防渗处理

E. 化学用品、外加剂等要妥善保管,库内存放

82. 在施工合同分析中,发包人的合作责任有( )。

A. 施工现场的管理,给发包人的管理人员提供生活和工作条件

B. 及时提供设计资料、图纸、施工场地等

C. 按合同规定及时支付工程款

D. 对平行的各承包人和供应商之间的责任界限做出划分

E. 及时作出承包人履行合同所必须的决策

83. 在施工总承包管理模式下,对分包单位管理的特点有( )。

A. 一般情况下,分包合同由施工总承包管理单位与分包单位签订

B. 分包工程款可以通过施工总承包管理单位,也可以由业主直接支付

C. 分包合同价对业主是透明的,有利于业主方控制投资

D. 施工总承包管理单位有责任对分包人的质量和进度进行控制

E. 施工总承包管理单位有义务免费向分包人提供脚手架等设施

84. 工程项目管理信息系统中,合同管理子系统的功能有(   )。
    A. 合同基本数据查询　　　　　　　B. 合同执行情况统计分析
    C. 合同通用条件的编写　　　　　　D. 合同结构的选择
    E. 合同辅助起草

85. 关于业主方项目管理目标和任务的说法中,正确的有(   )。
    A. 关于业主方项目管理是建设工程项目管理的核心
    B. 关于业主方项目管理工作不涉及施工阶段的安全管理工作
    C. 关于业主方项目管理目标包括项目的投资目标、进度目标和质量目标
    D. 关于业主方项目管理目标不包括影响项目运行的环境质量
    E. 关于业主方项目管理工作涉及项目实施阶段的全过程

86. 在大型群体工程项目中,第一层次质量控制体系可由(   )的项目管理机构负责建立。
    A. 建设单位　　　　　　　　　　　B. 涉及总责任单位
    C. 代建单位　　　　　　　　　　　D. 施工总承包单位
    E. 工程总承包企业

87. 关于组织结构模式、组织分工和工作流程组织的说法,正确的有(   )。
    A. 组织结构模式反映指令关系
    B. 工作流程组织反映工作间逻辑关系
    C. 组织分工是指工作任务分工
    D. 组织分工和工作流程组织都是动态组织关系
    E. 组织结构模式和组织分工是一种相对静态的组织关系

88. 下列建设工程项目进度控制措施中,属于管理措施的有(   )。
    A. 选择合同结构　　　　　　　　　B. 分析工程风险
    C. 建立管理组织体系　　　　　　　D. 确定物资采购模式
    E. 明确管理职能

89. 下列损失中,属于建设工程人身意外伤害险中除外责任范围的有(   )。
    A. 被保险人不忠实履行约定义务造成的损失
    B. 项目建设人员由于施工原因而受到人身伤害的损失
    C. 战争或军事行为等所造成的损失
    D. 投标人故意行为所造成的损失
    E. 项目法人和承包人以外的第三人由于施工原因受到财产损失

90. 根据建设工程竣工验收备案制度,备案文件资料包括(   )。
    A. 工程竣工验收报告　　　　　　　B. 规划部门出具的认可文件
    C. 工程竣工与验收申请报告　　　　D. 环保部门出具的准许使用文件
    E. 公安消防部门出具的准许使用文件

91. 下列成本加酬金合同的优点中,对业主有利的有(   )。
    A. 可以确定合同工程内容、工程量及合同终止时间
    B. 可以通过分段施工缩短施工工期
    C. 可以通过最高限价约束工程成本,转移全部风险

D. 可以利用承包商的施工技术专家帮助改进设计的不足

E. 可以较深入介入和控制工程施工和管理

92. 在双代号网络图中,虚箭线的作用有(   )。

A. 指向 B. 联系 C. 区分 D. 过桥

E. 断路

93. 关于安全生产管理制度的说法,正确的有(   )。

A. 企业取得安全生产许可证,应当具备的条件之一是依法参加工伤保险

B. 新员工上岗前的三级安全教育,对建设工程来说,指进企业、进项目、进班组三级

C. 根据《建设工程安全生产条例》,对高大模板工程的专项施工方案,施工单位应当组织专家进行论证、审查

D. 按照"三同时"制度要求,安全设施投资应当纳入建设工程概算

E. 特种作业人员离开特种作业岗位1年后,应当重新进行培训,合格后方可上岗作业

94. 某工程项目的双代号时标网络计划,当计划执行到第4周末及第10周末时,检查得出实际进度前锋线如下图所示,检查结果表明(   )。

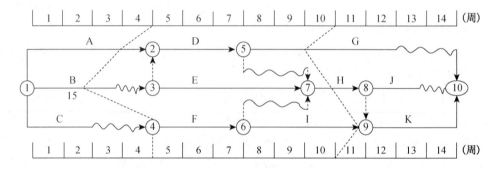

A. 第4周末检查时工作B拖后1周,但不影响总工期

B. 第4周末检查时工作A拖后1周,影响总工期1周

C. 第10周末检查时工作G拖后1周,但不影响总工期

D. 第10周末检查时工作I提前1周,可使总工期提前1周

E. 在第5周到第10周内,工作F和工作I的实际进度正常

95. 关于合同谈判中工期和维修期的说法,正确的有(   )。

A. 对于具有较多单项工程的建设项目工程,可在合同中明确允许分部位或分批提交业主验收

B. 由于工程变更原因对工期产生不利影响时,应该给予承包人要求合理延长工期的权利

C. 承包人只应该承担由于材料和施工方法及操作工艺等不符合合同规定而产生的缺陷

D. 承包人不能用维修保函来代替业主扣留的保留金

E. 业主和承包人应当根据项目情况、施工环境因素等商定适当的开工时间

96. 下列指标中,属于项目部施工成本考核的有(   )。

A. 施工成本降低额 B. 施工成本降低率

C. 施工生产总成本 D. 劳动力不均衡系数

E. 生产能力利用率

97. 关于安全生产事故应急预案的说法,正确的有(　　)。
   A. 应急预案编制应结合本地区、本部门、本单位的危险性分析情况
   B. 应急组织和人员的职责分工明确,并有具体的落实措施
   C. 应急预案的管理不包括应急预案的奖惩
   D. 应急预案基本要素齐全、完整、预案附件提供的信息准确
   E. 生产经营单位应每一年组织一次现场处置方案演练

98. 下列措施中,属于施工质量事故预防的有(　　)。
   A. 严格按照基本建设程序办事　　　B. 依法进行施工组织管理
   C. 加强施工安全与环境管理　　　　D. 进行必要的设计复核审查
   E. 做好质量观测记录

99. 关于施工组织设计中施工平面图的说法中,正确的有(　　)
   A. 反映了最佳施工方案在时间上的安排
   B. 反映了施工机具等资源的供应情况
   C. 反映了施工方案在空间上的全面安排
   D. 反映了施工进度计划在空间上的全面安排
   E. 使整个现场能有组织地进行文明施工

100. 根据《建设项目工程总承包合同示范文本(试行)》(GF—2001—0216),承包人主要权利和义务有(　　)
   A. 根据合同约定,自费修复竣工后试验中发现的缺陷
   B. 按照合同约定和发包人的要求,提出相关报表
   C. 根据合同约定,以书面形式向发包人发出暂停通知
   D. 根据合同约定,对因发包人原因带来的损失要求赔偿
   E. 负责办理项目审批,核准或备案手续,取得项目用地的使用权

参 考 答 案

一、单项选择题

1. D； 2. C； 3. C； 4. B；

5. C 【双代号时标网络计划中,没有波形线的线路为关键线路,因此只要找出没有波形线的线路就可以了,一共有三条,即 ABGIK,ABEIK 和 ACGIK】；

6. D； 7. B； 8. C； 9. C； 10. C； 11. D； 12. A； 13. B； 14. A；

15. B 【图中为时间—成本累积曲线,据此可以推导出 4 月份的进度计划成本为 1 150－750＝400 万元】；

16. B 【双代号时标网络中的总时差等于本工作的自由时差加上后续线路中波形线之和的最小值,所以 A 的总时差为 1】；

17. C 【$TF_G = LS_G - ES_G = 12 - 8 = 4$ 天,$TF_H = LF_H - EF_H = 14 - 12 = 2$ 天,$TF_F = \min\{TF_j + LAG_{i,j}\} = \min\{(TF_G + LAG_{F,G}),(TF_H + LAG_{H,G})\} = \min\{(4+4),(5+2)\} = 7$ 天】；

18. B； 19. A； 20. C； 21. C； 22. B； 23. B； 24. C；

25. B 【实际混凝土用量为每个月 5 000/5＝1 000 m³,费用偏差 CV＝已完工作预算费用(BCWP)－已完工作实际费用(ACWP)＝(1 000×1 000×3)－(1 000×100％×1 000＋1 000×115％×1 000＋1 000×110％×1 000)＝－250 000 元】；

26. D； 27. B； 28. C； 29. C； 30. C； 31. A； 32. A； 33. B； 34. A；

35. A； 36. D；

37. D 【本题可以用排除法,根据题目意思,选项 A、B、C 都不符合题目意思,因此选择 D】；

38. D 【(3.5％－3％)×240＝1.2 万元】；

39. B； 40. D；

41. C 【400÷(2000÷20)＝4 个月】；

42. B； 43. C； 44. A； 45. B；

46. D 【在工程施工承包招标时,施工期限一年左右的项目一般实行固定总价合同,建设周期一年半以上的一般采用变动总价合同】；

47. B； 48. B； 49. C； 50. A； 51. A； 52. D； 53. D； 54. C； 55. C；

56. B 【项目信息门户属于信息技术,重视信息技术在进度管理中的应用属于进度控制的管理措施】；

57. D； 58. D； 59. C； 60. D； 61. A； 62. D；

63. B 【该工程的总部管理费＝1 500×5 000/50 000＝150 万,该工程可以索赔的总部管理费＝30×150/300＝15 万】；

64．C； 65．B； 66．D； 67．B； 68．A； 69．B； 70．A。

二、多项选择题

71．BDE； 72．BCD；

73．AB 【施工质量控制点的事前质量预控工作,包括:明确质量控制的目标与控制参数;编制作业指导书和质量控制措施;确定质量检查检验方式及抽样的数量与方法;明确检查结果的判断标准及质量记录与信息反馈要求等】；

74．ADE； 75．ACDE； 76．ABC；

77．BC 【因为 D 工作可以按最早开始时间或最迟开始时间进行安排,所以 4 月份可以是只有 E 和 C 工作,施工成本计划值为 15＋10＝25 万元;或者 D 按最早开始时间安排,4 月份有 C、D、E 三项工作,施工成本计划值为 15＋10＋25＝50 万元】；

78．ACD；

79．CDE 【选项 A 属于风险减轻,选项 B 属于风险转移】；

80．ABE 【$CV=BCWP-ACWP<0$,说明费用超支;$SV=BCWP-BCWS>0$,说明进度较快;$ACWP>BCWP>BCWS$,说明效率较低,投入超前,应抽出部分人员,增加少量骨干人员】；

81．ACDE； 82．BCDE； 83．BCD； 84．ABE； 85．ACE； 86．ACE； 87．ABE；
88．ABD； 89．ACD； 90．ABDE； 91．BDE； 92．BCE； 93．ABCD；

94．BC 【选项 A,正确的表述应是"第 4 周末检查时工作 B 拖后 2 周,影响总工期 1 周";选项 D,H 工作进度正常,受 H 的制约,K 工作不能提前开始,因此不能使总进度提前 1 周;选项 E,正确的表述应是"在第 5 周到第 10 周内,工作 F 和工作 I 的实际进度超前"】；

95．ABC； 96．AB； 97．ABD； 98．ABCD； 99．CDE； 100．ABCD。

2014年一级建造师"建设工程项目管理"科目考试真题（附参考答案）

一、**单项选择题**（共70题，每题1分，每题的备选项中，只有一个最符合题意）

1. 在施工合同实施中，"项目经理将各种任务的责任分解，并落实到具体人员"这一活动属于（　　）的内容。
   A. 合同分析　　　B. 合同跟踪　　　C. 合同交底　　　D. 合同实施控制

2. 建设工程施工工地上，对于不适合再利用，且不宜直接予以填埋处置的废物，可采取（　　）的处理方法。
   A. 减量化处置　　B. 焚烧　　　　　C. 稳定固化　　　D. 消纳分解

3. 在FIDIC系列合同文件中，《EPC交钥匙项目合同条件》的合同计价采用（　　）方式。
   A. 固定单价　　　B. 变动单价　　　C. 固定总价　　　D. 变动总价

4. 承包商采购的合格水泥，进入工地90天后，再次检查发现该批水泥强度值低于国家规定要求值，由此产生的损失应由（　　）负责。
   A. 业主　　　　　B. 承包商　　　　C. 生产商　　　　D. 供货商

5. 实施性成本计划是在项目施工准备阶段，采用（　　）编制的施工成本计划。
   A. 估算指标　　　B. 概算定额　　　C. 施工定额　　　D. 预算定额

6. 建设行政主管部门市场诚信信息平台上良好行为记录信息的公布期限一般为（　　）。
   A. 3个月　　　　B. 6个月　　　　C. 1年　　　　　D. 3年

7. 关于施工质量计划的说法，正确的是（　　）。
   A. 施工质量计划是以施工项目为对象由建设单位编制的计划
   B. 施工质量计划应包括施工组织方案
   C. 施工质量计划一经审核批准后不得修改
   D. 施工总承包单位不对分包单位的施工质量计划进行审核

8. 某建设工程发生一起质量事故，经调查分析是由于"边勘察、边设计、边施工"导致的，则引起这些事故的主要原因是（　　）。
   A. 社会、经济原因　　　　　　　　B. 技术原因
   C. 管理原因　　　　　　　　　　　D. 人为事故和自然灾害原因

9. 采用平行委托施工的单项工程，其施工总进度计划应由（　　）编制。
   A. 业主方　　　　B. 设计方　　　　C. 施工方　　　　D. 投资方

10. 根据物资采购管理程序，物资采购首先应（　　）。
    A. 进行采购策划，编制采购计划
    B. 明确采购产品或服务的基本要求

C. 进行市场调查,选择合格的产品供应单位
D. 采用招标或协商等方式确定供应单位

11. 施工成本计划的编制以成本预测为基础,关键是确定(　　)。
    A. 目标成本　　　B. 预算成本　　　C. 固定成本　　　D. 实际成本

12. 某双代号网络图如右图所示,存在的错误是(　　)。
    A. 出现无箭头连线
    B. 出现无箭头节点箭线
    C. 出现多个起点节点
    D. 工作代号相同

13. 施工成本的过程控制中,人工费的控制实行(　　)方法。
    A. 量化管理　　　B. 量价分离　　　C. 弹性管理　　　D. 指标包干

14. 下列项目目标动态控制中,正确的是(　　)。
    A. 收集项目目标的实际值→实际值与计划比较→找出偏差→采取纠偏措施
    B. 收集项目目标的实际值→实际值与计划比较→找出偏差→进行目标调整
    C. 收集项目目标的实际值→实际值与计划比较→采取控制措施→进行目标调整
    D. 实际值与计划比较→找出偏差→采取控制措施→收集项目目标的实际值

15. 债务人不转移对拥有财产的占有,将该财产作为债券的担保,债务人不履行债务时,债权人有权依法将该财产折价或者拍卖、变卖该财产的价款中优先受债,这种担保方式是(　　)担保。
    A. 保证　　　B. 质押　　　C. 抵押　　　D. 留置

16. 一般来说,沟通者的沟通能力包括(　　)。
    A. 表达能力,争辩能力,倾听能力和设计能力
    B. 思维能力,表达能力,倾听能力和说服能力
    C. 思维能力,表达能力,把控能力和说服能力
    D. 想象能力,表达能力,说服管理和设计能力

17. 改变振动源与其他刚性结构的连接方式以减噪降噪的做法,属于噪声控制技术中的(　　)。
    A. 声源控制　　　B. 接收者防护　　　C. 人为噪声控制　　　D. 传播途径控制

18. 下列工程项目风险管理工作中,属于风险评估阶段的是(　　)。
    A. 确定风险因素
    B. 编制项目风险识别报告
    C. 确定各风险的风险量和风险等级
    D. 对风险进行监控

19. 关于施工安全技术措施要求和内容的说法,正确的是(　　)。
    A. 可根据施工进展需要实时编制
    B. 应在安全技术措施中抄录制度性规定
    C. 结构复杂的重点工程应编制专项工程施工安全技术措施
    D. 小规模工程的安全技术措施中可不包含施工总平面图

20. 按照我国保险制度,建安工程一切险(　　)。
    A. 由承包人担保
    B. 包含执业责任险

C. 包含人身意外伤害险　　　　　　　　D. 投保人应以双方名义共同投保

21. 在非代理型施工管理模式(CM模式)的合同中,通常采用(　　)合同。
    A. 成本加固定费用　　　　　　　　　B. 成本加固定比例费用
    C. 最大成本加费用　　　　　　　　　D. 成本加奖金

22. 下列环境管理体系内容要素中,属于辅助性要素的是(　　)。
    A. 环境方针　　B. 环境因素　　C. 记录控制　　D. 内部审核

23. 为使业主方各工作部门和项目各参与方协同工作,可利用(　　)进行基于互联网的辅助进度控制。
    A. 项目管理软件　　　　　　　　　　B. 项目信息门户
    C. MS Project　　　　　　　　　　　D. MS Visio

24. 下列项目策划工作中,属于实施阶段管理策划的是(　　)。
    A. 项目实施各阶段项目管理的工作内容策划
    B. 项目实施期管理总体方案策划
    C. 生产运营期设施管理总体方案策划
    D. 生产运营期经营管理总体方案策划

25. 关于项目质量控制体系的说法,正确的是(　　)。
    A. 项目质量控制体系需要第三方认证
    B. 项目质量控制体系是一个永久性的质量管理体系
    C. 项目质量控制体系既适用于特定项目的质量控制,也适用于企业的质量管理
    D. 项目质量控制体系涉及项目实施过程所有的质量责任主体

26. 工期延误划分为单一延误、共同延误及交叉延误的依据是(　　)。
    A. 延误事件之间的关联性　　　　　　B. 延误的原因
    C. 索赔要求和结果　　　　　　　　　D. 延误工作所在工程网络计划的路线性质

27. 项目管理实施规划的编制过程包括:①熟悉相关法规和文件②分析项目条件和环境③履行报批手续④组织编制,根据《建设工程项目管理规范》(GB/T 50326—2006),正确的编制程序是(　　)。
    A. ①→②→③→④　B. ②→①→④→③　C. ①→②→④→③　D. ②→①→③→④

28. 在建设工程项目管理的基本概念中,"进度目标"对业主而言是项目(　　)的时间目标。
    A. 竣工　　B. 调试　　C. 试生产　　D. 动用

29. 根据《建筑施工组织设计规范》(GB/T 50502-2009),施工组织设计应由(　　)组织编制。
    A. 施工单位负责人　　　　　　　　　B. 项目负责人
    C. 施工单位技术负责人　　　　　　　D. 项目技术负责人

30. 根据《建设工程施工合同(示范文本)》(GF-2013-0201),工程缺陷责任期自(　　)起计算。
    A. 合同签订日期　　　　　　　　　　B. 竣工验收合格之日
    C. 实际竣工日期　　　　　　　　　　D. 颁发工程接收证书之日

31. 建设工程管理工作的核心任务是(　　)。
    A. 项目的目标控制　　　　　　　　　B. 为项目建设的决策和实施增值
    C. 实现工程项目实施阶段的建设目标　D. 为工程建设和使用增值

32. 确定预警级别和预警信号标准,属于安全生产管理预警分析中( )的工作内容。
   A. 预警监测
   B. 预警信息管理
   C. 预警评价
   D. 预警评价指标体系的构建

33. 工程施工质量事故的处理包括:①事故调查②事故分析③事故处理④事故处理的鉴定验收⑤制定事故处理方案正确的程序是( )。
   A. ①→②→⑤→③→④
   B. ①→②→③→④→⑤
   C. ②→①→③→④→⑤
   D. ①→②→⑤→④→③

34. 关于施工总承包模式与施工总承包管理模式相同之处的说法,正确的是( )。
   A. 与分包单位的合同关系相同
   B. 对分包单位的付款方式相同
   C. 业主对分包单位的选择和认可权限相同
   D. 对分包单位的管理责任和服务相同

35. 某双代号网络图如右图所示,正确的是( )。
   A. 工作C、D应同时完成
   B. 工作B的紧后工作只有工作C、D
   C. 工作C、D完成后即可进行工作G
   D. 工作D完成后即可进行工作F

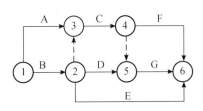

36. 关于施工成本控制的说法,正确的是( )。
   A. 施工成本管理体系由社会有关组织进行评审和认证
   B. 要做好施工成本的过程控制,必须制定规范化的过程控制程序
   C. 管理行为控制程序是进行成本过程控制的重点
   D. 管理行为控制程序和指标控制程序是相互独立的

37. 项目人力资源管理的目的是( )。
   A. 提高员工的业务水平
   B. 建立广泛的人际关系
   C. 降低项目的人力成本
   D. 调动所有项目参与人的积极性

38. 对于重要的或对工程资料有重大影响的工序,应严格执行( )的"三检"制度。
   A. 事前检查、事中检查、事后检查
   B. 自检、互检、专检
   C. 工序检查、分项检查、分部检查
   D. 操作者自检、质量员检查、监理工程师检查

39. 关于工作流程组织的说法,正确的是( )。
   A. 同一项目不同参与方都有工程流程组织任务
   B. 工程流程组织不包括物质流程组织
   C. 一个工作流程图只能有一个项目参与方
   D. 一项管理工作只能有一个工作流程图

40. 下列施工成本管理的措施中,属于组织措施的是( )。
   A. 选用合适的分包项目合同结构
   B. 确定合理的施工成本控制工作流程

C. 确定合适的施工机械、设备使用方案

D. 对施工成本管理目标进行风险分析,并制定防范性对策

41. 关于项目管理职能分工表的说法,正确的是( )。

   A. 项目管理职能分工表反映项目管理班子内部对各项工作任务的管理职能分工

   B. 业主方和项目各参与方应编制统一的项目管理职能分工表

   C. 项目管理职能分工表不适用于企业管理

   D. 项目管理职能分工表和岗位责任描述书表达的内容完全一样

42. 项目投资的动态控制中,相对于工程合同价,可作为投资计划值的是( )。

   A. 工程预算　　　B. 工程支付款　　　C. 工程决算　　　D. 项目估算

43. 根据《建设工程监理规范》(GBT 50319—2013),工程建设监理实施细则应在工程施工开始前编制完成并必须经( )批准。

   A. 专业监理单位工程师　　　　B. 发包人代表

   C. 总监理工程师　　　　　　　D. 总监理工程师代表

44. 某施工项目某月的成本数据如下表,应用差额计算法得到预算成本增加对成本的影响是( )万元。

项目	单位	计划	实际
预算成本	万元	600	640
成本降低率	%	4	5

   A. 12.0　　　B. 8.0　　　C. 6.4　　　D. 1.6

45. 某土方工程合同约定,合同工期为 60 天,工程量增减超过 15% 时,承包商可提出变更,实施中因业主提供的地质资料不实,导致工程量自 3 200 m³ 增加到 4 800 m³,则承包商可索赔工期( )天。

   A. 0　　　B. 16.5　　　C. 21　　　D. 30

46. 关于单代号搭接网络图计划时距的说法,正确的是( )。

   A. 时距是某工作具有的特殊时间参数　　　B. 相邻工作间只能有一种时距的限制

   C. 时距一般标注在箭线的上方　　　　　　D. 时距是时间间隔的特殊形式

47. 下列项目质量风险中,属于管理风险的是( )。

   A. 项目实施人员对工程技术的应用不当

   B. 社会上的腐败现象和违法行为

   C. 采用不够成熟的新结构、新技术、新工艺

   D. 工程质量责任单位的质量管理体系存在缺陷

48. 关于关键工作和关键线路的说法正确的是( )。

   A. 关键线路上的工作全部是关键工作　　　B. 关键工作不能在非关键线路上

   C. 关键线路上不允许出现虚工作　　　　　D. 关键线路上的工作总时差均为零

49. 根据政府对工程项目质量监督的要求,项目的工程质量监督档案应按( )建立。

   A. 建设项目　　　B. 单项工程　　　C. 分部工程　　　D. 单位工程

50. 某工作有且仅有两个紧后工作 C、D,其中 C 工作最早开始时间为 10(计算坐标系,下同),

最迟完成时间 18,持续时间为 5 天,D 工作最早完成时间为 18,最迟完成时间 20,持续时间为 6 天,该工作与 C 工作间的时间间隔为 2 天,与 D 工作间的时间间隔为 4 天。则该工作的总时差为( )天。

A. 3　　　　　　　B. 4　　　　　　　C. 5　　　　　　　D. 6

51. 下列施工成本分析方法中,用来分析各种因素对成本影响程度的是( )。

A. 相关比率法　　B. 连环置换法　　C. 比重分析法　　D. 动态比率法

52. 建设工程项目总承包方项目管理工作涉及( )的全过程。

A. 决策阶段　　　B. 实施阶段　　　C. 使用阶段　　　D. 全寿命阶段

53. 地方各级安全生产监督管理部门的应急预案,应当由( )备案。

A. 上一级人民政府
B. 国务院安全生产监督管理部门
C. 同级安全生产监督管理部门
D. 同级人民政府

54. 根据《建设项目工程总承包合同示范文本(试行)》(GF-2011-0216),发包人的义务是( )。

A. 组织竣工检查
B. 提交临时占地资料
C. 提供设计审查所需的资料
D. 负责办理项目备案手续

55. 对于施工成本分析的说法,正确的是( )。

A. 施工成本分析的实质是在施工之前对成本进行估算
B. 施工成本分析是科学地预测成本水平及其发展趋势
C. 施工成本分析贯穿于施工成本管理的全过程
D. 施工成本分析是预测成本控制的薄弱环节

56. 根据《建设工程施工质量验收统一标准》(GB 50300-2013),分项工程的质量验收应由( )组织进行。

A. 监理工程师
B. 项目经理
C. 总监理工程师
D. 建设单位项目负责人

57. 根据 FIDIC《施工合同条件》,对投标书中明显数字计算错误的修正,正确的是( )。

A. 业主应征求投标人意见后才能进行评标
B. 当总价和单价计算结果不一致时,以总价为准调整单价
C. 当总价和单价计算结果不一致时,以单价为准调整总价
D. 投标人有一次修改报价的机会

58. 在直方图的位置观察分析中,若质量特性数据的分布居中,边界在质量标准的上下界限内,且有较大距离时,说明该生产过程( )。

A. 质量能力不足
B. 易出现质量不合格
C. 存在质量不合格
D. 质量能力偏大

59. 关于建设工程项目总进度目标论证的说法,正确的是( )。

A. 建设工程项目总进度目标指的是整个工程项目的施工进度目标
B. 建设工程项目总进度目标的论证应分析项目实施阶段各项工作的进度和关系
C. 大型建设工程项目总进度目标论证的核心工作是编制项目进度计划
D. 建设工程项目总进度纲要应包含各子系统中的单项工程进度规划

60. 关于大型建设工程项目结构分析的说法,正确的是( )。
    A. 项目结构分析是将整个项目逐层分解,并确立工作目录
    B. 项目结构分析是将整个项目逐层分解,并确立工作编码
    C. 项目结构分析是将项目计划逐层分解,并确立工作目录
    D. 项目结构分析是将项目计划逐层分解,并确立工作编码

61. 如工程质量不符合要求,经过加固处理后外形尺寸改变,但能满足安全使用要求,其处理方法是( )。
    A. 按技术处理方案和协商文件进行验收
    B. 虽有质量缺陷,应予以验收
    C. 仍按验收不合格处理
    D. 先返工处理,重新进行验收

62. 根据《质量管理体系基础和术语》(GB/T 19000-2008/ISO9000:2005),质量控制的定义是( )。
    A. 质量管理的一部分,致力于满足质量要求的一系列相关活动
    B. 工程建设参与者为了保证工作项目质量所从事工作的水平和完善程度
    C. 对建筑产品具备的满足规定要求能力的程度所作的系统检查
    D. 来达到工程项目质量要求所采取的作业技术和活动

63. 下列施工企业作业质量控制点中,属于"待检点"的是( )。
    A. 隐蔽工程   B. 重要部位   C. 特种作业   D. 专门工艺

64. 关于国际工程施工承包合同争议解决的说法,正确的是( )。
    A. 国际工程施工承包合同中,仲裁实行一裁终局制
    B. 国际工程施工承包合同中,应首选诉讼作为解决争议的方式
    C. 国际工程施工承包合同争议解决最有效的方式是协商
    D. FIDIC 合同中,DAB 提出的裁决是强制性的

65. 某工程安全事故造成了 960 万元的直接经济损失,没有人员伤亡,关于该事故调查的说法,正确的是( )。
    A. 应由事故发生地省级人民政府直接组织事故调查组进行调查
    B. 必须由事故发生地县级人民政府直接组织事故调查组进行调查
    C. 应由事故发生地设区的市级人民政府委托有关部门组织事故调查组进行调查
    D. 可由事故发生地县级人民政府委托事故发生单位组织事故调查组进行调查

66. 下列建设项目信息中,属于经济类信息的是( )。
    A. 编码信息   B. 质量控制信息   C. 工作量控制信息   D. 设计技术信息

67. 建设项目工程总承包的基本出发点是借鉴工业生产组织的经验,实现建设生产过程的( )。
    A. 管理现代化   B. 施工机械化   C. 生产高效化   D. 组织集成化

68. 投标人根据招标文件在约定期限内向招标人提交投标文件的行为,称为( )。
    A. 要约   B. 承诺   C. 要约邀请   D. 合同生效

69. 关于建设工程项目策划的说法,正确的是( )。

A. 工程项目策划只针对建设工程项目的决策和实施
B. 旨在为项目建设的决策和实施增值
C. 工程项目策划是一个封闭性的工作过程
D. 其实质就是知识组合的过程

70. 下列进度控制措施中,属于组织措施的是( )。
    A. 编制工程网络进度计划　　　B. 编制资源需求计划
    C. 编制先进完整的施工方案　　D. 编制进度控制的工作流程

二、多项选择题(共30题,每题2分。每题的被选项中,有2个或2个以上符合题意,至少有1个错项。错选,本题不得分;少选,所选的每个选项得0.5分)

71. 根据《建设工程监理规范》(GB/T 50319-2013),工程建设监理实施细则除应反映专业工程的特点外,还应包括( )等内容。
    A. 监理工作流程　　　　　　　B. 项目监理机构的组织形式
    C. 监理工作的方法和措施　　　D. 监理工作依据
    E. 监理工作的控制点及目标值

72. 根据《建设工程施工合同(示范文本)》(GF-2013-0201),发包人责任和义务有( )。
    A. 办理建设工程施工许可证　　B. 办理建设工程规划许可证
    C. 办理工伤保险　　　　　　　D. 提供场外交通条件
    E. 负责施工场地周边的环境保护

73. 单位工程竣工成本分析的内容包括( )。
    A. 专项成本分析　　　　　　　B. 竣工成本分析
    C. 成本总量构成比例分析　　　D. 主要资源节超对比分析
    E. 主要技术节约措施及经济效果分析

74. 工程项目管理信息系统中,进度控制的功能有( )。
    A. 编制资源需求量计划　　　　B. 根据工程进展进行施工成本预测
    C. 进度计划执行情况的比较分析 D. 项目估算的数据计算
    E. 确定关键工作和关键路线

75. 项目进度控制时,进度控制会议的组织设计的内容有( )。
    A. 会议的具体议程　　　　　　B. 会议的类型
    C. 会议的主持人　　　　　　　D. 会议的召开时间
    E. 会议文件的整理

76. 对建设周期一年半以上的工程项目,采用变动总价合同时,应考虑引起价格变化的因素有( )。
    A. 银行利率的调整　　　　　　B. 材料费的上涨
    C. 人工工资的上涨　　　　　　D. 国家政策改变引起的工程费用上涨
    E. 设计变更引起的费用变化

77. 我国投标担保可以采用的担保方式有( )。
    A. 银行保函　　　　　　　　　B. 信用证

C. 担保公司担保书 D. 同业担保书
E. 投标保证金

78. 根据《建筑施工组织设计规范》(GB/T 50502-2009),以分部(分项)工程或专项工程为主要对象编制的施工方案,其主要内容包括( )。
   A. 工程概况 B. 施工部署
   C. 施工方法和工艺要求 D. 施工准备与资源配置计划
   E. 施工现场平面布置

79. 某单代号网络图如下图所示,存在的错误有( )。

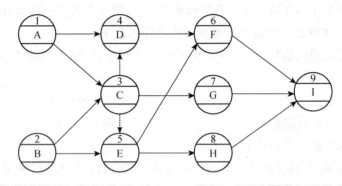

   A. 多个起点节点 B. 有多余虚箭线
   C. 出现交叉箭线 D. 没有终点节点
   E. 出现循环回路

80. 施工单位向建设单位申请工程验收的条件包括( )。
   A. 完成设计和合同约定的各项内容 B. 有完整的技术档案和施工管理资料
   C. 有施工单位签署的工程保修书 D. 有工程质量监督机构的审核意见
   E. 有勘察,设计,施工,监理等单位分别签署的质量合格文件

81. 下列施工现场环境保护措施中,属于空气污染防治措施的有( )。
   A. 指定专人定期清扫施工现场道路 B. 化学药品库内存放
   C. 施工现场不得甩打模版 D. 工地茶炉采用电热水器
   E. 使用封闭式容器处理高空废弃物

82. 根据《工程建设项目施工招标办法》,工程施工项目招标信息发布时,正确的有( )。
   A. 指定媒介可以酌情收取额外费用
   B. 招标文件售出后不予退还
   C. 招标人应至少在两家指定的媒介发布招标公示
   D. 招标人可以对招标文件所附的设计文件向投标人收取一定费用
   E. 自招标文件出售之日起至停止出售之日止,最短不得少于 5 个工作日

83. 根据《建设项目工程总承包管理规范》(GB/T 50358-2005),工程总承包项目管理的主要内容包括( )。
   A. 任命项目经理,组建项目部 B. 实施设计管理
   C. 实施采购管理 D. 进行项目可行性研究并报批
   E. 进行项目范围管理

84. 下列关于建设工程现场职业健康安全卫生的要求,说法正确的是( )。
    A. 宿舍内应保证有必要的生活空间,室内净高不得小于2.6 m
    B. 办公区和生活区应设密闭式垃圾容器
    C. 食堂必须有卫生许可证
    D. 施工现场应设专职或兼职保洁员
    E. 施工现场宿舍必须设置可开启式窗户

85. 施工单位的项目管理任务分工表可用于确定( )的任务分工。
    A. 项目各参与方   B. 项目经理
    C. 企业内部各部门   D. 企业内部各工作人员
    E. 项目各职能主管工作部门

86. 下列建设工程项目风险中,属于组织风险的有( )。
    A. 人身安全控制计划   B. 工作流程组织
    C. 引起火灾和爆炸的因素   D. 任务分工和管理职能分工
    E. 设计人员和监理工程师的能力

87. 施工总承包管理模式与施工总承包模式相比,其优点有( )。
    A. 整个项目合同总额的确定较有依据
    B. 投标人的报价较有依据
    C. 可以为分包单位提供更好的管理和服务
    D. 有利于业主节约投资
    E. 可以缩短建设周期

88. 质量管理方法中,直方图的分布区间宽窄取决于其质量特性统计数据的( )。
    A. 平均值   B. 中位数
    C. 极差   D. 标准偏差
    E. 变异系数

89. 事故责任分类,工程质量事故可分为( )。
    A. 指导责任事故   B. 管理责任事故
    C. 技术责任事故   D. 操作责任事故
    E. 自然灾害事故

90. 根据《质量管理体系基础和术语》(GB/T 19000-2008/ISO9000:2005),企业质量管理体系文件由( )构成。
    A. 质量方针和质量目标   B. 质量记录
    C. 质量报告   D. 质量手册
    E. 程序性文件

91. 某施工项目为实施成本管理收集了以下资料,其中可以作为编制施工成本计划依据的有( )。
    A. 施工预算   B. 签订的工程合同
    C. 分包合同   D. 施工图预算
    E. 资源市场价格

92. 下列项目目标动态控制的纠偏措施中,属于技术措施的有( )。
   A. 调整工作流程组织　　　　　　　　B. 调整进度管理的方法和手段
   C. 改变施工机具　　　　　　　　　　D. 改进施工方法
   E. 调整项目管理职能分工

93. 下列工程变更情况中,应由业主承担责任的有( )。
   A. 不可抗力导致的设计修改
   B. 环境变化导致的设计修改
   C. 原设计错误导致的设计修改
   D. 政府部门要求导致的设计修改
   E. 施工方案出现错误导致的设计修改

94. 某工程双代号时标网络计划,在第5天末进行检查得到的实际进度前锋线如下图所示,正确的有( )。

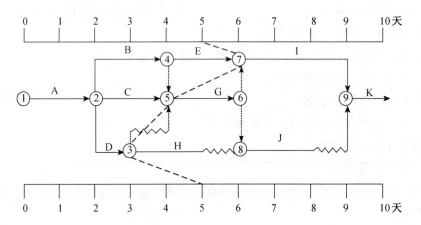

   A. H工作还剩1天机动时间　　　　　　B. 总工期缩短1天
   C. H工作影响总工期1天　　　　　　　D. E工作提前1天完成
   E. G工作进度落后1天

95. 根据《建设工程项目管理规范》(GB/T 50326-2006),项目经理的职责有( )。
   A. 主持编制项目管理实施规划
   B. 对资源进行动态管理
   C. 进行授权范围内的利益分配
   D. 主持项目经理部工作
   E. 在授权范围内协调与项目有关的内外部关系

96. 建设工程项目总进度目标论证时,调查研究和收集资料工作包括( )。
   A. 收集类似项目进度资料
   B. 收集与进度有关的该项组织资料
   C. 了解该项目的总体部署
   D. 了解有关前期该项目进度目标的确定资料
   E. 了解项目的工作编码资料

97. 生产经营单位安全事故应急预案未按有关规定备案的,县级以上安全生产监督管理部门可以( )。
- A. 吊销安全生产许可证
- B. 责令停产停业整顿
- C. 给予警告
- D. 处三万以下罚款
- E. 给予行政处罚

98. 根据《建设工程施工合同(示范文本)》(GF-2013-0201),合同文本由( )组成。
- A. 通用合同条款
- B. 合同协议书
- C. 标准和技术规范
- D. 专用合同条款
- E. 中标通知书

99. 下列企业安全生产教育培训形式中,属于员工经常性教育的有( )。
- A. 安全活动日
- B. 事故现场会
- C. 安全技术理论培训
- D. 安全生产会议
- E. 改变工艺时的安全教育

100. 根据法律和合同,对施工单位的施工质量行为和效果实施监督控制的相关主体有( )。
- A. 建设单位
- B. 监理单位
- C. 设计单位
- D. 材料设备供应商
- E. 政府的工程质量监督部门

参 考 答 案

一、单项选择题

1. C；　2. B；　3. C；

4. B 【水泥闲置超过3个月再次使用需要重新检定强度等级，再次检查不合格不属于供货商责任，所以应当由承包商承担】；

5. C；　6. D；

7. B 【选项A中，施工质量计划是由施工承包企业编制的，选项C中，施工质量计划经审核批准后可以修改和调整，选项D中，施工总承包单位有责任对各分包方施工质量计划的编制进行指导和审核】；

8. A；

9. C 【平行委托是施工任务委托的模式之一，业主方平行委托多个施工单位进行施工，因此单项工程的施工总进度计划应由施工方按照业主方的要求编制】；

10. B；　11. A；

12. D 【工作①—②，用两条箭线表示是错误的，在双代号网络图中，每一项工作必须用一条箭线和两个代号表示】；

13. B；　14. A；　15. C；　16. A；

17. D 【可以用排除法，首先改变振动源与其他刚性结构的连接方式以减噪降噪的做法不属于声源控制，也和接收者(人)无关，也不属于人为噪声，所以选D】；

18. C；　19. C；　20. D；　21. C；

22. C 【一般辅助性要素是不需要记忆的，四个选项中，除了C之外，另三个选项都是核心要素，可以用排除法进行选择】；

23. B；

24. A 【这题虽然是书上的原话，但是考的点比较细，可以用排除法，选项C和D是运营期策划，不属于实施阶段，选项B实施期管理总体方案是实施阶段策划基本内容的8大标题中没有的，因此选A】；

25. D；　26. A；　27. B；　28. D；　29. B；　30. C；　31. D；　32. C；　33. A；　34. D；

35. C；　36. B；　37. D；　38. B；　39. A；　40. B；　41. A；　42. A；　43. C；

44. D 【利用差额计算法，$(640-600)\times 4\%=1.6$ 万元】；

45. C 【$(4\,800-3\,200)/3\,200=50\%>15\%$，需要变更，可以索赔的工期$=60\times(4\,800-3\,200\times1.15)/3\,200/60=21$ 天】；

46. C；　47. D；　48. A；　49. D；

50. C 【$TF=\min\{TF_{C,D}+LAG_{C,D}\}=\min\{(LS_C-ES_C+LAG_C),(LF_D-EF_D+$

$LAG_D)\} = \min\{(18-5-10+2),(20-18+4)\}=5$】；

51．B； 52．B； 53．D； 54．D； 55．C； 56．A；

57．C 【FIDIC《施工合同条件》是单价合同，所以按照单价合同的特点，选择C】；

58．D； 59．B； 60．A； 61．A； 62．A； 63．A； 64．C；

65．D 【直接经济损失为960万元，小于1 000万元，为一般事故，一般事故分别由事故发生地省级人民政府、设区的市级人民政府、县级人民政府负责调查，未造成人员伤亡的一般事故，县级人民政府也可以委托事故发生单位组织事故调查组进行调查，选项D最符合题目意思】；

66．C； 67．D； 68．A； 69．B； 70．D。

二、多项选择题

71．ACE； 72．ABD； 73．BDE； 74．ACE； 75．BCDE； 76．BCD； 77．ACDE；
78．ACD； 79．AB； 80．ABCE； 81．ADE； 82．BE； 83．ABCEE； 84．BCDE；
85．BE； 86．BDE；

87．ADE 【选项A和D是书上明确说明的优点，选项E虽然书上没有在P47页明确说明，但是也是属于施工总承包管理模式的优点，因此也正确】；

88．AD； 89．ADE； 90．ABDE； 91．ABCE； 92．CD； 93．ABCD； 94．DE；
95．ABC； 96．ABCD； 97．CD； 98．ABD； 99．ABD； 100．ABCE。